We, The Six Million

Lebenswege von Opfern der Shoah aus dem westlichen Rheinland

WE, THE SIX MILLION

Lebenswege von Opfern der Shoah aus dem westlichen Rheinland

Herausgegeben von der Gesellschaft für Christlich-Jüdische Zusammenarbeit Aachen e. V., dem Gedenkbuchprojekt für die Opfer der Shoah aus Aachen e. V. und dem Institut für Katholische Theologie der RWTH Aachen University

Bearbeitet von Christian Segerer, Christoph Leuchter und Christian Bremen

Impressum

1. Auflage 2018
© Verlag Mainz
Alle Rechte vorbehalten
Printed in Germany

Gestaltung, Druck und Vertrieb:
Süsterfeldstraße 83
D - 52072 Aachen
www.verlag-mainz.de

Bildnachweise (Umschlag):
»*Yad Vashem Hall of Names*«, December 2007, David Shankbone –
https://commons.wikimedia.org/wiki/File:Yad_Vashem_Hall_of_Names_
by_David_Shankbone.jpg

Satz- und Umschlaggestaltung:
Dietrich Betcher

ISBN-10: 3-86317-033-4
ISBN-13: 978-3-86317-033-2

Gefördert durch die *Staatskanzlei des Landes Nordrhein-Westfalen*
und den *Landschaftsverband Rheinland*

Der Ministerpräsident
des Landes Nordrhein-Westfalen

Qualität für Menschen

Print kompensiert

INHALT

Vorwort

Mit den Worten »We, The Six Million Murdered People Speak« beginnt ein Gedicht von Davin Schönberger, das heute noch im Schulunterricht in den Vereinigten Staaten von Amerika gelesen wird. Dr. Davin Schönberger war der letzte Rabbiner der Aachener Synagogengemeinde in den 1930er-Jahren. Für ihn ist die Shoah Teil unserer Identität, die uns dazu verpflichtet, für »Gerechtigkeit, Eintracht und Frieden« in der Welt zu sorgen. Damit ergibt sich das Ziel, mit den hier skizzierten Lebenswegen einzelner Opfer der Shoah im westlichen Rheinland möglichst allen Opfern eine Stimme zu geben, sie nachträglich sprechen zu lassen. Erinnern und vergegenwärtigen wollen wir Ausgrenzung, Stigmatisierung, Vertreibung und Ermordung.

Entstanden ist das vorliegende Buch durch die Initiative von Lehrenden und Studierenden der RWTH Aachen University in fünf Seminaren am Institut für Katholische Theologie mit mehr als hundert Teilnehmern im Wintersemester 2017/18 und im Sommersemester 2018. Der Sammelband erscheint anlässlich der Gedenkfeier für die Reichspogromnacht am 9. November 2018.

Ganz im Sinne des fünften Buchs Moses, wonach der Vergangenheit gedacht und aus der Geschichte gelernt werden soll, beleuchten die biografischen Arbeiten Vergangenes und versuchen, Konsequenzen für heute und die Zukunft aufzuzeigen. Das Biografienbuch ist dabei Teil eines größeren Projekts: Parallel zu den Texten wurde eine Ausstellung konzipiert, die in den nächsten zwei Jahren, didaktisch begleitet, in Schulen im In- und Ausland präsentiert wird.

Vielen Autorinnen und Autoren ist es gelungen, Verbindung zu den Opfern und/oder ihren Nachkommen aufzunehmen. In einigen Fällen führte der Kontakt zu einem persönlichen Austausch, der zur Folge hat, dass am 9. November Nachfahren aus dem Ausland die Eröffnung der Ausstellung im Krönungssaal des Aachener Rathauses besuchen werden. Es verwundert deshalb nicht, dass viele Artikel die Lebenswege nach 1945 und in einigen Fällen bis in unsere heutige Zeit nachzeichnen. Nur folgerichtig haben sich die Projektverantwortlichen darum bemüht, Überlebende der Shoah in Aachen und Umgebung ausfindig zu machen. Zwei von ihnen legten in den Seminaren Zeugnis von ihren Schicksalen ab: Berichte, die für diesen Band verschriftlicht worden sind.

Die biografischen Arbeiten beruhen auf den sogenannten Wiedergutmachungsakten. Über deren Entstehung und Bedeutung informiert das Interview mit Karl Zimmermann, Dezernent der Bezirksregierung Düsseldorf. Dort lagern die bearbeiteten Akten, bis sie Ende 2018 an das Landesarchiv in Duisburg zur dauerhaften Verwahrung übergeben werden. Wenn die Aktenauswahl auch nahezu willkürlich erfolgte, so steht jede Biografie doch exemplarisch für andere, ähnliche Lebenswege, ohne dabei den individuellen Fall zu verwischen.

Professor em. Klaus Schwabe übernimmt in seinem Artikel die Aufgabe, die antisemitische Gesetzgebung im Deutschen Reich zu beschreiben. Er bindet in seinem Beitrag eigene Erfahrungen und Beobachtungen als Zeitgenosse ein. Biografische Arbeiten verfassten der Projektleiter Professor Reinhold Breil (Institut für Philosophie), der wissenschaftliche Betreuer Dr. Christian Bremen (Institut für Katholische Theologie), Professor Klaus Scherberich vom Historischen Institut sowie zwei herausragende Unterstützer des Projekts, die Sachbuchautoren Andreas Lorenz aus Aachen und Friedhelm Ebbecke-Bückendorf aus Eschweiler. Christian Segerer und Dr. Christoph Leuchter vom Schreibzentrum der RWTH begleiteten die Beiträge der Studierenden. Ihre intensive Betreuung eröffnete den Kommilitonen neue Möglichkeiten, ihre Texte auf einer gesicherten methodischen Grundlage attraktiv zu gestalten. Ohne Sensationsgier zu erheischen oder aber vorschnelle Rezepte zu vermitteln, gaben sie den Studierenden zahlreiche Ausdrucksmittel an die Hand.

Die Studierenden selbst verdienen höchste Anerkennung. Es sind Studierende der Theologie, der Geschichte, der Politischen Wissenschaften, der Germanistik, der Anglistik, der Romanistik, der Gesellschaftswissenschaften, aber auch der Physik und der Biologie. Viele unter ihnen erhalten für ihre Arbeit keine Anerkennung seitens der Hochschule in Form eines sogenannten Scheins. Allen gemein ist ein intrinsisches Interesse am Thema und das Ziel, die Shoah weder dem Vergessen noch dem Verdrängen preiszugeben. Allein dem begrenzten Umfang dieses Bandes ist es geschuldet, dass nur ein kleiner Teil der studentischen Beiträge veröffentlicht werden kann.

Abschließend möchte ich den Vätern und Müttern des Projekts danken: Die Studierenden haben in den vergangenen Jahren immer wieder Seminare zum Thema im Institut für Katholische Theologie angeregt und somit die Grundlage für das Projekt geschaffen. Gleiches gilt für den Religionspädagogen im Institut für Katholische Theologie, Professor Guido Meyer, der sich in seiner Arbeit für eine angemessene biblische Didaktik im Religionsunterricht einsetzt, um Vorurteile gegenüber Juden zu begegnen. Pfarrer Ruprecht van de Weyer und Heinrich Kaiser haben die Aktivitäten im Institut für Katholische Theologie mit den gesellschaftspolitischen Bestrebungen der Gesellschaft für christlich-jüdische Zusammenarbeit in Verbindung gebracht. Sie sind damit die eigentlichen Projektinitiatoren. Weitere Partner haben sie an das Projekt herangeführt: Frau Bettina Offergeld vom Gedenkbuchprojekt für die Opfer der Shoah aus Aachen und Andreas Lorenz vom Tuchwerk Aachen. Die Projektgelder stellen der Landschaftsverband Rheinland und die Staatskanzlei in Düsseldorf zur Verfügung.

Die besondere Hochachtung gilt Professor Reinhold Breil. Er ist mit dem Projekt in vielfältiger Weise verbunden, zunächst als Seminarleiter eines der Biografienseminare, dann als Mitverfasser und Herausgeber der schuldidaktischen Materialien für die Wanderausstellung, als Verantwortlicher der Testphase des Projekts in der Gesamtschule

Rheydt-Mülfort und schließlich als Projektverantwortlicher in der Nachfolge von Professor Meyer. Der gleiche Respekt gebührt der Arbeit von Pfarrer Ruprecht van de Weyer. Er koordiniert die Arbeit der Partner und bringt eigene Projektvorschläge ein.

Last but not least gilt mein herzlicher Dank allen Mitarbeitern der jüdischen Gemeinde Aachen, die durch ihre Unterstützung des Projekts stellvertretend für uns alle die Arbeit der Studierenden und Lehrenden sowie der Vertreter der Erinnerungskultur anerkennen und würdigen.

»Stell die Würde des Menschen wieder her / die Herrschaft Gottes / verdreht und entwürdigt durch menschlichen Wahn.« So heißt es im Gedicht Davin Schönbergers. Die biographischen Arbeiten der Lehrenden und Studierenden lassen diese Idee lebendig werden.

Dr. Robert Neugröschel
Vorstandsvorsitzender der Jüdischen Gemeinde Aachen
Aachen, im August 2018

1   Davin Schönberger, We, The Six Million Murdered People Speak. http://bhecinfo.
    org/wp-content/uploads/We-The-Six-Million-Murdered-Speak.pdf (20.08.2018).

2   Übersetzung von Pfarrer Ruprecht van de Weyer.

3   Ebd.

Familie Bernhard Weil

geboren am 25. November 1877

Eine Biografie von Dinah Schmidt

Es ist Sonntag, der 22. März 1942, als der erste Deportationszug mit rund 400 Menschen vom Aachener Westbahnhof Richtung Osten startet. Der Transport soll nach Izbica führen. Während der Deportation entscheidet eine Mutter in größter Verzweiflung, ihren Kindern und sich das Leben zu nehmen: Mit ihren drei- und elfjährigen Töchtern an der Hand springt sie aus dem Zug in den Rhein.

Jüdisches Leben in Wersch/Weiden

Else Hirsch ist die Tochter von Bernhard Weil, der in Wersch/Weiden, heute ein Stadtteil von Würselen, am 25. November 1877 geboren wurde. Die Familie ist eng mit ihrer Nachbarschaft verbunden, mit vielen im Ort gut befreundet. Auch nach den Schrecken des Zweiten Weltkriegs werden Teile der Familie noch Kontakt zu damaligen Nachbarn halten. Wersch/Weiden gilt als ein »Zentrum jüdischen Glaubens«[1] im Aachener Umland. Bereits 1905 gibt es hier eine jüdische Elementarschule und einen jüdischen Friedhof. Viele jüdische Bürger, die hier leben, sind nicht nur Nachbarn oder Freunde, sondern auch Arbeitskollegen, z. B. in Berufen wie Metzger oder Viehhändler, die überwiegend von Juden ausgeübt werden. Das Leben in Wersch/Weiden ist geprägt von einem guten Miteinander, auch durch die gemeinsamen Erfahrungen in den vier Kriegsjahren 1914–1918, in denen viele jüdische Männer Seite an Seite mit ande-

ren Deutschen gekämpft haben. Jüdische Menschen sind in Wersch/
Weiden Teil des Gemeinwohls, stehen »in der Mitte der deutschen
Gesellschaft«.[2]

Bernhard Weil lernt Paula Carsch kennen. Sie heiraten am 29.
August 1904 und bekommen vier Kinder. 1924 erwerben sie ein
Grundstück in der Elchenratherstraße 73. Philipp wird 1906 als ers-
tes Kind der Familie geboren, es folgen Elsa, Hugo und Siegfried.
Das letztgeborene Kind stirbt im Alter von nur sieben Wochen.[3]
Die Namensgebung der vier Kinder deutet auf einen Wunsch nach
sozialem Aufstieg[4] und zeigt die starke Assimilation der Familie:
›Siegfried‹ gilt als hyperassimilierter Name, ist »germanisch-idiolo-
gisch«[5] konnotiert, ›Hugo‹ und ›Else‹ sind ebenfalls germanischen
Ursprungs, während der Name Philipp griechische Wurzeln hat.
Die Mitglieder der Familie nehmen sehr viele traditionelle Lebens-
gewohnheiten der Region an, ohne dabei ihre jüdische Identität zu
verlieren. Sie sind Teil der jüdischen Gemeinde und leben entsprechende Gewohnheiten, feiern aber ebenso christliche Feste, wie
Weihnachten.

Den religiösen Gesetzen und Gebräuchen folgt Bernhard Weil auch
in seiner Tätigkeit als Metzger und Viehhändler. Die Konkurrenz
für seinen Betrieb ist groß, denn viele jüdische Bürger aus Wersch/
Weiden gehören zur gleichen Berufsgruppe. Trotzdem ist der Familienbetrieb sehr erfolgreich; der große Kundenstamm besteht aus Mitgliedern der jüdischen und der katholischen Gemeinde. Zusätzlich
betreibt die Familie ein Kost- und Logierhaus. Zwischen 1920 und
1930 erwirtschaftet Bernhard Weil mit seinem Viehhandelsgeschäft
ungefähr 600 Mark pro Monat allein durch den Milchverkauf. Die
Familie lebt in guten Verhältnissen, besitzt ein eigenes Haus mit
einer »guten und gediegenen Möbelausstattung«[6]. Nach der Regierungsübergabe an Adolf Hitler wird alles anders: Den Weils bricht
»ein Kunde nach dem anderen«[7] weg, wenig später ist es ihnen nicht
mehr möglich, bei Bauern in der Region einzukaufen, und sogar die
Konsumgenossenschaft Eintracht schließt den Betrieb aus – wie
auch viele andere von jüdischen Besitzern.[8]

Das Ehepaar Bernhard und Paula Weil (sitzend)
mit ihrer Tochter Else (l.) im Jahr 1939; neben
Else ihr Ehemann Otto Hirsch und ihre beiden
Kinder Ruth (r.) und Renate (l.)
Kulturarchiv Würselen

Die nächste Generation

Else, die Tochter der Familie, erlernt nach der Schule den Beruf der
Friseurin. In Wersch/Weiden lernt sie den Schlosser Otto Hirsch, ge-
boren 1902, kennen. Die beiden verlieben sich und heiraten 1930.
Otto Hirsch wächst in Haaren auf und lebt dort bis zu seiner Hochzeit
mit Else, danach zieht er mit in das Haus seiner Schwiegereltern ein.
Kurz darauf kommt das erste Kind Renate auf die Welt.

Die vierjährige Renate Weil beim Weihnachtsfest
Kulturarchiv Würselen

17

In seinem Beruf als Schlosser ist die Lage für Otto ab Anfang der 30er-Jahre schwierig, schließlich wird er erwerbslos. Er erwirbt daraufhin eine Fahrerlizenz und kann so als Kraftwagenfahrer in der Großmetzgerei seines Onkels arbeiten. In diesem Betrieb bleibt er einige Jahre, 1935 wechselt er zum Eisenhandel B. Holländer in Stolberg. Obwohl 1938 die ›Arisierung‹ der Firma erfolgt, wird Otto nicht erneut arbeitslos: Der neue Inhaber entscheidet sich dazu, Ottos Dienste als Fahrer weiterhin in Anspruch zu nehmen.

Auch Wersch/Weiden bleibt nicht von der Pogromnacht verschont. Im Zuge der Ereignisse wird Otto Hirsch festgenommen, seine Frau Else ist zu dieser Zeit im siebten Monat schwanger. Am 9. Januar 1939 kommt die zweite Tochter Ruth ›Sara‹ zur Welt. Mittlerweile sind alle jüdischen Frauen dazu gezwungen, den zusätzlichen Namen ›Sara‹ anzunehmen; für jüdische Männer gilt der Name ›Israel‹. Gleichzeitig ist es der staatliche Auftrag der NS-Führung, ganze Ortsteile ›judenfrei‹ zu machen. Viele jüdische Familien werden zwangsweise umgesiedelt.

Leben in der Obdachlosenbaracke

Zusammen mit ihren Schwiegereltern und ihren beiden Kindern werden Otto und Else am 24. Juli 1941 in ein sogenanntes Judenhaus verschleppt. Das Haus ist eingerichtet in einer ehemaligen Obdachlosenbaracke am Hergelsmühlenweg im Aachener Stadtteil Haaren. Menschen mit jüdischer Herkunft aus Haaren, Kohlscheid, Wersch und Weiden werden »gewaltsam [aus ihren Wohnungen] abgeführt«[9]. Jeder Person ist es gestattet, 30 Kilogramm Gepäck mit sich zu führen, »Möbel und Kleidung [müssen] in der Wohnung zurückgelassen werden«.[10] Die Familie lebt einige Monate mit 140 Menschen auf engstem Raum. Stacheldraht umzäunt die Baracke; um das Grundstück zu verlassen, braucht jeder Insasse eine Erlaubnis.[11]

Am 9. Dezember 1938 tritt das Gesetz in Kraft, das das Führen von Fahrzeugen durch jüdische Menschen systematisch verbietet. Im Jüdischen Nachrichtenblatt wird es veröffentlicht: »Zum Schutze der

Allgemeinheit untersage ich mit sofortiger Wirkung sämtlichen in Deutschland wohnenden Juden deutscher Staatsangehörigkeit das Führen von Kraftfahrzeugen aller Art und entziehe ihnen hiermit die Fahrerlaubnis«[12]. Obwohl der Beruf des Kraftwagenfahrers inzwischen also ›arischen‹ Menschen vorbehalten ist, kann Otto Hirsch auch während dieser Zeit seinen Beruf ausüben. Offensichtlich hatte er sich als nützliche Arbeitskraft besonders hervorgetan.

Nach der Anstellung eines neuen Arbeitskollegen wird die Lage für ihn jedoch schwieriger. Johann E., dessen Nachname im entsprechenden Dokument geschwärzt ist, hat ein Auge auf den höhergestellten Arbeitsplatz von Otto geworfen. Er zeigt ihn bei der Kriminalpolizei in Eschweiler an; Otto soll Feindesnachrichten verbreitet haben. Für das Verbrechen gegen die Rundfunk-Verordnung stehen ihm zweieinhalb Jahre Zuchthaus bevor, dazu kommt »die Aberkennung bürgerlicher Ehrenrechte auf die Dauer von fünf Jahren«, weil er das Verbrechen abstreitet. Einer seiner Arbeitskollegen und der Firmeninhaber zeigen Zivilcourage und geben an, dass Otto ein sehr »anständiger und zuvorkommender« Mensch sei. Nach der Aussage eines weiteren Arbeitskollegen, der sich um den Freispruch seines Kollegen bemüht, wird Otto Hirsch schließlich wegen unzureichender Beweise freigesprochen. Doch die Erleichterung währt nur kurz: Nach seiner Freilassung wird er der Gestapo II B übergeben und muss daraufhin noch zwei Monate im Aachener Gefängnis einsitzen. Von dort deportiert man ihn in das Lager Sachsenhausen. Am 7. November 1942 wird Otto Hirsch in Auschwitz ermordet.

»Die Flecken, das sind Tränen«

Noch während der Gefangenschaft hatte Otto Hirsch aus dem Gefängnis seiner Frau und seinen Kindern geschrieben – vermutlich Worte des Abschieds, weil er sich bewusst war, dass jede Nachricht an seine Lieben die letzte Nachricht sein konnte: »Neben ein paar verlaufenden Tintenbuchstaben stand die Randnotiz: Die Flecken, das sind Tränen.«[13] Der Brief, in dem er auch seine Tante Jettchen grüßt, ist niemals angekommen, weil »die Anschrift nicht den damaligen rechtlichen Vorschriften entsprochen« hat – Otto hatte den Namen ›Sara‹ bei der Adresse vergessen.

Was Else Hirsch und ihren zwei Töchtern in dieser Zeit widerfährt, ist nicht vollständig zu rekonstruieren. Der Aussage von Moritz Marx, einem Vorstandsmitglied der Aachener Synagogengemeinde, zufolge werden sie gemeinsam mit Bernhard und Paula am 22. März 1942 nach Izbica deportiert. Laut eines Registers der Vereinigung der Verfolgten des Naziregimes springt Else Hirsch gemeinsam mit ihren kleinen Töchtern während der Deportation in den Rhein und damit in den Tod – offensichtlich im Wissen, was sie und ihre Kinder nach der Deportation erwartet hätte.[14]

Hugo's Service Garage

Elses Bruder Hugo Weil schließt nach dem Ende seiner Schullaufbahn eine Ausbildung zum Automobilhändler ab und heiratet am 17. November 1937 Edith Simon aus Bochum. Kurz nach der Hochzeit gelingt es Hugo mit Hilfe von Freunden, über Holland in die USA zu emigrieren. Edith Weil lebt noch ein weiteres Jahr in Amsterdam bei den Freunden des Paares und flieht schließlich im Juni 1938 ebenfalls in die USA. Edith ist Hausfrau; von ihren Nachbarn wird sie als sehr freundliche und zuvorkommende Person beschrieben. Sie gilt als sehr kinderlieb, ihre eigene Ehe jedoch bleibt kinderlos.[15]

Der andere Bruder, Philipp Weil, kommt zusammen mit seiner Frau Margot Bloch knapp ein Jahr nach Hugo in New York an. Gemeinsam arbeiten die beiden Brüder in einer Autowerkstatt mit einem angeschlossenen Automobilhandel in Newark. Werktags schlafen sie in einer nahegelegenen angemieteten Wohnung. Ihre Partnerinnen leben in einer Pension in Bradley Beach, ein bis zwei Stunden von Newark entfernt. Die Wochenenden verbringen die Paare gemeinsam; offenbar besteht zwischen ihnen ein enges und freundschaftliches Verhältnis. Zusammen schaffen sie es, sich ein neues Leben in den Vereinigten Staaten aufzubauen. Schließlich kann Hugo die Autowerkstatt kaufen – fortan führt er sie unter dem Namen Hugo's Service Garage.

Hugos Tod und Philipps Weg nach New Jersey

Margot und Philipp bekommen drei Kinder: Johanna, Henrietta und Bernhard. Das Paar zieht später nach Lodi in New Jersey. Auch in der Ferne bleiben sie ihrer alten Heimat verbunden, mehrmals reisen sie nach Ende des Krieges nach Würselen. Edith und Hugo verbringen insgesamt neun Jahre im Großraum Newark, bis sie 1947 in die 928 Louisastreet in Union (Union County, New Jersey) ziehen. Am 12. Dezember 1949 kommen beide unter nicht vollends geklärten Umständen zu Tode: Eine Nachbarin bemerkt an diesem Tag Gasgeruch, der aus dem Haus des Ehepaars strömt, ein Mitarbeiter von Hugo's Service Garage, der schon vergeblich versucht hatte, Hugo zu erreichen, verschafft sich schließlich Zutritt zum Haus und findet das Ehepaar. Edith Weil liegt in den Armen ihres Mannes im Schlafzimmer, Hugos Augen sind geschlossen, Ediths hingegen weit offen. Ein Abschiedsbrief wird nicht gefunden.[16]

1   Iris Gedig u. Stefan Kahlen (Hg.): Far away from Würselen. Die deutsch-jüdische Familie Jakob und Emma Voss. Erftstadt 2013. S. 18 [künftig zitiert: Gedig/Kahlen: Far away].

2   Ebd. S. 25. | Siehe auch ebd. S. 19. | Vgl. Eintrag zu Bernhard Weil im ›Familienbuch Euregio‹. http://www.familienbuch-euregio.de (28.06.18).

3   Vgl. Eintrag zu Bernhard Weil im ›Familienbuch Euregio‹. http://www.familienbuch-euregio.de (28.06.18).

4   Vgl. Thomas Brechenmacher: Zur Vornamensgebung der Juden in Deutschland zwischen Emanzipation und Vernichtung. Soziale und historische Aspekte der Namengebung und Namenentwicklung. In: Duden. Namen und Gesellschaft. Hg. v. Matthias Wermke, Rudolf Hoberg u. Karin M. Eichhoff-Cyrus. Bd. 2. Mannheim u. a. 2001. S. 45.

5   Ebd. S. 49.

6   Beschluss der Entschädigung, 18.09.1958, Bezirksregierung Düsseldorf, Dezernat 15, Akte Bernhard Weil, geb. 25.11.1877.

7   Verfolgungsvorgang des Bernhard Weil: Betty Münzberg-André an den Herrn Oberkreisdirektor, 23.09.1957, ebd.

8   Vgl. Entschädigungsantrag an den Regierungspräsidenten, 07.08.1959, ebd. | Vgl. Verfolgungsvorgang des Bernhard Weil: Betty Münzberg-André an den Herrn Oberkreisdirektor, 23.09.1957, ebd.

9   An den Oberkreisdirektor, 21.12.1961, ebd.

10 Volkshochschule Aachen: Gedenktafeln. http://www.wgdv.de/10-gedenktafeln ?start=36 (28.06.18).

11 Vgl. ebd.

12 Sächsisches Staatsarchiv, Jüdisches Nachrichtenblatt, 09.12.1938. http://www.archiv.sachsen.de/kraftfahrverbot-3294.html (28.06.18). Mit »ich« ist Heinrich Himmler gemeint, der damalige Chef der Deutschen Polizei.

13 Willi Benzel: Das Unrecht geschah unter uns. Auszug ›Über das Schicksal der jüdischen Familie Otto Hirsch und Else Weil‹ im ›Familienbuch Euregio‹. http://www.familienbuch-euregio.de (28.06.18).

14 Allerdings lässt sich nicht zweifelsfrei angeben, was wirklich in der Nacht geschieht: Zeitzeugen aus Wersch/Weiden, ehemalige Nachbarn der Familie, berichten, dass Elsa Hirsch nach dem Krieg noch einmal nach Weiden gekommen ist. Sie habe ihre ehemaligen Nachbarn besucht. Jedoch sieht ihr eine ihrer väterlichen Cousinen (Else Sommer, geb. Weil) äußerst ähnlich und ist nur drei Jahre älter als Else Hirsch. Es könnte sich somit durchaus um eine Verwechslung handeln zwischen den zwei Frauen mit dem Namen ›Else‹. Else Hirsch und ihre Töchter sind nach dem Krieg verschollen (Siehe: Die Menorah, Zeitschrift der jüdischen Gemeinde Aachen, 6. Jg., 19. April 1989, S. 7–9.).

15 Vgl. Presseartikel zu Hugo Weil im ›Familienbuch Euregio‹. http://www.familienbuch-euregio.de (28.06.18).

16 Vgl. ebd. | Vgl. Eintrag zu Philipp Weil im ›Familienbuch Euregio‹. http://www.familienbuch-euregio.de (28.06.18).

Fred Voss

geboren am 12. April 1920

Eine Biografie von Frieda Kries[1]

Auf dem Schulhof kommt ihm eine Gruppe Jugendlicher entgegen. Schon von weitem erkennt er die braunen Hitlerjugend-Uniformen. Fred hält kurz inne, schließlich macht er doch kehrt. 100 Meter Abstand – das hatte er sich für solche Situationen vorgenommen. Von hinten werden ihm Beleidigungen zugerufen, aber dieses Mal entkommt er einer Schlägerei. Gegen so viele hätte er keine Chance gehabt.

Angst und Misstrauen

Fred Voss erinnert sich an viele solcher Szenen aus seiner Schulzeit. Nach der jüdischen Volksschule wechselt er zum Schuljahr 1931/1932 auf die Aachener Knabenmittelschule in der Sandkaulstraße. Diese ist für Jungen gedacht, deren Eltern ein mittelständisches, gewerbliches Leben führen. Hier werden die Kinder in acht Klassenstufen unterrichtet, insbesondere der Französischunterricht hat einen hohen Stellenwert.[2] Fred, eigentlich ein aufgeweckter, forscher und schlagfertiger Junge,[3] hat es schwer an der neuen Schule. Das Klassenziel im zweiten Schuljahr kann er nicht erreichen; mit der dunklen, nicht gerade modischen Hornbrille, die er tragen muss, zieht er immer wieder den Spott seiner Mitschüler auf sich.

Es bleibt nicht bei Hänseleien: Mehr und mehr werden Fred und andere jüdische Schüler ausgegrenzt und drangsaliert; von ihren einstigen

Kameraden werden sie bedroht, beleidigt und geschlagen. Immer in der Unterzahl, können sie sich kaum zur Wehr setzen. In den Pausen verstecken sie sich in den Toilettenräumen, um den Schikanen zu entgehen. Eine normale Bildungsbiografie wird den jüdischen Kindern schrittweise unmöglich gemacht. Lehrer bemühen sich nicht mehr um ihren schulischen Fortschritt, kontrollieren keine Hausaufgaben. Vor den Angriffen der Mitschüler können oder wollen sie die jüdischen Kinder nicht beschützen. Es herrscht eine Atmosphäre der Angst und des Misstrauens.[4]

Auch Freds Freund Robert Manfred Hermann besucht die Knabenmittelschule und muss erfahren, wie Mitschüler und Lehrer ihm und den anderen jüdischen Jungen »das Leben auf der Schule zur Hölle«[5] machen. Antisemitische Beleidigungen und tätliche Übergriffe nehmen nicht nur in ihrer Häufigkeit, sondern auch in ihrer Intensität zu. Einmal wird Robert Manfred zusammen mit dem Rest der Klasse Zeuge, wie der Musiklehrer Fred mit einer Blockflöte so lange verprügelt, bis das Instrument zerbricht.[6] Fred hat diesen Lehrer nie vergessen: »Unser Musiklehrer, ein hochgebildeter Mann, trug auch im Unterricht die Uniform der Nazis. Er fand ein krankhaftes Vergnügen daran, uns jüdische Schüler strammstehen zu lassen, während alle anderen Kinder singen mussten: ›Wenn das Judenblut vom Messer spritzt, dann gehts noch mal so gut.‹«[7]

Zusammengehörigkeit und rheinischer Frohsinn

Ein Jahr früher: Es ist Karneval, Fred verkleidet sich als Räuber. Er genießt die Tage des rheinischen Frohsinns und zieht mit anderen Kindern um die Häuser. Freds ganze Familie feiert – gerne in Gesellschaft – die fünfte Jahreszeit in der Karnevalshochburg Aachen; Familienoberhaupt Julius Voss ist Mitglied im Karnevalsverein Öcher Penn.[8] Sicher ist den jüdischen Jecken die katholische Herkunft des Karnevals bewusst. In Aachen und Umgebung feiern jedoch alle ganz selbstverständlich die Karnevalstage, unabhängig von der Religionszugehörigkeit.

Fred im Karnevalskostüm
Privatbesitz Fred Voss

Die Familie Voss ist rheinländisch: Julius Voss, geboren am 19. April 1884 in Würselen, heiratet 1912 Else Kaufmann, geboren am 21. November 1888 in Aachen. Ein Jahr später wird der erste Sohn Emil geboren, am 12. April 1920 kommt dann Fred zur Welt.[9] Gemeinsam wohnen sie mit der Großmutter Alina Elsbach in der Burtscheiderstraße 32.[10] Die Familie bezeichnet Deutschland lange stolz als ihr Vaterland: »Bei uns war es ›Deutschland, Deutschland über alles‹, bis Hitler, der aus Österreich kam, […] sagte, dass wir keine Deutschen mehr sind, und nicht nach Deutschland gehören.«[11] Freds Großvater Jakob Voss dient 1870 freiwillig als Soldat in der preußischen Armee gegen Frankreich und auch Julius und seine drei Brüder kämpfen als Soldaten im Ersten Weltkrieg an der Westfront. Julius ist stolzer Besitzer des Eisernen Kreuzes.[12]

Julius mit seinen Brüdern als Soldaten
Privatbesitz Fred Voss

Freds Vater arbeitet in der Textilindustrie, bis er 1914 im Ersten Weltkrieg als Soldat eingezogen wird. Als er zurückkehrt, schließt er die
Metzgerei, die seine Schwiegermutter Alina Elsbach seit 1901 alleine
geführt hat.[13] Er will sich selbstständig machen, räumt das Metzgerin-
ventar aus und eröffnet ein Textil- und Kurzwarengeschäft.[14] Julius hat
schnell Erfolg, sogar eine Sekretärin und einen Fahrer kann die Familie
einstellen. Zusammen mit seiner Frau Else genießt der erfolgreiche
Geschäftsmann das kulturelle Angebot der Stadt Aachen in vollen Zügen; kaum eine Oper, die im Stadttheater aufgeführt wird, verpassen
sie. Die Familie lebt nicht streng religiös, bewahrt sich aber ihre jüdische Identität. So lange Freds Großeltern leben, geht die Familie
regelmäßig in die Synagoge, später nur noch zu besonderen Anlässen.

Einen jüdischen Kindergarten gibt es in Aachen nicht. Für Freds Eltern
Julius und Else ist es selbstverständlich, Fred in einen katholischen
Kindergarten zu schicken. Die Nonnen des Klosters in Burtscheid
kümmern sich um ihn; jüdische und katholische Kinder spielen im
Kloster gemeinsam. »Herzlich und so wunderbar«[15] – so wird Fred
den Umgang später beschreiben. Für ihn ist es nicht von Bedeutung,
welche seiner Spielkameraden zur Synagoge und welche stattdessen
in die Kirche gehen. 1926 wird Fred in die jüdische Volksschule in
Aachen eingeschult. Zu dieser Zeit werden ungefähr 50 bis 60 Kinder
dort unterrichtet. Im Gegensatz zu Volksschulen, die nach Konfessionen trennen, ist die jüdische Schule nur zweistufig. Fred geht gerne
zur Schule, ist mit vielen seiner Mitschüler eng befreundet. Bis heute
erinnert er sich an seinen Lehrer, Hermann Wallach, und den Lehrer
der Parallelklasse, Salomon Dublon.[16]

Das Briefmarkensammeln zählt zu den wichtigsten Hobbys in Freds
Kindheit, er besitzt eine große Sammlung mit Marken aus aller Herren
Länder. Bei anderen, zeitintensiveren Freizeitbeschäftigungen setzt
Fred klare Prioritäten: Zwar lässt er sich von Mutter und Großmutter
– beide alles andere als unmusikalisch – immer wieder etwas auf dem
Klavier beibringen, doch bald ist Fred eher auf dem Fußballplatz als an
den Tasten anzutreffen. Bei gemeinsamen Ausflügen mit anderen jü-
dischen Kindern, organisiert vom Reichsbund jüdischer Frontsoldaten

(RJF), in dem Freds Vater sich engagiert, kommt der Ballsport ebenfalls nicht zu kurz; oft wird Fred als Torwart eingesetzt. Und auch jenseits dieser Ausflüge mit dem RJF, die die Kinder zum Beispiel in die nahe-gelegene Eifel führen, kommt der Junge herum: Seine Tante Berta Voss ist verheiratet mit dem wohlhabenden Unternehmer Albert Stiehl aus Brüssel. Oft besucht Fred mit seinen Eltern Tante und Onkel, die in den Genuss eines Strandhauses bei Le Zoute gekommen sind. Immer wieder verbringt die Familie Wochenenden an der belgischen Küste in Blankenberge, Le Zoute oder Ostende.[17]

Fred im Boot
Privatbesitz Fred Voss

Lang gehegte Träume

Mit dem Wechsel zur Knabenmittelschule ändert sich Freds Leben grundlegend. Sein Alltag in den frühen 30er-Jahren wird zunehmend bestimmt von den antisemitischen Übergriffen der Mitschüler und auch der Lehrer. Bei einer Schulversammlung wird ihm und den anderen jü-dischen Kindern schließlich erklärt, dass sie an der Schule nicht mehr er-wünscht seien. Alle Beschwerden von Eltern, beispielsweise von Freds Vater, sind vergebens: Ebenso wie Hermann Rosendahl, Vater von Freds Freund Kurt, erhält auch Julius Voss den deutlichen Rat des Rektors, seinen Sohn von der Schule zu nehmen. Der Schulleiter erklärt, dass er sich machtlos gegenüber den antisemitischen Vorfällen sieht, und drängt zu der Entscheidung, die Freds Bildungslaufbahn vorerst beendet. Im März 1934 verlässt Fred die Schule.[18] Der erzwungene Abbruch der Schullaufbahn ist prägend und verhängnisvoll für die Jugendlichen: Begabungen werden nicht gefördert, Berufswünsche lassen sich nicht verwirklichen, Lebensentwürfe werden zerstört. Auch Fred muss seinen Kindheitstraum, Arzt zu werden, zuletzt aufgeben.[19]

Freds Abschlusszeugnis bescheinigt ihm durchschnittliche Leistungen; ohne die Möglichkeit, weiter eine Schule zu besuchen, muss er eine Lehre beginnen. Dank der Freundschaft seines Vaters mit dem Schwiegersohn von Otto Meyerfeld, Bernhard Tisch, kann er eine Lehrstelle in einem jüdischen Betrieb finden. Ab April 1935 absolviert Fred eine dreijährige Lehre in der Weberei der Tuchfabrik Meyerfeld & Herz. Er durchläuft verschiedene Lehrstationen, wie Zwirnerei, Kettschärerei, Leimerei, Weberei, Musterweberei und Nass- und Trockenappretur. Außerdem darf er in der Dessinatur mitarbeiten und eignet sich praktische Kenntnisse in der Musterung von feinen Herrenstoffen an – fleißig, geschickt und erfolgreich. Als geselliger und kommunikativer Mitarbeiter ist er bei seinen Kollegen sehr geschätzt. Nach der Ausbildung arbeitet er in der Tuchfabrik als Weber. Doch dann wird die Firma Meyerfeld & Herz am 1. August 1938 durch den Zwangsverkauf an die Tuchfabrikanten Karl und Wilhelm Rummeny aufgelöst, Fred selbst wird bereits Ende Juli entlassen.[20]

Flucht und getrennte Liebe

Fred ist jung, hat eine abgeschlossene Lehre hinter und seine Zukunft eigentlich vor sich. Doch er weiß, dass ein normales Leben in Deutschland unmöglich ist. Die Ausübung seines Berufs wird ihm verweigert, an den meisten kulturellen Veranstaltungen dürfen Juden längst nicht mehr teilnehmen. Fred bleibt trotzdem bei seiner Großmutter und seinen Eltern; sein Bruder war bereits 1936 nach San Francisco ausgewandert. Im November 1938 besucht Fred für zehn Tage die Verwandten Edith und Erich Kahn in Krefeld. Beide haben kurz zuvor geheiratet und planen, nach Palästina auszuwandern.

In der Reichspogromnacht am 9. November 1938 stecken die Nationalsozialisten auch die Krefelder Synagoge in Brand. Fred läuft nach draußen und sieht diese brennen. Zur gleichen Zeit wird Erich Kahn von der Gestapo verhaftet. Fred begreift, dass auch er in Gefahr ist und womöglich auf den Verhaftungs- und Deportationslisten steht. Für seinen Besuch in Krefeld hatte er sich von der Gestapo eine Erlaubnis geben lassen; sie wissen also, wo er zu finden ist. Mit dem Zug fährt er zurück nach Aachen. Am Bahnhof angekommen, telefoniert er mit seiner Mutter, die ihm eindringlich rät, nicht nach Hause zu kommen und sich vor der SS zu verstecken. In seiner Verzweiflung fährt Fred zurück nach Krefeld, nur um dort wieder in einen Zug nach Aachen zu steigen. Die Angst, den Bahnhof zu verlassen, ist einfach zu groß.

Nach 14 Stunden Zugfahrt ist Fred am Nachmittag des 10. November wieder zu Hause. Unter dem Vorwand, Waffen zu suchen, verwüstet die SS das Haus der Familie Voss. Das Klavier, auf dem Freds Mutter und seine Großmutter oft vierhändig gespielt haben, wird zerschlagen, Freds Briefmarkensammlung beschlagnahmt. Wenige Stunden später verhaftet die Gestapo Freds Vater.[21] Wochenlang weiß die Familie nicht, wo Vater Julius ist. Die Gestapo nötigt Freds Mutter, das Familienvermögen an die NSDAP zu überschreiben, das Haus zwangsweise zu verkaufen und die Auswanderung in die Wege zu leiten. Im Januar 1939 kommt der Vater nach zehn Wochen Haft im Konzentrationslager Buchenwald als gebrochener Mann zurück.

Postkarte von Julius an Else
Privatbesitz Fred Voss

Julius Voss redet nicht über das Erlebte. Er fühlt sich trotz allem weiterhin als Deutscher, möchte sein Vaterland nicht verlassen. Im März
1939 gibt die Gestapo der Familie eine Ausreisefrist von 30 Tagen.
Hält sie diese nicht ein, droht die Deportation aller Familienmitglieder
in das Konzentrationslager Buchenwald. Von Belgien aus können Julius' Schwester Berta und ihr Mann Albert Stiehl illegale Ausreisedoku-
mente beschaffen. Am 17. April 1939 meldet sich die Familie bei der
polizeilichen Meldebehörde ab, drei Tage später wandern Julius und
Else Voss mit ihrem Sohn und der Großmutter nach Belgien aus. Im
Ferienhaus der Verwandten bei Le Zoute kann die Familie für einige
Monate wohnen. Derweil kümmern sich Freds Eltern um ein Visum
für die USA. Verwandte aus San Francisco helfen dabei und leihen das
nötige Geld.[22]

Im Juni 1939 zieht Fred mit seiner Familie von Belgien nach London.
Je ein Koffer pro Person muss genügen. Bei Verwandten leben sie in
einem Haus zusammen mit vielen anderen Geflüchteten. Da sie keine
Arbeitserlaubnis haben, verbringen sie die Tage vor allem damit, möglichst viel Englisch zu lernen, hören stundenlang britisches Radio. An
Silvester ziehen Ilse Machauf und ihre Mutter Olga aus Wien in die
Londoner Unterkunft. Beide haben eine Arbeitserlaubnis in England
– die Mutter als Köchin, Ilse als Au-pair-Mädchen. Fred lernt Ilse kennen und verliebt sich sofort in sie. Fünf Monate später, im Mai 1940,
bekommt die Familie Voss Visa für die USA. Fred würde alles geben,
um bei Ilse in London zu bleiben, möchte sie um keinen Preis verlieren. Die beiden Verliebten versprechen, sich jeden Tag einen Brief zu
schreiben. Für die nächsten fünf Jahre müssen Fred und Ilse getrennt
voneinander leben.[23]

Kampf gegen den Hass

Nachdem Amerika im Dezember 1941 in den Zweiten Weltkrieg
eingetreten ist, meldet sich Fred freiwillig für den Armeedienst. Neben der patriotischen Aufbruchsstimmung unter den Amerikanern
motiviert ihn auch die Möglichkeit, als Soldat nach Europa, viel-

leicht sogar nach England, zu kommen und Ilse wiederzusehen. Im März 1944 wird Fred Sergeant in der Combat-Engineer-Einheit der US-Army, ein Jahr später ist er als Soldat erneut in Aachen und Würselen. Er versucht vergebens, Bekannte in Aachen ausfindig zu machen. Ende Februar 1945 führt ihn der Weg dann tatsächlich nach London. Er überrascht Ilse, indem er sie von ihrer Arbeit abholt; eine Woche kann er bei ihr bleiben. Gemeinsam schmiedet das Paar Pläne für eine gemeinsame Zukunft. Fred setzt sich für die Auswanderung der Machaufs in die USA ein. Vom amerikanischen Konsulat in London bekommen sie die Erlaubnis, müssen aber noch bis Kriegsende warten. 2000 Briefe haben sich Fred und Ilse geschrieben, bevor sie sich am 19. Mai 1946 in New York das Eheversprechen geben. Sie bekommen zwei Kinder.

Hochzeitsbild von Fred und Ilse

Privatbesitz Fred Voss

In seiner Zeit als Soldat begegnet Fred an vielen Orten Amerikas der Diskriminierung von Afro-Amerikanern. ›For blacks only‹ erinnert ihn an Schilder wie ›Kauft nicht bei Juden‹, die er während der Judenboykotte lesen musste. Fred ist schockiert über den unverhohlenen Rassismus; die traumatischen Erfahrungen seiner Jugend sind noch lebendig. Motiviert, sich gegen rassistischen Hass einzusetzen, beginnt er, sich vielseitig zu engagieren: Zusammen mit seiner Frau unterstützt er den Entstehungsprozess des United States Holocaust Memorial Museums in Washington. Fred und Ilse werden Gründungsmitglieder der 1993 eröffneten Gedenkstätte. Gespräche mit anderen Holocaust-Überlebenden bestärken Fred darin, seine eigene Geschichte öffentlich zu erzählen. In den folgenden Jahren spricht er an vielen Schulen und Universitäten mit jungen Menschen über seine Erfahrungen während der NS-Zeit und ruft zu Aufmerksamkeit gegenüber Diskriminierung und Hass auf. Immer wieder weist er auf die Bedeutung der Geschichte für die Gegenwart hin: Juden haben Zufluchtsorte in der ganzen Welt gesucht, auch Amerika hat solche anfangs nicht geboten, obwohl die Zeitungen von den Ereignissen in Europa berichteten. Das Wissen um die unmenschlichen Zustände reichte offenbar nicht aus, um früh eine Willkommenskultur zu schaffen. Fred hofft, dass die heutige Generation aus den Geschichtsbüchern lernt und dass sich Geschichte nicht wiederholt.[24]

2005 veröffentlicht Fred Voss sein Buch ›Miracles, Milestones & Memories‹. Damit erzählt er nicht nur seine Geschichte, sondern auch die Geschichte derjenigen, die selbst nicht mehr erzählen können. Als Überlebender sieht er sich in der Verantwortung: Nicht gegen die Täter will er schreiben, sondern für die vielen, oft namenlosen Opfer der nationalsozialistischen Diktatur. Dabei geht es ihm nicht nur um Antisemitismus: Hass in alle Richtungen ist tödlich, betont er und spricht sich aus gegen jegliche Diskriminierung von Menschen aufgrund ihrer Religion, Hautfarbe, sexuellen Orientierung oder Herkunft.[25]

Auch im Ruhestand bleibt Fred umtriebig. Mit 92 Jahren macht er als ältester High-School-Absolvent der Vereinigten Staaten seinen Schulabschluss – sicher auch eine Genugtuung: »Von 2008–2012 habe ich das nachgeholt, was die Nazis mir verweigert haben. [...] Es ist ein richtiges, echtes Abitur.«[26] An der Lansing-High-School in New York erhält Fred Voss unter dem tosenden Applaus der zwei Generationen jüngeren Kommilitonen sein Zeugnis.[27]

Fred bei seiner High-School-Abschlussfeier
Privatbesitz Fred Voss

1 Sofern nicht andere Quellen angegeben sind, beziehe ich mich auf den E-Mail-Kontakt mit Fred Voss, April 2018 bis Juni 2018. Fred Voss lebt mit seiner Frau Ilse Voss in Ithaca, New York.

2 Vgl. Franz Oppenhoff: Die Volks- und Mittelschulen sowie die Lehrerinnenbildungs-anstalt. In: Festschrift der Stadt Aachen zum XI. Allgemeinen Deutschen Bergmanns-tage. Aachen 1910. S. 105–109, hier S. 108 [künftig zitiert: Oppenhoff: Volks- und Mittelschulen].

3 Vgl. Telefonat mit Ilse Voss, 28.05.2018. Auf die Frage, ob Fred ein schüchterner Junge gewesen sei, antwortet seine Ehefrau: »Nie!« Sie lacht dabei.

4 Vgl. Realschuldirektor der David-Hansemann-Schule an den Herrn Oberstadtdirektor der Stadt Aachen, 05.12.1957. LAV NRW R, BR 3000 1131. | Vgl. Michael Kuhn: Wir waren noch so jung. Aus dem Leben ehemaliger jüdischer Aachener Bürger. Aachen 1995. S. 35f. | Vgl. Zeugenaussage Kurt Rosendahl, 24.09.1959, LAV NRW R, BR 3000 1131.

5 Zeugenaussage Robert Manfred Hermann, 24.07.1959, LAV NRW R, BR 3000 1131.

6 Vgl. ebd.

7 Friedhelm Ebbecke-Bückendorf: Der älteste US-Abiturient kommt aus Aachen. http://www.aachener-nachrichten.de/lokales/region/der-aelteste-us-abiturient-kommt-aus-aachen-1.429156 (05.05.2018).

8 Vgl. André Alzer, Archivar der Stadtgarde Öcher Penn von 1857 e.V., an Fred Voss, 24.07.2012.

9 Die Eltern geben ihrem Sohn den Namen Alfred, er wird aber von seiner Familie, Freunden und Bekannten Fred genannt. Diesen Namen nimmt er später bei der Ein-bürgerung in die USA an und legt den Namen Alfred offiziell ab. Vgl. Eintrag zu Fred Voss im ›Familienbuch Euregio‹. http://www.familienbuch-euregio.de (20.06.2018).

10 Vgl. Herbert Lepper: Von der Emanzipation zum Holocaust. Die israelitische Syna-gogengemeinde zu Aachen, 1801–1942. Geschichtliche Darstellung, Bilder, Doku-mente, Tabellen, Listen. Bd. 2, Aachen 1994. S. 1626 [künftig zitiert: Lepper: Eman-zipation].

11 E-Mail von Fred Voss an Frieda Kries, 25.4.2018 [Rechtschreibung korrigiert].

12 Vgl. Eintrag zu Julius Voss im ›Familienbuch Euregio‹. http://www.familienbuch-eu-regio.de (20.06.2018).

13 Vgl. Eintrag zu Alina Elsbach im ›Familienbuch Euregio‹. http://www.familien-buch-euregio.de (20.06.2018).

14 Vgl. Telefonat zwischen Fred und Ilse Voss und Frieda Kries, 28.05.2018.

15 Ebd.

16 Vgl. Abschrift der Schulakte Alfred Voss von der David-Hansemann-Schule, 05.12.1957, LAV NRW R, BR 3000 1131.| Vgl. Lepper: Emanzipation. S. 1383. | Vgl. Oppenhoff: Volks- und Mittelschulen. S. 106.

17 Vgl. Fred Voss: Miracles, Milestones & Memoires. A 269-Year Reflection, 1735–2004. 6. Aufl. Ithaca, NY 2016. S. 118 [künftig zitiert: Voss: Miracles].

18 Vgl. Fred Voss an den Herrn Regierungspräsidenten der Stadt Aachen, 10.3.1958, LAV NRW R, BR 3000 1131. | Vgl. Julius Voss an Herrn Schweicher, 10.4.1958, ebd.

19 Vgl. Telefonat zwischen Fred und Ilse Voss und Frieda Kries, 28.05.2018.

20 Vgl. Abgangszeugnis Alfred Voss, 21.03.1934, LAV NRW R, BR 3000 1131. | Vgl. Zeugnis Meyerfeld & Herz, 29.07.1938, ebd.

21 Vgl. Manfred Bierganz: Juden in Aachen. Aachen 1988. S. 75. | Der übrige Inhalt des Kapitels ›Flucht und getrennte Liebe‹ bezieht sich, sofern nicht anders angegeben, auf Voss: Miracles. S. 51, 77–81, 86–90 u. 101.

22 Vgl. Telefonat zwischen Fred und Ilse Voss und Frieda Kries, 28.05.2018. | Vgl. Abmeldung bei der polizeilichen Meldebehörde, 17.04.1939, LAV NRW R, BR 3000 1131.

23 Vgl. Fred Voss: Miracles. S. 90 u. 101.

24 Vgl. Eintrag zu Fred Voss: Vortrag am 70. Jahrestag des 09.11.1938 im ›Familienbuch Euregio‹. http://www.familienbuch-euregio.de (20.06.2018). | Vgl. Eintrag Fred Voss: Brief an seinen Enkel über den Holocaust, 1998 im ›Familienbuch Euregio‹. http://www.familienbuch-euregio.de (20.06.2018). | Der übrige Inhalt des Kapitels ›Kampf gegen den Hass‹ bezieht sich, sofern nicht anders angegeben, auf Voss: Miracles. S. 104, 126–128, 132, 149–151, 166, 180–181 u. 224–225.

25 Vgl. Eintrag zu Fred Voss: Presentation at the First Presbyterian Church in Lansing NY, March 2009 im ›Familienbuch Euregio‹. http://www.familienbuch-euregio.de (20.06.2018).

26 Vgl. E-Mail von Fred Voss an Frieda Kries, 25.04.2018 [Rechtschreibung korrigiert].

27 Vgl. Chris Pettograsso: Lansing High School Graduation – Part 2 of 4. https://www.youtube.com/watch?v=t4dZsy5NPdQ&feature=related (16.05.2018).

Die ›Reichskristallnacht‹ und die Judenverfolgung unter der NS-Diktatur bis zum Ausbruch des Zweiten Weltkrieges

Grundtatsachen und persönliche Erinnerungen

Von Klaus Schwabe

»Staatsbürger kann nur sein, wer Volksgenosse ist. Volksgenosse kann nur sein, wer deutschen Blutes ist, ohne Rücksichtnahme auf Konfession. Kein Jude kann daher Volksgenosse sein«. So lautet Punkt vier des Parteiprogrammes der NSDAP vom 24. Februar 1920; Adolf Hitler war im Wesentlichen der Autor. Wie ein Glaubensbekenntnis sollte es auf alle Zeiten unveränderlich bleiben. Was es hieß, nicht Volksgenosse und Staatsbürger zu sein, führte das Programm im Folgenden weiter aus: ›Nichtstaatsbürger‹ sollten unter Fremdengesetzgebung stehen; sie durften keine öffentlichen Ämter übernehmen. Falls der Staat nicht in der Lage war, seine Bürger zu ernähren, hatte er das Recht, Nichtstaatsbürger auszuweisen. Eine Einwanderung Nichtdeutscher müsse verhindert werden; seit dem 2. August 1914 eingewanderte Nichtdeutsche waren gleichfalls auszuweisen. Die deutsche Presse sollte ausschließlich von deutschen Staatsbürgern kontrolliert werden, Publikationen von Nichtdeutschen durften nicht in deutscher Sprache erscheinen.[1]

Boykott jüdischer Geschäfte am 1. April 1933

Eine rassistisch inspirierte Innenpolitik mit dem Ziel einer Ausschaltung Deutscher jüdischer Religionszugehörigkeit oder Abstammung bildete also von Anfang an den Kernpunkt des politischen Programms, auf das Hitler seine Partei verpflichtete. Am 30. Januar 1933, mit der Ernennung zum deutschen Reichskanzler, war er so weit, dieses Programm verwirklichen zu können. Zwar genoss bei ihm seine Politik einer Umformung (›Gleichschaltung‹) der Weimarer Republik in eine nationalsozialistische Diktatur zunächst den Vorrang. Mit dem Ermächtigungsgesetz vom 23. März 1933, das den Reichstag politisch ausschaltete, war dieses Ziel aber im Wesentlichen erreicht.

Erste im Namen der NS-Bewegung gegen die jüdische Bevölkerung gerichtete Übergriffe hatten bereits nach den Reichstagswahlen vom 5. März 1933 eingesetzt. Aus diesen Wahlen ging die NSDAP mit einer relativen Mehrheit von 43,9 % hervor. Über eine absolute Regierungsmehrheit verfügte sie nur durch eine Koalition mit der rechtskonservativen DNVP. Die ersten von der NSDAP unterstützten Übergriffe gegen Juden vor allem osteuropäischer Herkunft lösten in der Presse des Auslandes, insbesondere in den USA, eine empörte Reaktion aus. Diese lieferte Hitler und den Scharfmachern seiner Partei Ende März den Vorwand, als Antwort auf die ›antideutsche Gräuelhetze‹ für den 1. April 1933 zu einem Boykott jüdischer Geschäfte in ganz Deutschland aufzurufen. Dieser erste Schritt auf dem Wege der Verfolgung Deutscher jüdischer Herkunft lieferte zwar aussagekräftige Bilder über die Entschlossenheit von Hitlers Anhängerschaft, den wirtschaftlichen Einfluss jüdischer Geschäftsinteressen einzuschränken, fand bei der übrigen Bevölkerung aber nicht das Interesse, auf das Hitler gehofft hatte. Gesetzgeberische Schritte erschienen nötig, um Hitlers Programm einer Beseitigung ›jüdischer Einflüsse‹ im Staate zu verwirklichen. Der Weg der Gesetzgebung empfahl sich aber auch aus politisch-taktischen Gründen.

Gesetz zur Wiederherstellung des Berufsbeamtentums

Im Jahre 1933 stand die SA, die Bürgerkriegsarmee des NS-Regimes, noch hoch im Kurs. Diese war für eine ganze Reihe spontaner, nicht nur antisemitischer Aktionen verantwortlich, die sie im Namen einer

›braunen Revolution‹ lokal anzettelte. Sie schadeten dem Ansehen des zu dem Zeitpunkt militärisch und wirtschaftlich noch schwachen Hitler-Regimes im Ausland und stellten zugleich den Beitrag jüdischer Firmen zur wirtschaftlichen Erholung Deutschlands in Frage. Außerdem verschreckten sie Hitlers konservative Verbündete – zu denen auch die Generalität der Reichswehr und nicht zuletzt der Reichspräsident Paul von Hindenburg gehörten. Hitler musste sich also sowohl als konsequenter Vertreter seiner Rassendoktrin als auch als Politiker profilieren, der formal den ordnungsgemäßen Gesetzesweg einhielt.

Dieser Absicht diente am 7. April 1933 die Inkraftsetzung eines Gesetzes ›zur Wiederherstellung des Berufsbeamtentums‹, das Hitler zunächst in seinem Kabinett, das heißt auch von seinem deutsch-nationalen Koalitionspartner, verabschieden ließ. Der Zweck dieses Gesetzes war es, das Berufsbeamtentum von politisch missliebigen Personen, wie Kommunisten oder sonstigen Gegnern des NS-Regimes, zu ›reinigen‹ und Hitler gegenüber gefügig zu machen. Der Paragraph drei, der sogenannte Arierparagraph, verfügte, dass »Beamte, die nicht arischer Abstammung sind«, in den Ruhestand zu versetzen waren – also zwangspensioniert wurden. Ausgenommen waren Beamte, die diese Stellung bereits vor dem Ausbruch des Ersten Weltkrieges innegehabt oder im Kriege gedient hatten. An diesem Gesetz war zweierlei bemerkenswert: Es sprach von ›nicht-arischer‹ Abstammung und konnte damit auch Personen einschließen, die sogenannten Mischehen entstammten. In der Praxis galt die ›Schuldvermutung‹, das heißt, dass im Grunde jeder Beamte seiner Behörde den Nachweis liefern musste, dass er nicht-jüdischer Abstammung war. Im Zeichen einer Flut von Anträgen für einen solchen ›Ariernachweis‹ erlebten Standesämter und Pfarreien – zur Konsultation von Kirchenbüchern – alsbald eine Hochkonjunktur.

Nach und nach wurde aber nicht nur die Beamtenschaft auf diese Weise ›gesäubert‹ und ›gleichgeschaltet‹, sondern zum Beispiel auch die freien Berufe, wie die Rechtsanwalt- oder Ärzteschaft, das kulturelle und literarische Leben, das Bankenwesen sowie private

Vereine, die einem öffentlichen Zweck dienten und ihre jüdischen Mitglieder zu entlassen hatten. Für jüdische Studenten galt ein enger Numerus clausus. In der evangelischen Kirche vertiefte der ›Arierparagraph‹ die Spaltung zwischen den regime-gehorsamen ›Deutschen Christen‹ einerseits, die den ›Arierparagraphen‹ ausdrücklich anerkannten und Christen jüdischer Herkunft aus der Kirche bzw. aus Kirchenämtern ausschließen wollten, und der ›bekennenden Kirche‹ andererseits, die dies ablehnte. Sie bestand stattdessen auf dem christlichen Bekenntnis – und nicht etwa irgendeiner ›rassischen‹ Herkunft – als einzigem Kriterium für die kirchliche Zugehörigkeit. Nur den einen gerade erwähnten Vorbehalt erwirkte der Reichspräsident Hindenburg, dem der Gedanke ›unerträglich‹ war, dass ehemalige deutsche Soldaten jüdischer Herkunft diskriminiert wurden: Hitler nahm Teilnehmer am Ersten Weltkrieg von den Bestimmungen des Gesetzes zunächst aus.

In der Folgezeit blieb die formale Rechtslage für Deutsche jüdischer Herkunft zunächst unverändert. Offiziell förderte die NS-Regierung die Auswanderung von Juden und nahm dazu auch mit jüdischen Vertretern aus Palästina Fühlung auf. Zwischen Frankreich und der scharf antisemitisch und gleichzeitig antibolschewistisch eingestellten polnischen Regierung fand ein Meinungsaustausch über eine Auswanderung europäischer Juden in die französische Kolonie Madagaskar statt. Das ›Dritte Reich‹ Hitlers selbst stand im Zeichen einer Serie eher lokaler oder doch regionaler Schikanen, denen die jüdische Minderheit ausgesetzt war, und gleichzeitig reichsweit im Zeichen einer Politik systematischer und nach dem Anschluss Österreichs beschleunigter ›Arisierung‹ des Wirtschaftslebens. Gemeint war damit der mit mehr oder weniger Druck erzwungene Verkauf von Betrieben, die sich in jüdischer Hand befanden. Die offizielle Aufforderung, jüdische Geschäfte zu meiden, blieb erhalten, wurde aber von der Bevölkerung in unterschiedlichem Maße befolgt – am wenigsten in katholischen Gegenden. Während der Olympiade im Jahre 1936 bemühte sich das Hitler-Regime um einen reputierlichen Eindruck gegenüber dem Ausland und sorgte dafür, dass antisemitische Parolen aus dem Blick der Öffentlichkeit fürs Erste verschwanden.

Nürnberger Gesetze vom 15. September 1935

In der ganzen Zeit, die zwischen dem ›Gesetz zur Wiederherstellung des Berufsbeamtentums‹ und dem Pogrom vom 9. November 1938 lag, befand sich Hitler in einem ständigen Konflikt zwischen zwei Faktoren, die er für seine Judenpolitik berücksichtigen musste. Auf der einen Seite stand er unter dem Druck seiner in den nationalsozialistischen Organisationen, vor allem der SA, versammelten radikalen Anhängerschaft. Diese hatte er 1934 in der Folge des sogenannten Röhmputsches durch eine blutige Säuberung in ihre Schranken gewiesen und damit seine diktatorische Führungsstellung endgültig gesichert. Um der deutschen Bevölkerung das Bild einer stets zur Tat bereiten NS-Bewegung zu vermitteln, konnte er aber auf seine ›alten‹ (und neuen) aktionsfreudigen Kämpfer auch nicht verzichten. Auf der anderen Seite hatte er sich schon 1919 in seiner ersten zusammenhängenden politischen Stellungnahme gegen einen rein ›gefühlsmäßigen‹ Antisemitismus ausgesprochen, der sich in Pogromen ausdrückte, und sich stattdessen auf einen ›Antisemitismus der Vernunft‹ festgelegt, der an erster Stelle diskriminierende Gesetze (Fremdengesetzgebung) benutzte, um die deutschen Juden aus dem öffentlichen Leben auszuschließen. An dieser Orientierung wollte er auch in seinem Bemühen festhalten, sich seine konservativen politischen Partner – darunter die Reichswehr – nicht zu verprellen.

Dieser Zwiespalt zwischen amtlich geduldetem radikalen Terrorismus der politischen Basis und öffentlich-regierungsamtlich zur Schau gestellter formaler Rechtsstaatlichkeit stand 1935 auch hinter Hitlers Entschluss, den Forderungen seines Parteiprogrammes nachzukommen und der Diskriminierung der deutschen Juden eine allgemeine Gesetzesgrundlage zu geben. Er passte sich damit den Forderungen seiner radikalen Parteigenossen an und wahrte trotzdem einen formal-legalen Rahmen. Vorberatungen über ein derartiges Gesetz, das auch sogenannte Mischehen – also Ehen zwischen jüdischen und nichtjüdischen Deutschen – unter Strafe setzen sollte, hatte es schon

lange Zeit zuvor gegeben. Während der am 11. September 1935 eröffnete Parteitag der NSDAP in Nürnberg abrollte, forderte Hitler plötzlich
sofortige ministerielle Vorschläge für ein entsprechendes Gesetzesvor-
haben an. Dieses sollte von dem eiligst nach Nürnberg zitierten (und
längst gleichgeschalteten) Reichstag im Mittelpunkt des Parteitages
verabschiedet werden. Dies geschah am 15. September 1935. Einstim-
mig beschloss der Reichstag – im kritischen Volksmund jetzt ›Reichs-
gesangsverein‹ genannt, weil sich seine Rolle im Wesentlichen auf das
Absingen der National- und Partei-Hymne beschränkte – ein ›Reichsbürgergesetz‹ und ein ›Gesetz zum Schutz des deutschen Blutes und
der deutschen Ehre‹. Das ›Reichsbürgergesetz‹ unterschied zwischen
Reichsbürgern und Staatsbürgern. Reichsbürger konnten nur Personen ›deutschen oder artverwandten Blutes‹ sein – also keine Juden.
Diese waren lediglich Staatsbürger und unterstanden dem ›Schutz-
verband‹ des Deutschen Reiches. Nur Reichsbürger besaßen ›volle
politische Rechte‹ und sollte dafür einen ›Reichsbürgerbrief‹ erhalten.
Das zweite Gesetz ›zum Schutze des deutschen Blutes‹ verbat Ehen
zwischen Juden und Deutschen und ›Artverwandten‹. Ein ›außerehe-
licher Verkehr‹ zwischen Juden und Deutschen war gleichfalls untersagt (›Blutschande‹). Deutsche durften jüdische Haushaltsangestellte
nicht beschäftigen, die jünger als 45 Jahre alt waren. Juden durften
die Reichsflagge nicht hissen (was sie sicher am ehesten verschmerzen
konnten). Für Übertretungen wurden unter anderem Zuchthausstrafen
angedroht. Die Frage, welche Personen im Sinne dieser Gesetze als Juden zu gelten hatten und welche nicht, blieb offen und sorgte für lange
Diskussionen. Allein ›rassische‹ Kriterien waren rechtlich nicht fassbar.

Hitler selbst entschied Ende 1935, dass als Juden alle Personen zu
gelten hatten, die mindestens drei jüdische Großeltern hatten. Festge-
stellt werden konnte dies nur über die religiöse Zugehörigkeit. Zwei
jüdische Großeltern genügten, um eine Person zum Juden zu machen,
wenn diese einen jüdischen Ehepartner hatte. Personen mit weniger
jüdischen Vorfahren galten als ›Mischlinge‹. Definitionsfragen, wer
mit welchen Konsequenzen nach dem neuen Gesetz als jüdisch oder
als ›Mischling‹ zu gelten hatte, hielten an. Der Ariernachweis oder
besser noch ein ›Ahnenpass‹ wurden, um Heinrich Heines Ausspruch

zu variieren, zum Entréebillet in die ›bessere Gesellschaft‹ des NS-Regimes. Hitler hatte damit sehr bewusst das Pateiprogramm der NSDAP verwirklicht, insoweit dieses für deutsche Juden ein diskriminierendes Ausländerrecht gefordert hatte. Ziel dieser Rassengesetzgebung blieb, den jüdischen Teil der deutschen Bevölkerung zur Auswanderung zu zwingen und so ›die Reinheit des deutschen Blutes‹ zu schützen.

Das Doppelziel der NS-Führung, Juden aus Deutschland zu vertreiben und gleichzeitig die deutsche Wirtschaft ›judenfrei‹ zu machen, widersprach sich selbst in einem entscheidenden Aspekt: Es war nicht möglich, die jüdische Bevölkerung gleichzeitig auszuplündern und deren Auswanderung sicherzustellen, die bei den nicht so zahlreichen Aufnahmeländern mit erheblichen Kosten verbunden war. Nicht zuletzt aus diesem Grund hielt sich die Auswanderung von Juden auch aus dem 1938 durch Österreich erweiterten Großdeutschen Reich zunächst in Grenzen. Von einem flächendeckenden aktiven Antisemitismus konnte in dem damaligen Deutschland ohnehin nicht die Rede sein, und auch der außenpolitische Aktionismus des NS-Regimes begeisterte nicht überall. Gewiss hatte über den Anschluss Österreichs allgemeiner Jubel geherrscht. Bei Hitlers Bemühungen, die Tschechoslowakei zu ›zerschlagen‹, war das schon anders. Die Konfrontation des ›Großdeutschen Reiches‹ mit den Westmächten, die diese Politik nach sich zog, hatte Europa an den Rand eines neuen großen Krieges gebracht. Wie Hitler selbst verspürte, zeigten sich zahlreiche Deutsche alles andere als kriegsbegeistert, und ihre Erleichterung nach dem Ende September 1938 auf der Konferenz in München erzielten Kompromiss war unübersehbar. Für die weiteren außenpolitischen Aktionen, die Hitler vorhatte, war eine neue Mobilisierung der Öffentlichkeit nötig.

›Reichskristallnacht‹

In diese Lage platzte ein Ereignis außerhalb Deutschlands, das die Judenpolitik des ›Dritten Reiches‹ tiefgehend veränderte. Am 7. November 1938 verübte ein 1921 in Weimar geborener polnischer Staatsangehöriger jüdischen Glaubens namens Herschel Grünspan (polnisch:

Grynszpan) ein Pistolenattentat auf Ernst vom Rath, einen Legationssekretär an der deutschen Botschaft in Paris, und verwundete diesen
schwer. Die Eltern des Attentäters waren vor dem Ersten Weltkrieg
aus Russisch-Polen nach Deutschland ausgewandert, hatten sich dort
aber nicht einbürgern lassen. Unter dem Eindruck der Judenverfolgun-
gen des NS-Regimes hatte ihr Sohn Herschel Deutschland 1936 verlassen und zuletzt bei einem Verwandten in Paris Zuflucht gefunden, um
von dort aus zu emigrieren. Dies gelang ihm jedoch nicht; auch mit
seinem Onkel überwarf er sich. Die französische Regierung verfügte
seine Ausweisung. Materiell stand er vor dem Nichts.

In dieser Lage erfuhr er Ende Oktober 1938, dass das NS-Regime die
Deportation der ca. 17.000 polnischen Juden, die sich in Deutschland
aufhielten, nach Polen befohlen hatte. Diese wurden aber zunächst
von der polnischen Regierung nicht über die Grenze gelassen und
mussten unter erbärmlichen Verhältnissen in einer Art Niemandsland
vegetieren. Zu ihnen gehörten auch Grünspans Eltern und Geschwister. Es war ein Schicksal, das auch ihm bevorstand, wenn Frankreich
ihn auswies. Unter dem Eindruck dieser Nachrichten beschloss er, ›seine Glaubensgenossen‹ an einem Repräsentanten des nationalsozialistischen Deutschlands zu rächen. Abgesehen hatte er es offenbar von
vornherein auf den Legationssekretär Ernst vom Rath, den er flüch-
tig kannte. Bei diesem sprach er am 7. November vor, vorgeblich um
ihm ein wichtiges Dokument zu überreichen. Bei ihm vorgelassen,
schoss er mehrmals auf den jungen deutschen Diplomaten. Danach
ließ er sich an die französische Polizei ausliefern. Für die Folgeereignis-
se in Deutschland ist sein weiteres, bis heute noch etwas rätselhaftes
Schicksal unwichtig. Nur kurz anzumerken ist, dass für ihn zunächst
in Frankreich ein Prozess eingeleitet wurde und dass er 1940 nach der
deutschen Besetzung Frankreichs in deutsche Hände geriet. Goebbels
hoffte auf einen Schauprozess. Doch musste er diese Absicht fallen lassen. Grünspan sagte nämlich aus, dass er vom Rath aus der Pariser Ho-
mosexuellenszene gekannt habe. Dieses Milieu passte nun überhaupt
nicht in das Bild des ›Weltjudentums‹ und zu den Verschwörungstheorien, die der deutsche Propagandaminister entwickelt hatte. Im Gegen-
teil rührte der Hinweis auf homosexuelle Hintergründe dieses Mord-

falles an einen überaus empfindlichen Punkt in der Geschichte der Hitlerbewegung – den sogenannten Röhmputsch, der 1934, auf Hitlers Geheiß, zu der Ermordung des homosexuellen SA-Führers Ernst Röhm geführt hatte. Der Prozess gegen Grünspan wurde sofort eingestellt, er selbst in ein Konzentrationslager verbracht, wo er offenbar ermordet worden ist. Nach dem Krieg erklärten ihn seine Eltern für tot.

Entscheidend an den Folgen von Grünspans Mord war die Tatsache, dass die Führung Hitlerdeutschlands das Attentat von Anfang an nicht als die Tatsache einordnete, die es war: nämlich ein Mordversuch eines einzelnen, auch persönlich gescheiterten und enttäuschten Opfers in der jammervollen Lage, in welche die Juden polnischer Herkunft im deutschen Machtbereich geraten waren. Ähnlich wie fünf Jahre zuvor in dem Reichstagsbrand sahen Hitler und seine Getreuen in dem Attentat vom Raths einen kollektiven Tatbestand – den Anschlag eines kriegstreiberischen internationalen Judentums, das zwischen den europäischen Staaten Zwietracht säen wollte und schon 1936 für den Tod des schweizerischen NS-Anhängers Wilhelm Gustloff verantwortlich gewesen sei. Eine sofort einsetzende offizielle Pressekampagne führte unmittelbar danach zu ersten lokalen Übergriffen auf jüdische Einrichtungen.

Eine gesamtdeutsche Dimension erreichten diese jedoch erst durch einen weiteren Zufall: Am 9. November erlag vom Rath seinen Verletzungen. Hitler erhielt diese Nachricht am selben Tage abends, als er mit seinen Kampfgefährten im alten Münchener Rathaus einen der höchsten Feiertage des NS-Regimes beging – die Wiederkehr des 9. Novembers 1923, an dem sein Putschversuch in München im Kugelhagel bayerischer Sicherheitskräfte zusammengebrochen war. Als Hitler die Nachricht vom Tod vom Raths erhielt, sagte er eine geplante Rede unverzüglich ab, zog sich zuerst zu einem intensiven Gespräch mit Goebbels und danach in seine Privatwohnung zurück. Was er mit Goebbels besprach, ist wörtlich nicht bekannt. Doch bestätigen alle zeitgenössischen Quellen, dass Hitler hier seine Zustimmung zu einer Gewaltaktion gegen jüdische Gotteshäuser und sonstige Einrichtungen gab. Um seiner Reputation als deutsches Staatsoberhaupt willen wollte er ganz offensichtlich als Initiator dieses Pogroms aber nicht in Erscheinung treten, sondern diesen als spontane Äußerung der ›kochenden deutschen Volksseele‹ erscheinen lassen – eine aufschlussreiche Parallele zu seinem Befehl zur Ermordung der europäischen Judenheit wenige Jahre später, der als Dokument gleichfalls nicht auffindbar ist.

Hitlers Instruktion für Goebbels lautete, dass Demonstrationen nach dem Muster einiger bereits verübter Brandstiftungen »von der Partei weder vorzubereiten noch zu organisieren seien, soweit sie spontan entstünden, sei ihnen aber auch nicht entgegenzutreten«. Mit Recht betrachteten Goebbels selbst und die in München anwesenden NS-Größen dies als Befehl zu einer reichsweiten entsprechenden ›Demonstration‹ – einen Befehl, den sie sofort an die regionalen und örtlichen Führer der Partei und der SA weitergaben. Die allermeisten Synagogen im deutschen Machtbereich gingen daraufhin in Flammen auf, die Schaufenster von tausenden jüdischen Geschäfte wurden zertrümmert. In seinem Tagebuch frohlockte Goebbels: »In Berlin brennen 5, dann 15 Synagogen ab. Jetzt rast der Volkszorn. Man kann für die Nacht nichts mehr dagegen machen. Und ich will auch nichts machen. Laufen lassen ... Als ich ins Hotel fahre, klirren die Fensterscheiben. Bravo! Bravo! In allen großen deutschen Städten brennen die Synagogen. Deutsches Eigentum ist nicht gefährdet«. Gestapo und SS beteiligten sich an den Brandschatzungen nicht, nahmen dafür aber auf Befehl Hitlers zwischen zwanzig- und dreißigtausend jüdische Männer fest und verbrachten sie in Konzentrationslager, aus denen sie, schikaniert und gequält, einige Wochen später größtenteils wieder entlassen wurden. Es gab 91 Tote, die allermeisten als Folge von Gewalttaten am Rande der Brandstiftungen. Bereits am 10. November befahl Goebbels den Abbruch des Pogroms. Die Fassade eines sich selbst als Rechtsstaat verstehenden Regimes sollte nicht allzu großen Schaden nehmen. Gegen die deutschen Juden sollte wieder auf gesetzlichem Wege vorgegangen werden.

Die antisemitischen Brandstiftungen und Übergriffe waren aus der Sicht des Regimes verzeihlich, sofern sie aus ideologischem Übereifer begangen worden waren. Plünderungen und Morde, die unzweifelhaft der persönlichen Bereicherung hatten dienen sollen, mussten nach geltendem Strafrecht indessen geahndet werden. Die reguläre Justiz damit zu betrauen, erschien mit Blick auf das Ansehen des Groß-deutschen Reiches als zu riskant. Stattdessen erhielt ein Parteigericht diesen Auftrag und stattete Göring Anfang 1939 einen Bericht ab, der erhalten geblieben ist und wegen seiner zynischen Offenherzigkeit zu den aufschlussreichsten Quellen des November-Pogroms gehört.

Welche Zwecke hat Hitler verfolgt, indem er den von ihm an sich bevorzugten Weg antisemitischer Gesetze verließ und stattdessen den spontan-verbrecherischen Charakter seines Regimes für einen Moment aufdeckte? Dass er unter seinen deutschen Gefolgsleuten eine aktions- und kampfbereite Stimmung schaffen wollte, wurde bereits erwähnt. Aber auch ganz konkret sah er in dem Mord an vom Rath eine Gelegenheit, seine Pläne für eine Vertreibung der Deutschen jü-dischen Glaubens aus ›Großdeutschland‹ voranzutreiben. Dazu sollte die jüdische Auswanderung beschleunigt werden. Das Druckmittel, welches das NS-Regime hier in der Hand hatte, wurde jetzt mit aller Rücksichtslosigkeit eingesetzt: Unter der Verantwortung von Hermann Göring beschloss eine Konferenz hoher Parteifunktionäre mit den zu-ständigen Ministern Ende November die ›Arisierung‹ der deutschen Wirtschaft ›beschleunigt durchzuführen‹. Jüdischer Grund- und Wert-besitz war zu enteignen, eine selbständige wirtschaftliche Tätigkeit der Juden war nicht mehr gestattet. Möglichkeiten einer Einführung von Zwangsarbeit für das verbleibende jüdische ›Proletariat‹ sollten geprüft werden.

Der deutsch-jüdischen Bevölkerung wurde eine ›Kontribution‹ von einer Milliarde RM auferlegt. Gleichzeitig sollte sie für die durch das Pogrom entstandenen Schäden haftbar gemacht werden. Von einer physischen Vernichtung der Juden war allerdings noch nicht die Rede. Wie Hitler sich deren Entrechtung tatsächlich vorstellte, hatte er schon kurz nach der Verabschiedung der Nürnberger Geset-ze in engerem Kreis deutlich gemacht: »Heraus aus allen Berufen«, erklärte er, »Ghetto, eingesperrt in ein Territorium, wo sie sich er-gehen können, wie es ihrer Art entspricht, während das deutsche Volk zusieht, wie man wilde Tiere sich ansieht.« Erst anlässlich der

Sechsjahresfeier seiner Diktatur verkündete Hitler seine im Nachhinein berühmte und später mehrfach wiederholte Prophezeiung und Drohung: »Wenn es dem internationalen Finanzjudentum in und außerhalb Europas gelingen sollte, die Völker noch einmal in einen Weltkrieg zu stürzen, dann wird das Ergebnis nicht die Bolschewisierung der Erde und damit der Sieg des Judentums sein, sondern die Vernichtung der jüdischen Rasse in Europa.«

Aus heutiger Sicht interessiert natürlich das Echo der Zeitgenossen auf den Ausbruch der Barbarei, den Hitler und Goebbels im November 1938 in Deutschland anordneten. Die ausländische Reaktion war verheerend. Die USA zogen ihren Botschafter aus Berlin ab und ließen sich nur noch von einem Geschäftsträger vertreten. Über das Echo im damaligen Großdeutschland sind verlässliche Aussagen kaum möglich. Meinungsumfragen gab es selbstverständlich nicht, dafür Gestapo-Berichte. Außenstehende Zeitzeugen berichten nicht unbedingt von einer einhelligen Begeisterung der Zuschauer des Pogroms. Es gab wohl eine gewisse Häme, auch und vielleicht gerade in den Unterschichten, die bei den Juden unermessliche Reichtümer vermuteten. Die von den Brandstiftungen verursachten Zerstörungen hinterließen aber gerade im Bürgertum oft eine gewisse Beklommenheit. Der Berliner Volksmund ironisierte den Pogrom als ›Reichskristallnacht‹ – ein Begriff, der in die Geschichtsschreibung eingegangen ist. Empörung war am ehesten in den Kirchen festzustellen – nicht auf höchster Ebene, die einen Protest vermied, wohl aber unter prominenten Laien beider Konfessionen. Zu ihnen gehörte der bekannte, eher konservative Freiburger Historiker Gerhard Ritter. Dieser schrieb am 24. November 1938 an seine Mutter: »Was wir in den letzten beiden Monaten erlebt haben im Ganzen des Vaterlandes, ist das Beschämendste und Schrecklichste, was seit langen Jahren geschehen ist. Wohin sind wir gekommen!!! Eine der vielen Fragen, über die man brieflich kaum reden kann, ist eine, wie mir scheint, nun zum erstenmal doch allgemeine Scham und Empörung. Diese Schreckenswoche wird nicht so leicht vergessen werden.« Unter dem Eindruck des November-Pogroms konstituierte sich an der Freiburger Universität ein regelmäßig zusammentretender Diskussionskreis, der das Hitlersystem kritisch unter die Lupe nahm, in den Folgejahren zur Widerstandsbewegung stieß und die längste Niederschrift über die politischen Zukunftsvorstellungen des deutschen Widerstandes hinterlassen hat. Insgesamt darf man sagen, dass sich die Hoffnungen der Urheber des Novemberpogroms auf eine durchgängige antisemitische Mobilisierung der deutschen Bevölkerung nicht wirklich erfüllt haben.

Persönliche Erinnerungen

Diesem Überblick seien blitzlichtaufnahmeartige Erinnerungen des Verfassers an die ›Reichskristallnacht‹ und die weitere Judenverfolgung im ›Dritten Reich‹ angefügt – Erinnerungen freilich aus der Froschperspektive eines Volksschul-Erstklässlers. Es gibt sie jedoch, und zwar eigenartigerweise recht deutlich: Am 10. November 1938 kam ich in Neuruppin (nördlich von Berlin) am frühen Morgen auf meinem Weg zur Schule wie üblich an einem recht eleganten Etagenwohnhaus vorbei. Vor der Eingangstür auf dem Bürgersteig qualmte ein mächtiger Haufen verkohlter Möbel. Selbst einem kleinen Jungen musste so etwas auffallen! Dies galt auch für viele meiner Klassenkameraden.

Zu Anfang des Unterrichtes befragten wir also unseren Lehrer – empört, wie wir waren – über die Brandstiftung, deren Zeugen wir geworden waren. Der Lehrer beruhigte uns, nannte den Namen ›vom Rath‹, erwähnte dessen Ermordung durch ›die Juden‹ und erklärte uns die Version dieses Geschehens aus der Sicht des NS-Regimes. Am Nachmittag waren meine Mutter und ich bei unseren Großeltern zu Besuch. Mein Großvater, ein strammer Deutsch-Nationaler, hatte (was ich erst viel später erfuhr) bei der Polizei Anzeige wegen Brandstiftung erstatten wollen, wurde aber unverrichteter Dinge wieder nach Hause geschickt. Die Brandstiftungen waren auch das Thema der Familie am nachmittäglichen Kaffeetisch. Ich sprudelte die amtliche Version der ›Kristallnacht‹ hervor, wie in der Schule gelernt. Doch mein Großvater wies mich zurecht: »Klaus, halt den Mund. Davon verstehst du nichts.« Nachträglich berichtete mein Vater, der am Tage nach dem

Pogrom die scherbenübersäte Tauentzin-Einkaufsstraße im Berliner Westen entlanglief, von dem bedrückten Schweigen, das bei den Passanten zu beobachten gewesen sei.

Im Rückblick wird auch an uns damals jugendliche ›Zeitzeugen‹ immer die Frage gerichtet, wie weit wir selbst später von der Judenverfolgung und schließlich der Judenvernichtung etwas wussten. Das war auch bei Erwachsenen nicht ohne Weiteres vorauszusetzen, da das NS-Regime die Ausrottung der europäischen Juden in den Gaskammern der deutschen Vernichtungslager als Staatsgeheimnis behandelte. Von der Präsenz deutscher Juden merkte man im Deutschland des Zweiten Weltkrieges nach meiner Erinnerung so gut wie nichts mehr. Gewiss, es gab bisweilen einen Laden mit dem Hinweis, dass in ihm Juden nicht bedient würden. Einmal während eines Klassenausfluges in die Berliner Innenstadt sah ich zwei Jungen in unserem Alter mit Judensternen auf ihren Hemden. Das Bild ist mir im Gedächtnis geblieben. Was ich mir dabei gedacht habe, weiß ich nicht mehr.

Im späten Januar 1945 allerdings erfuhr ich von den Massenvergasungen der Juden: Es war früh morgens und noch dämmerig. Ich hatte mich in einer Nebenstraße mit einem Klassen- und Jungvolkkameraden getroffen, um mit ihm zum ›Dienst‹ zu gehen. Das hieß, wir mussten die endlosen Pferdewagentrecks durch die Stadt geleiten, mit denen Flüchtlinge vor der Roten Armee aus Ostpreußen weiter nach Westen strebten. Es ist mir unvergessen, dass mein Freund in Neuruppin mir auf dem Wege zum ›Dienst‹ erzählte, dass es Konzentrationslager gebe, in denen Gefangene, vor allem Juden, vergast würden. Wieder weiß ich nicht, wie ich auf diese Erzählung reagiert habe – möglicherweise nicht so entsetzt, wie wir das heute tun; denn dass der Krieg an der Front und wegen der alliierten Luftangriffe auch in der Heimat täglich eine Unzahl von Toten kostete und dass man selbst über kurz oder lang ›drankommen‹ könnte, wusste jeder. Betrachtete ich die Tötungen in den Konzentrationslagern ebenfalls als Begleitumstand des Krieges? Doch dies ist nur eine Vermutung.

Meine Erinnerung hatte ein Nachspiel, das bis in die Gegenwart reicht. Während meine Familie schon 1947 nach Westberlin übersiedelte, blieb mein gerade genannter Freund in der SBZ/DDR und machte dort, politisch mehr oder weniger angepasst, als Mediziner Karriere. Wir blieben trotzdem während der ganzen Zeit der deutschen Teilung in brieflicher Verbindung. Gelegentlich besuchte ich ihn auch. Bei einer solchen Gelegenheit erinnerte ich ihn an unser Gespräch im Januar 1945. Zu meiner Überraschung antwortete er mir, er könne sich daran nicht erinnern und habe von den Judenvergasungen auch nichts gewusst. Dabei blieb es. Er starb schon in den 90er-Jahren.

Jahrzehnte später erinnerte ich mich, dass mein Freund eine vier Jahre ältere Schwester in der Bundesrepublik besaß. Aus irgendeinem Anlass rief ich sie an. Dieser Tage, bei der Erinnerung an die ›Reichskristallnacht‹, kam mir der Gedanke, sie wegen meines Gesprächs mit meinem Freund vor 72 Jahren einmal zu befragen. Die Antwort dieser inzwischen an die 90 Jahre alten Dame brachte eine neue Überraschung: »Natürlich«, erklärte sie, »haben wir in der Familie in jenem Januar des Jahres 1945 über die Vergasung der Juden gesprochen. Ein Bekannter unseres Vaters, der selbst im Kriegsdienst war, besuchte uns Anfang 1945 aus irgendeinem äußeren Anlass und fand kaum ein Ende mit seinen Berichten über das, was er (als deutscher Soldat oder Offizier) in Polen über die Vernichtung der Juden erfahren und wohl auch gesehen hatte. Und natürlich wurde darüber im Familienkreis gesprochen«. Eine Erklärung, weshalb mein Freund das alles vergessen hatte, fand auch sie nicht.

Der Verfasser möchte diese eigene Erinnerung lediglich im Zusammenhang mit dem Judenpogrom von 1938 kommentieren: Die Reaktion der deutschen Bevölkerung auf diese eine Nacht einer in aller Öffentlichkeit vollzogenen Verfolgung der jüdischen Mitbürger im damaligen Großdeutschland war offenkundig so ausgefallen, dass Hitler auf eine Wiederholung verzichtete und alle seine weiteren Schritte auf dem Wege der von ihm prophezeiten Ausrottung der europäischen Juden unter Ausschluss der Öffentlichkeit tat.

1   Die Ausführungen in diesem Text beruhen u. a. auf folgenden Quellen: Walter
    Hofer (Hg.): Der Nationalsozialismus. Dokumente 1933–1945. Frankfurt 1957. |
    Saul Friedländer: Das Dritte Reich und die Juden. Bonn 2007. | Richard J. Evans:
    Das Dritte Reich. Bd. 1: Aufstieg. München 2004. | Klaus Hildebrand: Das Dritte
    Reich. München 1987. | Eberhard Jäckel: Hitlers Herrschaft. Stuttgart 1986. |
    Hans-Ulrich Thamer: Verführung und Gewalt. Deutschland 1933-1945. Berlin
    1986. | Georg Denzler u. Volker Fabricius (Hg.): Christen und Nationalsozialisten.
    Frankfurt 1995. | Hermann Graml: Reichskristallnacht. Antisemitismus und Juden-
    verfolgung im Dritten Reich. | Walter H. Pehle (Hg.): Der Judenprogrom 1938. Von
    der »Reichskristallnacht« zum Völkermord. Frankfurt 1988. | Hans-Jürgen Dösche:
    »Reichskristallnacht«. Die Novemberpogrome 1938. Frankfurt 1988. | Alan E.
    Steinweis: Kristallnacht 1938. Ein deutscher Pogrom. Stuttgart 2013.

»Worauf stützt sich dieser fürchterliche Hass?«

Ein Bericht einer Auschwitz-Überlebenden

Den folgenden Bericht gab die, soweit bekannt, einzige in Aachen noch lebende ehemalige Insassin des Konzentrationslagers Auschwitz im Sommersemester 2018 in einer Veranstaltung des Instituts für Katholische Theologie an der RWTH Aachen University. Sie will nicht namentlich erwähnt werden, keine Bilder von sich veröffentlicht wissen und keine Zeitungsinterviews geben: »Ich habe Angst, weil der Antisemitismus im Vergleich zu vor 50 Jahren sehr gewachsen und akzeptabel geworden ist. Heute kann man sagen, was man will. Und ich habe das Gefühl, dass in wenigen Jahren noch einmal was kommt ...«

Am 19. März 1944 sind die Deutschen in unsere Stadt einmarschiert. Wir mussten den Stern tragen und durften nur zwei Stunden pro Tag das Haus verlassen. Wenige Wochen später mussten wir ins Ghetto: eine Ziegelfabrik außerhalb der Stadt. Das war eine Ruine und dort sollte man schlafen und irgendwas machen. Ich musste mit meiner Mutter in die Synagoge und habe dort geputzt und Kranke versorgt. Da war ich gerade 14 Jahre alt.

Deportation

Nach zwei Monaten, im Juni 1944, hat man uns zur Bahn gebracht. Nicht zum Bahnhof, die Waggons haben etwas außerhalb gestanden. Es war fürchterlich. Da waren Männer und Frauen und Kinder zusammen. Luft kam nur von oben durch so eine kleine Öffnung in den Waggon, die Türen waren zugeschlossen. Da war ein Fass, wo man alles machen musste, Stuhlgang und so. Das war schon für mich als junges Mädchen schlimm, aber für Frauen, auf einmal vor Männern … Das war so erniedrigend. Man kann sich das gar nicht vorstellen. Und wir waren in diesem Waggon mit zu wenig Luft und es war heiß. Es war Juni. Kaum Wasser zum Trinken. Jeder hat sich ausgezogen, soweit es ging.

Wir wussten nicht, wohin sie uns brachten. Mein Vater war überzeugt, dass wir irgendwo in ein Arbeitslager kämen und die Männer arbeiten müssten. Er dachte an kriegswichtige Arbeit und war sicher, die bis zum Ende des Krieges leisten zu können.

Ankunft

Wir sind nachts in Auschwitz angekommen. Ich nehme an, dass das Birkenau war. Ob Birkenau einen Bahnhof hatte, weiß ich nicht. Wir sind auf jeden Fall nicht weit zur Unterkunft gelaufen und wir sind in Birkenau untergekommen. Also nehme ich an, dass dieser Zug direkt in Birkenau hielt. Und das war nachts und viele hatten ihre Schuhe ausgezogen, die vier Tage, die wir im Waggon unterwegs waren. Später, im Winter, hätte das den Tod bedeutet, wenn man keine Schuhe hatte, weil die Füße erfrieren.

Wir mussten sofort den Waggon verlassen, keine fünf Minuten nach der Ankunft. Der letzte Satz meines Vaters, den ich danach nie wiedergesehen habe, war »Ich komme euch sofort holen«. Denn die haben sofort gerufen: »Männer und Frauen separat!« Das kann sich kein Mensch vorstellen, was alles passierte. Und dann haben wir so erschrockene Leute in pyjamaartiger gestreifter Kleidung gesehen, die nur einzelne Worte hervorbrachten. Ich war überzeugt, dass ich auf einem Kriegsschauplatz bin, weil ich etwas Verbranntes fühlte. Dann haben wir uns in Zweierreihen aufstellen müssen; das war nachts. Dunkel und dieses Feuer, es kam Asche. Deswegen meinte ich das mit dem Kriegsschauplatz.

Und dann stand da Mengele. Mich hat Mengele selektiert. Haben Sie von Mengele gehört? Und er hat beide Hände so gemacht, eine nach links, eine nach rechts ausgestreckt. Eine für mich und eine für meine Mutter. Und interessanterweise, obwohl meine Mutter noch keine 40 Jahre alt war, musste sie auf die linke Seite gehen. Und ich, die ich 14 war, musste auf die rechte Seite. Und da hat meine Mutter laut gerufen: »Das ist meine Tochter!« Und er hat sie mir gelassen. Ich glaube nicht, dass er das zweimal in seinem Leben gemacht hat. Das hat auch mein Leben gerettet, weil meine Mutter dann neben mir war. Sonst hätte ich in ein paar Minuten schon im Krematorium gestanden. Denn in einer Durchsage haben die gesagt, wer unter 16 Jahre alt sei, solle sich melden für leichte Arbeit bei alten Leuten und Kindern. Und da hätte ich mich gemeldet. Und meine Mutter sagte: »Ich lass dich nicht von mir weg. Ich werde alles für dich machen, aber du bleibst bei mir.« Und so habe ich mein Alter nicht gesagt.

Wir wurden in einen riesigen Saal geführt. Keine Möbel, gar nichts. Wir mussten uns ausziehen, ganz nackt. Und da standen noch Soldaten, Männer, und auf einmal steht man da, splitternackt. Und meine Mutter sagte: »Nimm du dein Unterkleid, mach das um, damit es nicht schmutzig wird.« Wir haben unsere Kleidung nie mehr bekommen, nur die Schuhe durften wir behalten. Und dann sind wir unter eine Dusche gestellt worden. Die Schuhe musste man im Wasserbecken eintauchen und da habe ich meinen ersten Schlag bekommen auf meinen Rücken, weil ich die Schuhe mit der Sohle nach unten gehalten habe. Man sollte die Schuhe umdrehen. Meine Mutter küsste mich an dieser Stelle. Dann bekamen wir den Kopf vollkommen kahlgeschoren. Das können Sie sich nicht vorstellen. Da stehen Sie neben ihrer Mutter und wir haben uns nicht mehr erkannt. Wir haben laut gerufen. Und dann haben wir Kleidung bekommen, nicht unsere, sondern von anderen.

Lager

In Birkenau waren die Baracken ohne Möbelstücke, nicht ein einziges. Da hat man alle reingetan. Wir sollten uns hinsetzen, da setzten wir uns so, wie wir standen. Wir lagen und schliefen zwischen den

Beinen von dem hinter uns. So haben wir in Birkenau wochenlang verbracht. Kaum Wasser, uns war so heiß. Wenn es geregnet hat, haben wir versucht, am Fenster Regenwasser zu trinken. Es war wirklich nicht zu fassen, was man uns angetan hat. Und wenn ich heute höre – alles andere vertrage ich – aber wenn ich höre, dass Auschwitz nicht existiert hat, dann könnte ich den Menschen, der das sagt, umbringen.

Nur Appell, wir haben nicht gearbeitet. Kaum Essen, und das, was wir bekamen, hätten Hunde nicht essen können. Das Schlimmste waren die Appelle. Wir standen stundenlang und dann kamen die Kapos mit Schäferhunden und wir mussten stillstehen. Immer wieder Selektionen. Wir haben keine Nachricht bekommen, wie das ist, was das ist, wo das ist. Nur immer wieder ältere, verängstigte Menschen, die dort gewesen waren, haben uns gesagt: »Haltet euch zurück! Nicht reden! Nicht auffallen!« Wir haben gemerkt, dass bei diesen Appellen immer wieder Leute selektiert wurden und haben gehofft, dass wir durchkommen. Wir haben schon gewusst, dass Selektion Sterben bedeutet. Es war fürchterlich und unbeschreiblich. Nach vier Wochen in Birkenau sind wir in eine Arbeitsgruppe selektiert worden. Von Auschwitz wurden wir nach Riga gebracht.

Riga

Riga war ein großes Ghetto. Wissen Sie, wenn man so lange am Leben bleibt wie ich, dann muss man viel Glück haben. Es war nicht genug, einmal Glück zu haben, man musste während dieser ganzen Deportation immer wieder Glück haben. Da standen wir in Riga zwischen zwei Zäunen, in einem Korridor. Es war warm und wir hatten kein Wasser. Und auf einmal, nicht weit vor uns, hat man angefangen, für einen Transport zu selektieren. Die sind alle umgekommen.

In Riga haben wir kleinere Arbeiten erledigt. Vielleicht zwei, drei Wochen lang. Riga war etwas anderes als Auschwitz. Es gab keine Krematorien. Der Umgang mit uns war auch menschlicher. In Riga waren wir in Häusern untergebracht, die überfüllt waren. Aber es waren keine Baracken. Das Schlimmste kam noch. Von Riga sind wir nach Norden geschickt worden, um Eisenbahnschienen zu verlegen.

Stutthof

Danach sind wir nach Stutthof gekommen. Da war auch ein Krematorium. Meine Mutter hatte sich in Riga eine Verbrennung an den Füßen zugezogen, weil wir in einer Gärtnerei trockenen Dünger in der Sonne klein machen mussten. Alles war wund. Und da ist ein Deutscher – kein Soldat, ein Gefangener – bei uns stehengeblieben. Der hat nur gefragt, welche Nation wir sind. Da kam ein deutscher Soldat, hat sein Gewehr umgedreht und hat ihm den Kopf zertrümmert – direkt vor uns, bis der Mann tot war. Da waren auch Menschen, die gerne so kriminell und sadistisch waren. Die haben sich dort ausgelebt. Dieser Mann lag tot mit zertrümmerten Kopf auf dem Boden. Und das schauen Sie sich mit 14 Jahren an. Das hilft nicht für ein gesundes weiteres Leben.

In Stutthof waren täglich Appelle. Und irgendwann war ich mit meiner Mutter und meiner besten Freundin, der Fritzi – die war seit dem Kindergarten meine beste Freundin – in einer Reihe. Fritzis Mutter und ihre Tante waren auch dabei. Und dann hat der Offizier uns angeschaut und gesagt: »Alle.« Also man hat einen Transport zusammengestellt und uns selektiert. Meine Mutter hat da den Fehler ihres Lebens gemacht: Sie ging zwei Schritte zu mir, ist stehengeblieben und hat mich umarmt aus Freude. Und dieser Offizier – das waren keine einfachen Soldaten, die diese Selektionen gemacht haben – hat uns zurückgerufen und gefragt: »Mutter und Tochter, ja?«, und hat meine Mutter ins Krematorium geschickt. Da habe ich mich auf den Boden geworfen, seine Stiefel umarmt und geheult und gebetet. Da hat er gesagt: »Willst du zu deiner Mutter? Dann kannst du mitgehen.« Dieser Transport, aus dem wir deswegen rausgefallen sind, weil meine Mutter eine Sekunde Freude hatte, mich zu sehen, hat nur einen einzigen Toten gehabt, wegen Tuberkulose. Die Menschen in diesem Transport sind in eine Fabrik gekommen. Die hatten täglich warmes Wasser, Betten und von 1000 Leuten sind 999 zurückgekommen. Und das hätten wir haben können, meine Mutter und ich, wenn sie mich nicht umarmt hätte.

Als meine Mutter und ich vor dem Krematorium standen, wurden wieder Arbeitskräfte gesucht. Da standen wir, so fünf Frauen, meine Mutter und ich am jeweils anderen Ende, dass man uns bloß nicht wiedererkennt. Und dann haben sie die vier und mich angesprochen; ich weiß noch, das war eine Frau: »Du bist stramm, du kannst arbeiten.« Da habe ich gesagt: »Ich kann nicht arbeiten, ich habe Blinddarmschmerzen. Ich kann mich kaum halten.« Ich wusste, das sieht man nicht. In der Nacht haben sie dann einen neuen Transport zusammengestellt; dieses Mal waren auch jüdische Helfer dabei. Die haben die Tür aufgemacht und gefragt: »Wer von euch kann sich bewegen? Der soll rauskommen!« Da sind wir rausgekommen, in der Nacht, und da haben die uns zu einer Arbeitergruppe zusammengestellt. Wir sind nach Danzig und dann von Danzig in Booten über das Meer erst mal nach Dörbeck, das ist eine kleine Ortschaft. In Dörbeck war nichts, deshalb sind wir von dort nach vier Wochen nach Guttau.

Guttau ist die Hölle gewesen. Im Winter mussten wir mit unserer dünnen und stets feuchten Kleidung Schanzarbeiten durchführen. Ich habe drei Meter tiefe Gräben ausgehoben und bin in Tanks reingekrochen, um diese zu reinigen. Wir haben in dünnen Tuchzelten geschlafen, die weder Heizung noch Lüftung hatten. Es gab keine Waschgelegenheiten für die Gefangenen und nur wenig Wasser zum Trinken. Ich bin an Typhus erkrankt. Und in Guttau haben mich die Russen befreit. Aber das war das Schlimmste an der ganzen Geschichte: Da sind von 1000 Frauen vielleicht 40 oder 50 übriggeblieben. Meine Mutter hat die Deportation nicht überlebt.

Ich hoffe, dass keine Zeit kommen wird, wo Kinder oder junge Menschen wie ich damals noch einmal erleben, wie weit Hass gehen kann. Und wie fürchterlich es ist, den Hass ertragen zu müssen. Ich sage immer, derjenige, der einen hasst, so wie wir gehasst waren, denkt nicht ... Ich frage mich immer, worauf stützt sich dieser fürchterliche Hass?

Josef Salmang

geboren am 10. März 1902

Eine Biografie von Jonathan Mühlen Marin[1]

Unzählige Male hat er am Schaufenster des Aachener Musikgeschäfts Adam an der Wilhelmstraße gestanden. Selbst mit verbundenen Augen könnte er genau sagen, was sich wo im Schaufenster befindet. Seine Leidenschaft für die Musik hatte Josef schon im Jugendalter entwickelt; er spielt Geige und Klavier. Während seiner Ausbildung als Dessinateur erhält er in der Turmstraße drei Jahre lang privaten Unterricht beim Musiker Jarren. Ein eigenes Klavier zu besitzen – davon kann Josef zu diesem Zeitpunkt nur träumen.

Für jeden Normalverdiener in der zweiten Hälfte der 1920er-Jahre ist die Anschaffung eines 1600 Reichsmark teuren Klaviers mit großen finanziellen Risiken verbunden – die Summe entspricht mehr als fünf durchschnittlichen Monatsgehältern. Josefs Einkünfte liegen deutlich über dem Durchschnitt, aber selbst für ihn könnte der Erwerb eines so teuren Instruments existenzielle Auswirkungen haben. Schließlich entscheidet er sich trotzdem zum Kauf auf Raten und erfüllt sich seinen lange gehegten Wunsch.

Josef Salmang, 1939
Privatbesitz Denny Salmang

Mode statt Fleisch

Aus der Ehe des Eilendorfers Albert Salmang und der in Liblar (Erftstadt) geborenen Julie Billig gehen vier Kinder hervor: Max, Josef, Erich und Leo Salmang werden zwischen 1900 und 1908 in Eilendorf geboren. Vater Albert ist Metzger und Inhaber einer Viehgroßhandlung. Josef, der Zweitgeborene, kommt am 10. März 1902 um 12:30 Uhr in der Cockerillstraße zur Welt. Er besucht die Israelitische Schule in Aachen. Die jüdische Schule besteht seit 1826. Zunächst als Privatschule gegründet, gehört sie später zu den städtischen Elementarschulen. Die Kosten für den Schulbetrieb bringen die jüdischen Gemeindemitglieder auf; die Stadt Aachen und der Staat beteiligen sich mit Zuschüssen. Zu Josefs Schulzeit, am Beginn des 20. Jahrhunderts, besuchen rund 60 jüdische Kinder diese Volksschule. 1916 geht Josefs Schulzeit zu Ende.[2]

Josef hat die Möglichkeit, in der Metzgerei oder der Viehgroßhandlung seines Vaters eine Ausbildung zu beginnen. Nach seiner Schulzeit entscheidet er sich aber für ein anderes Gewerbe und beginnt im Alter von 14 Jahren eine Ausbildung als Dessinateur in der Appreturanstalt Georg Conzen & Co. Die 1885 gegründete Tuchfabrik hat ihren Sitz am Templergraben 86. Zu diesem Zeitpunkt bewohnt Familie Salmang, nur einen Steinwurf entfernt, am Templergraben 22 ihr eigenes Haus. Josefs dreijährige Lehre als Dessinateur beinhaltet sowohl eine praktische Ausbildung in Weberei und Appretur als auch kaufmännische Grundlagen. Während der gesamten Ausbildung hat er an zwei Vormittagen in der Woche Unterricht in einer Fortbildungsschule. Er ist sehr ehrgeizig und besucht zusätzlich noch die Abendschule, an der er Kurse in Stenographie, Maschinenschreiben, Französisch und Harmonielehre belegt. Die Ausbilder sind sehr zufrieden mit Josefs Arbeit und stellen ihm ein ausgezeichnetes Zeugnis aus.

Der Abschluss der Ausbildung im Jahre 1919 ist der erste große Erfolg in Josefs beruflichem Leben. Auch nach der Lehrzeit möchte er sich weiterbilden und besucht drei Semester lang die Preußische Höhere

Fachschule für Textilindustrie in Aachen. Hier absolviert er die Kurse Webereikursus I & II und den Appretur-, Dessinateur- und Fabrikationskursus. Josefs Tüchtigkeit spiegelt sich in seinen Noten wider: Die meisten Kurse schließt er mit der Note ›sehr gut‹ ab. Er will Musterzeichner im Textilgewerbe werden und neue Designs von hoher Qualität entwickeln.

Mit 19 Jahren fängt Josef Salmang am 30. Mai 1921 als Technischer Angestellter in der Tuchfabrik Marx & Auerbach an. Die Firma existiert seit 1887 und hat ihren Sitz ebenfalls am Templergraben. Josef wird zunächst in allen Arbeitsbereichen der Tuchfabrik eingesetzt, arbeitet aber ab dem vierten Jahr hauptsächlich in der Dessinatur. Auch hier sind seine Vorgesetzten voll des Lobes: Josef »erledigte alle ihm übertragenen Arbeiten mit grossem Fleiss und ... [zur] vollsten Zufriedenheit und war durch seine Kenntnisse in der Lage, in allen Abteilungen der Fabrikation mit Umsicht selbstständig zu arbeiten«.[3]

Nach sechs Jahren in der Tuchfabrik Marx & Auerbach findet Josef eine bessere Stelle und bittet zum April des Jahres 1927 um die Beendigung seines noch laufenden Vertrages. Aus dem ausgestellten Zeugnis wird nicht nur die große Wertschätzung seiner Fähigkeiten deutlich, sondern auch, dass der Arbeitgeber Josefs Bitte nur schweren Herzens nachgibt. Ab dem 1. Mai 1927 ist er dann als Dessinateur in der Tuchfabrik Aachen, vormals Süskind & Sternau (AG), tätig. Allerdings dient diese Arbeitsstätte nur als Zwischenstation bis zum Eintritt in die nächste Firma, in der Josef einen noch verantwortungsvolleren Posten besetzt. Josefs Fähigkeiten sind in der Aachener Tuchindustrie sehr gefragt und werden dementsprechend honoriert. Seine gute Arbeit und sein angenehmes und kompetentes Auftreten eröffnen ihm immer neue Aufstiegschancen: Zum 1. Januar 1928 tritt er die neue Arbeitsstelle als Dessinateur in der Kammgarnfabrik F. & M. Meyer Aachen an. Er erhält die Aufsicht über bis zu vier Musterstühle. Seine neuen Vorgesetzten beschreiben ihn als gewissenhaften, tüchtigen, im Umgang angenehmen und ruhigen Mitarbeiter. Mit seinen selbst entworfenen Schablonen erzielt die Tuchfabrik Erfolge.

Ende der 1920er- und Anfang der 1930er-Jahre führt Josef ein Leben in gehobenem Standard, den er sich auch durch einige Nebentätigkeiten ermöglicht: In seiner Freizeit gibt er Nachhilfestunden für Webschüler und erstellt Musterzeichnungen und Musterberechnungen für kleinere Fabriken. Sein beruflicher Aufstieg gibt ihm die Möglichkeit, sich endlich seinen Wunsch zu erfüllen: das eigene Klavier. Der Ratenkauf, für den er sich entscheidet, ist aufgrund der Wirtschaftskrise und der hohen Kaufsumme immer noch ein ökonomisches Wagnis; sie entspricht 1930 fast dem Kaufwert eines Automobils. Aber Josefs Zukunft scheint gesichert zu sein.

Rita und Gert

Am 24. August 1932 findet die Hochzeit zwischen Josef und der in Spangenberg, Hessen, geborenen Rita Spangenthal statt. Rita arbeitet halbtags als Verkäuferin, zunächst im Bekleidungsgeschäft Geka und später bei Appelrath-Cüpper in der Großkölnstraße 20–28. Sie und Josef ziehen nach der Hochzeit in eine Wohnung in der Guaitastraße 15.

Josef und Rita 1955 vor der Wohnung in Buenos Aires
Privatbesitz Denny Salmang

Adolf Hitler ist inzwischen Reichskanzler, der staatlich gelenkte Boykott jüdischer Geschäfte, Banken, Ärzte und Anwälte bereits ausgerufen. Die Aachener Bevölkerung beteiligt sich zwar nicht in dem von den Nationalsozialisten erwünschten Maße am Boykott, dennoch wird die Lage für jüdische Bürger zunehmend unerträglich. An der Technischen Hochschule, unmittelbar in der Nähe von Josefs Elternhaus am Templergraben, werden auf Betreiben des NS-Studentenbundes Vorlesungen und Seminare jüdischer Professoren gestört oder gleich verhindert. Diese Entwicklung ist ein großer Schock für das Ehepaar Salmang, das zwei Jahre nach der Hochzeit Nachwuchs erwartet. Am 26. November 1934 wird der erste Sohn geboren, die stolzen Eltern geben ihm den Namen Gert.[4]

Turnclub 1906

Josefs Ehrgeiz zeigt sich nicht nur im beruflichen Leben, sondern auch in seiner Freizeit. Der erfolgreiche Dessinateur ist ein begeisterter Sportler, vor allem als Turner im jüdischen Turnclub 1906. Boden- und Geräteturnen gehören zu seinen bevorzugten Disziplinen. Auch seine Brüder Erich und Leo sind aktive Mitglieder. Leo ist ein besonders schneller 100-Meter-Läufer. Wie im Beruf übernimmt Josef auch im Sport Verantwortung: Im Turnclub 1906 bekleidet er das Amt des Zweiten Vorsitzenden.

Turnclub 1906, ca. 1930 aufgenommen: Josef Salmang
(3. v. r.) und seine Brüder Erich (4. v. r.) und Leo (5. v. r.)
Privatbesitz Denny Salmang

Nach der Auflösung des Turnclubs 1906 durch die Nationalsozialisten bildet sich daraus die Sportgruppe des Reichsbundes jüdischer Front-soldaten. Auch in dieser Gruppierung ist Josef der zweite Vorsitzende und übernimmt zusätzlich das Amt des Sportleiters. Kurz darauf wird er Erster Vorsitzender und bleibt es bis zur erneuten Auflösung der Gruppe im November 1938.

Von Meyer zu Stern

In dieser für jüdische Bürger schwierigen Zeit erfährt Josef Salmang die willkürliche Diskriminierung durch die Nationalsozialisten auch im Beruf: Ein Mitglied der SS denunziert ihn im Jahr 1934 und erzwingt die Re-duzierung seines Gehalts, obwohl die Arbeitsstätte von Josef, die Kamm-garnfabrik F. & M. Meyer Aachen, ein von Juden geführtes Unternehmen ist. Josef kündigt schließlich und wechselt zum 1. März 1934 als selbst-ständiger Dessinateur zu der im Jahre 1861 gegründeten Feintuchfabrik E. Stern & Co. am Karlsgraben. In Vertretung des Webereileiters und des Appreturleiters übernimmt er zeitweise sogar deren Abteilungen.

Am 1. August 1938 wird die Feintuchfabrik in Folge der ›Arisierung‹ enteignet und von den Herren Schleicher und Essers übernommen. Jo-sefs ausgezeichnete Kenntnisse und Qualifikationen sind den neuen Be-sitzern bekannt – als einer der wenigen Juden darf er seinen Arbeitsplatz behalten. Doch einige Monate später, im Januar 1939, wird auch ihm die Kündigung ausgesprochen.

Weg nach Paraguay

Die in allen Lebensbereichen zunehmende Einschränkung jüdischer Bürger und ihre damit verbundene soziale Ausgrenzung führen bei Josef und seiner Frau zu einem lebensverändernden Entschluss: Die junge Fa-milie will ihre Heimat verlassen. Konkret werden die Pläne in der zwei-ten Hälfte des Jahres 1937, nach dem Tod von Josefs Schwiegermutter. Josefs nun verwitweter Schwiegervater Julius Spangenthal ist pflegebedürftig und lebt mit im selben Haushalt; er soll die Familie begleiten. Als Ziel wird Südamerika gewählt, Josef und Rita investieren deshalb viel Zeit und Geld, um Spanisch zu lernen. Zu diesem Zeitpunkt gibt es in Aachen nur eine einzige private Spanischlehrerin, bei der beide vier Monate lang Privatunterricht nehmen. Der tägliche Unterricht bei Frau Krämer ist jedoch sehr kostspielig.

Nach der Entscheidung zur Auswanderung behalten Josef und Rita nur das Nötigste. Die meisten Besitztümer, vor allem die kostbare Wohnungseinrichtung, veräußern sie, um sich für die Auswanderung finanziell so gut wie möglich abzusichern. Selbst das geliebte Klavier verkauft Josef – mit nur 300 Reichsmark weit unter Wert. Der Verkauf symbolisiert die Zäsur in seinem Leben: die Flucht aus der Heimat, die Trennung von Eltern, Brüdern und Freunden, das Ende eines Lebens, das er sich mühevoll aufgebaut hatte.

Ein Neuanfang

Wegen zahlreicher bürokratischer Hürden, die eine Ausreise von deutschen Bürgern mit jüdischem Glauben Ende der 1930er-Jahre überwinden müssen, gelingt Josef und seiner kleinen Familie erst nach eineinhalb Jahren Vorbereitung die Auswanderung. Kurz zuvor wird der zweite Sohn Denny am 5. Januar 1939 in Aachen geboren. Am 20. Januar 1939 reisen Josef, Rita und Julius Spangenthal mit dem vierjährigen Gert und dem zwei Wochen alten Denny von Hamburg aus mit dem Dampfer Monte Sarmiento Richtung Montevideo, Uruguay. Die geplante Weiterreise von Montevideo kommt nicht zustande. Erst nach zehn Tagen ungewollten Aufenthalts gelingt die Fahrt mit dem Bus nach Colonia, eine Hafenstadt in Uruguay. Von dort aus geht es mit dem Schiff weiter nach Buenos Aires und schließlich bis nach Asunción, Paraguay.

Familie Salmang muss in Südamerika ganz unten anfangen. Josef ist mehrere Monate lang arbeitslos und auf die Hilfe anderer angewiesen. Um seine Familie ernähren zu können, nimmt er im subtropischen Klima Südamerikas jede Arbeit an, auch schlechtbezahlte

Hilfsarbeiten. Die Familie lebt eine Zeit in Pilar, einer kleinen Stadt an der Grenze zu Argentinien, wo Josef auf dem Bau und seine Frau als Haushaltshilfe arbeitet. Dann findet Josef Arbeit in einer Seidenweberei, später in einer Baumwollweberei. Da er nur in Wollweberei ausgebildet ist, erweisen sich die fehlenden Fachkenntnisse, zusätzlich zur fremden Sprache, als unüberwindbare Hürden.

Unter Orangen

Nach einer zweieinhalbjährigen harten Zeit in Paraguay führt ihn die Suche nach Arbeit im Jahre 1941 nach Argentinien. Die wirtschaftliche Situation erlaubt jedoch keine Einwanderung mit der gesamten Familie. Daher entscheidet Josef, zunächst allein nach Argentinien zu emigrieren. Er verspricht, die restliche Familie so schnell wie möglich nachzuholen. Aber auch für seine Einwanderung braucht Josef eine Geldsumme, die er nicht aufbringen kann. Er nimmt die einzige sich bietende Möglichkeit wahr, um doch noch nach Argentinien zu gelangen: die illegale Einwanderung. Mitte des Jahres 1941 überquert er auf der Ladefläche eines Bootes, versteckt unter einer Orangenladung, die Grenze zwischen Paraguay und Argentinien.

Familie Salmang (Josef, Rita, Gert und Denny), Februar 1948
in Mar del Plata, Argentinien
Privatbesitz Denny Salmang

In Buenos Aires angekommen, wird Josef von aus Aachen ausgewanderten Freunden unterstützt. Sie geben ihm Unterkunft und helfen bei der Arbeitssuche. Erst als er Arbeit in seinem Berufszweig findet, kann er die restliche Familie nachholen. In den Folgejahren arbeitet er als Handweber, technischer Angestellter, Warenprüfer und in anderen Berufen. 1964 stirbt Josef Salmang im Alter von 62 Jahren in Buenos Aires.

Gezwungenermaßen ist Argentinien für die Familie Salmang zu einer Ersatzheimat geworden, dennoch ging der Bezug zu Deutschland nie verloren. Heute leben die Nachfahren von Josef und Rita Salmang in Deutschland und Österreich.

1   Soweit nicht weitere Quellen angegeben sind, beziehe ich mich auf die Entschädigungsakte von Josef Salmang: LAV NRW R, BR 3000 1124 und meinen Austausch mit seinem Sohn Denny Salmang am 13.05.2018.

2   Vgl. http://www.jüdische-gemeinden.de/index.php/gemeinden/a-b/103-aachen-nordrhein-westfalen (10.08.2018). | Vgl. Bettina Klein: Spuren jüdischen Lebens in Aachen von 1850 bis 1938. Eine Anschauungsmappe. Aachen 1997.

3   Zeugnis Tuchfabrik Marx & Auerbach, Datum nicht lesbar, LAV NRW R, BR 3000 1124.

4   Vgl. http://www.ard.de/home/wissen/NationalsozialismusDiewichtigstenEreignisse/1589062/index.html (10.08.2018). | Vgl. http://www.jüdische-gemeinden.de/index.php/gemeinden/a-b/103-aachen-nordrhein-westfalen (10.08.2018).

Rafael (Robert) Heumann

geboren am 29. August 1914

Eine Biografie von Kevin Gillich[1]

Robert Heumann ist 24 Jahre alt, als er zusammen mit seiner Frau Lore die Küste von Tel Aviv erreicht. Es ist der 2. September 1938. Ganze vier Jahre haben Roberts Vorbereitungen auf die Auswanderung nach Palästina gedauert. Lore ist gerade 18 geworden, verlässt mit Robert Familie und Heimat. Sie ist im achten Monat schwanger.

Mit seinen Auswanderungsplänen hatte Robert Weitsicht bewiesen. Früh ist ihm klar geworden, dass es in Hitlerdeutschland »keine Zukunft für einen jüdischen jungen Mann«[2] gibt. Die Ausreise nach Palästina wird zum Beginn eines völlig neuen Lebens. Robert Heumann gibt seinen Beruf auf, lässt seine Familie zurück, wechselt schließlich seinen Namen: Aus Robert wird Rafael. Lore ist treu an seiner Seite, trotz aller Herausforderungen, die dem jungen Paar in Palästina begegnen. Beide wollen dabei helfen, das Land neu zu gestalten.

Lore und Rafael nach ihrer Ankunft in Palästina
Privatbesitz Dorit Heiman

Mit Fähnchen, Frack und Zylinder

Robert wird im Jahr 1914 in Eschweiler geboren. Seine Eltern sind
Rosa und Isaac Heumann. Roberts Vater ist gelernter Kaufmann und
verdient sein Geld als Altwarenhändler. Seine Mitmenschen beschreiben Isaac, liebevoll Isäckelchen genannt, als Eschweiler Original:
Seine Waren transportiert Isaac mit einem Handwagen, den er mit
Fähnchen geschmückt hat. So zieht er durch die Straßen und geht seinen Geschäften nach, verkauft Ziegenfelle, Kaninchenfelle und andere
Gegenstände. Auch Altmetall nimmt er an, tauscht es aber grundsätz-
lich nur gegen Dinge des alltäglichen Bedarfs ein. Am Sabbat ist er
ausschließlich in Frack und Zylinder anzutreffen.[3]

Isaacs Frau Rosa trägt den Mädchennamen Humberg; geboren ist sie
am 17. August 1875. Ihre Eltern sind Moses und Bila aus Klein-Re-
ken. Im November 1911 heiratet Rosa Isaac und führt ein Leben als
Hausfrau und Mutter der drei gemeinsamen Kinder Fritz, Robert und
Selma. Die Heumanns sind Mitglieder in der noch jungen Synagogengemeinde in Eschweiler, verstehen sich mit Selbstverständlichkeit als
Deutsche. So ist die Namenswahl für ihren erstgeborenen Sohn Fritz,
der 1912 zur Welt kommt, nichts Ungewöhnliches. Noch als junges
Kind, im Alter von vier Jahren, verstirbt Fritz.

Frühes Ende

Robert ist das zweite Kind von Rosa und Isaac Heumann. In seiner
Kindheit gibt es eine jüdische Volksschule und eine Synagoge in
Eschweiler, die Robert beide besucht. Nach der 8. Klasse schließt Ro-
bert die Schule ab und beginnt im Mai 1928 seine Lehre im Kon-
fektionshaus Walter Joseph. Es handelt sich um eine kaufmännische
Lehrstelle, zusätzlich lernt er dort den Beruf des Lackschreibers und
des Dekorateurs. Nach Abschluss der Lehre arbeitet Robert für einige
Monate als Praktikant bei der Firma Gebrüder Wolf in Stolberg, nur

wenige Kilometer von Eschweiler entfernt. Im Anschluss kann Robert im Juli 1931 seine erste feste Stelle annehmen: Die Eschweiler Firma ›J. Joseph, Manufaktur-, Mode-, Weiss-, und Bettwaren‹, ein jüdisches Unternehmen, stellt Robert als Verkäufer und Dekorateur ein.

Nach der Regierungsübergabe an die Nationalsozialisten werden jüdische Unternehmen für viele Juden die einzige Möglichkeit sein, weiterzuarbeiten – zumindest solange, bis die Betriebe letzten Endes komplett geschlossen werden. Robert selbst arbeitet in der Firma bis zum 15. Juni 1934. Er kündigt freiwillig, als er erkennt, dass sich die Lage für Juden in Deutschland immer weiter verschlechtert. Im Alter von 19 Jahren ist Robert bereit, seinen Beruf aufzugeben und seine Heimat für immer zu verlassen. Er beginnt, seine Auswanderung nach Palästina vorzubereiten.

Verkäufer, Sekretär, Landarbeiter

Robert wird Mitglied der jüdischen Jugendorganisation Hechalutz. Deren Ziel ist es, junge Juden, die bereit sind, nach Palästina auszuwandern, bei einer beruflichen Neuausrichtung zu unterstützen. Als Verkäufer und Dekorateur würde Robert dort zunächst nicht mehr arbeiten können, doch er ist voller Idealismus und davon überzeugt, dass seine Zukunft in Palästina liegt. Die Jugendorganisation hilft ihm dabei, den Beruf des Landarbeiters zu erlernen und bietet ihm so eine berufliche Perspektive für die Zukunft im fremden Land. Zuvor muss Robert aber noch einige Umwege in Kauf nehmen.

Als Erstes führen ihn seine Auswanderungspläne in die nahegelegenen Niederlande. Im Vaalserquartier an der deutsch-niederländischen Grenze erhält er seine Umschichtungsstelle. Dort bleibt er bis Ende Januar 1935. Der nächste geplante Schritt ist der Besuch einer Landwirtschaftsschule in Schweden, doch aus den Niederlanden zurückgekehrt, muss Robert seine Ausbildung zunächst unterbrechen. Eine lange Warteliste sorgt dafür, dass sich seine Ausbildungspläne und die Ausreise nach Palästina um anderthalb Jahre verzögern.

Für Robert gilt es, die Zeit sinnvoll zu überbrücken. Er erhält die Möglichkeit, als Sekretär der zionistischen Bewegung zu arbeiten, bis er seine Ausbildung zum Landarbeiter fortsetzen kann. Im Rahmen seiner Sekretärsstelle bekommt er Kost und Logis sowie ein kleines Taschengeld. Von Januar 1935 bis Juli 1937 ist er für die zionistische Bewegung tätig, zunächst in Wuppertal, ab April 1936 in Mannheim. Mit der Zeit wird deutlich, dass Roberts neuer Weg nicht nur eine berufliche Umstellung, sondern auch immer wieder lebensweltliche Einbrüche mit sich bringt. Die Ausbildung in den Niederlanden hatte Robert erstmals von seiner Familie getrennt. Nun ist es die Überbrückungsarbeit als Sekretär, die ihn ganze 18 Monate von einem normalen Familienleben und der Auswanderung in eine sicherere Zukunft abhält. Erst im Juli 1937 kann er seine Ausbildung fortsetzen.

Ein neuer Lehrer in Elberfeld

Robert ist in Elberfeld nicht nur Sekretär im Sinne eines Büroangestellten, er ist auch als eine Art Mentor tätig. Als Leiter einer Jugendgruppe wird er schnell zu einem überaus beliebten Lehrer. Seine Gruppe lernt Lieder über Palästina, hört Vorträge über die Siedlung und über die Einwanderung. Lore wird später immer wieder betonen, dass sie alles, was sie über Zionismus weiß, von Robert gelernt hat. In der Gruppe befinden sich etwa neun Mädchen, alle im Alter zwischen 15 und 16. Von ihrem neuen, charismatischen Leiter sind sie sofort angetan. Eines dieser Mädchen ist die damals 16-jährige Lore Forber. Nachdem sie Robert kennengelernt hat, notiert Lore in ihrem Tagebuch: »Der neue Gruppenleiter hat mich immer wieder angesehen«.[4] Von der ersten Sekunde an sind sich Robert und Lore mehr als nur sympathisch, noch im gleichen Jahr werden sie ein Paar.

Ursprünglich hat Lore Forber wenig mit dem Zionismus zu tun; sie kommt aus einem bürgerlichen Elternhaus, ihr Vater Leo ist Tuchhändler, der mit Stoffen für Herrenbekleidung handelt, hauptsächlich für Anzüge und Mäntel. Ihre Mutter Greta führt den Haushalt, unterstützt von drei Dienstmädchen. Lore ist das zweite Kind der Familie, ihre große

Schwester trägt den Namen Ilsa. Mit ihrem modernen Baustil ist die geräumige Wohnung der Forbers typisch für die einer bürgerlichen Familie im Deutschland des frühen 20. Jahrhunderts. Ihre Nachbarn aus dem obersten Stockwerk sind ebenfalls Juden, Tochter Erika ist genauso alt wie Lore und beide sind gut miteinander befreundet. Lore hat eine gute Kindheit, es fehlt ihr an nichts. Großen Wert legen ihre Eltern darauf, den Kindern beizubringen, nicht verschwenderisch zu leben und den Wert der Dinge zu schätzen. Als einmal eines der Kinder sein Essen auf dem Teller lässt, reagiert der Vater betroffen und fragt: »Ganze Völker müssen hungern, wie kann es sein, dass du nicht isst?«[5]

Lore hat blaue Augen, blondes Haar und meist ein fröhliches Lächeln im Gesicht. Sie geht mit ihrer Familie gerne ins Theater und zu Konzerten, hat die Möglichkeit, Kunst und Kultur zu genießen, ist immer nach der neusten Mode gekleidet und hat Eltern, die sich herzlich um sie kümmern. Nach der Regierungsübergabe an Adolf Hitler erwartet die Familie nicht unmittelbar eine Tragödie, obwohl die Nationalsozialisten bereits mit schwarzen Stiefeln und Hakenkreuzsymbolen durch die Straßen marschieren. Doch das hat zunächst keinen spürbaren Einfluss auf das tägliche Leben der jüdischen Familie. Dass viele Mitglieder der jüdischen Gemeinde die Bedrohung durch den Nationalsozialismus anfangs nicht wahrgenommen haben, zeigt auch eine Szene bei einer Bar-Mizwa: Zur Feier für Hynes, einem Kindheitsfreund von Lore aus dem Haus nebenan, wird eine Kostümparty veranstaltet. Keiner der Gäste, weder unter den Kindern noch unter den Erwachsenen, stört sich daran, dass eines der Kinder ein aus heutiger Sicht unvorstellbares Kostüm trägt: Es ist verkleidet als Adolf Hitler. Für die Feiernden scheint Hitler zu dieser Zeit nur ein Politiker zu sein, der durch sein markantes Erscheinungsbild dazu einlädt, ihn im Kostüm zu parodieren.

»Sie ist die typische Arierin«

Lore wird älter, ihre Lebensumstände ändern sich. Die Nationalsozialisten sind mit ihrer Rassentheorie mittlerweile bis in die Schulen vorgedrungen. Ein neuer Lehrer unterrichtet Lores Klasse, er ist überzeugt von der Ideologie der ›Reinheit‹ der ›arischen‹ Rasse. In einer seiner Unterrichtsstunden erklärt er den Schülern ausführlich, was einen ›Arier‹ seines Erachtens besonders macht und woran er zu erkennen ist: Es seien die äußeren Merkmale, die die reine Rasse des Ariers von der minderwertigen Rasse des Juden unterscheide. Während Lore den rassistischen Ausführungen zuhört, wendet sich der Lehrer plötzlich mit dem Satz »Komm für eine Minute zu mir!«[6] an sie. Als Lore neben ihm steht, fährt er fort: »Seht ihr«, er deutet auf Lore, »sie ist die typische Arierin«. Die Schüler sind verwirrt. Natürlich wissen sie, dass Lore Jüdin ist, trotzdem hat keiner den Mut, zu unterbrechen. Mit geschwellter Brust fährt der junge Lehrer fort: »Du bist die perfekte arische Frau!« Er zeigt mit seinem Arm auf das Mädchen mit blonden Haaren und blauen Augen. Schließlich ist es Lore selbst, die sich traut, ihren neuen Lehrer zu unterbrechen: »Es tut mir leid, Sie enttäuschen zu müssen«, antwortet sie dem Lehrer, »ich bin Jüdin.«[7]

Durch den Schulunterricht und die Jugendorganisationen vereinnahmt die nationalsozialistische Ideologie die jungen Menschen immer mehr. Flächendeckend haben Juden nun mit Ausgrenzungen und Verboten zu kämpfen, gleichzeitig wächst in Deutschland eine Gegenbewegung: der Zionismus. Er gibt den Juden die Möglichkeit, neue, alternative Verbindungen aufzubauen, die den Ideologien des Nationalsozialismus entgegenstehen. Da es Juden verboten wird, sich an öffentlichen Plätzen zu versammeln, finden die Treffen häufig in der Synagoge statt. Als die Situation für jüdische Bürger schlimmer wird, nimmt auch Lore an den Treffen teil. Dort lernt sie Robert kennen.

Junge Liebe

Warum Lore das erste Mal nicht allein, sondern mit einer Freundin bei Robert zu Hause war, weiß sie heute nicht mehr. Aber sie erinnert sich gut daran, dass sie ihn danach immer häufiger getroffen hat. Wenn sie das Haus verlässt, um Robert zu treffen, erzählt sie ihren Eltern, dass sie mit Freundinnen verabredet sei. Als Robert sie fragt, ob sie sein Mädchen sein will, ist Lore unsicher. Sie ist gerade 16 Jahre alt und kennt Robert erst kurze Zeit. Doch je öfter sie sich sehen, desto geringer werden ihre Zweifel. Aus Robert und Lore wird ein Paar.

Ungefähr ein Jahr nachdem Robert seine Arbeit als Jugendberater begonnen hat, wird er von der Hechalutz für rund einen Monat nach Palästina geschickt, um eine Gruppe zu begleiten. Das junge Paar ist zum ersten Mal für längere Zeit voneinander getrennt. Robert hat nun die Möglichkeit, sein künftiges neues Heimatland zu sehen. Schon vor seiner Abreise war er ein Idealist, sein einmonatiger Aufenthalt in Palästina bestärkt ihn in seinen Zukunftsplänen. Er lernt neue Leute und das Land kennen, ist beeindruckt von den Sonnen- und Mondaufgängen unter palästinensischem Himmel. Als er 1937 zunächst nach Deutschland zurückkehren will, stößt er auf Unverständnis bei seinen neuen Freunden. Die Situation für Juden wird in Deutschland immer schlimmer, warum sollte er das sichere Land verlassen?

Als Lore in Deutschland am Bahnhof wartet und Robert aus dem Zug steigt, ist er gebräunt, als käme er gerade aus dem Urlaub. Zusammen gehen sie in ein Café. Robert öffnet ihr sein Herz: Natürlich war sie der Grund für seine vorläufige Rückkehr, er will mit ihr zusammen sein, egal wo. Gemeinsam beschließen sie, zunächst nach Finja in Schweden zu gehen, um dort die Landwirtschaftsschule zu absolvieren. Dort erfahren beide, was es heißt, schwerer Landarbeit nachzugehen. Besonders Lore fällt die Arbeit nicht leicht. Auch lernen sie beide die Grundlagen des Kibbuz-Modells und damit ihr künftiges Leben in Palästina kennen. Während der gemeinsamen Zeit in Schweden wird Lore schwanger. Damit rücken sie und Robert auf der Warteliste nach vorne und können schließlich auswandern.

Letzter Besuch und Aufbruch

Noch vor ihrer Auswanderung reisen sie noch einmal nach Deutschland. Am 5. August 1938 heiratet das junge Paar in Wuppertal-Elberfeld. Zum Zeitpunkt ihrer Hochzeit ist Robert 23 Jahre alt, Lore 18. Nach einem Monat verlässt das neue Ehepaar Deutschland für ein

Leben in Palästina. Robert und Lore bitten ihre Familien, sie bei ihrer Auswanderung zu begleiten, doch die in Deutschland verwurzelten Eltern lehnen trotz der politischen Situation in ihrem Heimatland ab.

Robert und Lore reisen von Nürnberg aus zunächst nach Italien, von dort weiter nach Israel. Zu diesem Zeitpunkt ist Lore bereits im achten Monat schwanger. Anfang September erreichen sie Tel Aviv. Später leben sie im Kibbuz Dafna, den sie zusammen mit anderen aufbauen, eine kleine Siedlung, die nicht einmal 250 Mitglieder zählt. Das Leben als Dekorateur in Eschweiler liegt hinter Robert, und hinter Lore liegt das wohlsituierte Leben als Tochter eines Tuchhändlers. Und der Anfang ist nicht leicht: Die Schwangerschaft macht Lore schwere körperliche Arbeit unmöglich, und so nimmt die Kibbuzgemeinde das Paar mit gemischten Gefühlen auf. Trotzdem schaffen sie es nach einiger Zeit, sich zu integrieren, vermutlich auch, weil sie mit Lores Schwester Ilse und deren Ehemann Hardy Fürsprecher in der Gruppe haben. Wie Robert und Lore waren beide auf der Landwirtschaftsschule in Schweden und haben dort geheiratet, bevor sie nach Palästina gingen.

Mit seinem neuen Leben in Palästina ändert Robert auch seinen Namen. Von jetzt an ruft man ihn beim hebräischen Namen Rafael. Über die Entscheidung, ein neues gemeinsames Leben im Kibbuz zu beginnen, wird Lore später sagen: »Ich nehme an, wenn wir in Schweden nicht schwanger geworden wären, wären wir nicht nach Israel ausgewandert.«[8]

Jugendheim Stich

Die dramatische Veränderung der Arbeits- und Lebensverhältnisse für Juden in Deutschland betrifft auch Roberts Vater Issac. Während er bis zur Machtübernahme der Nationalsozialisten seiner Tätigkeit als Altwarenhändler noch nachgehen kann, ist er bald danach gezwungen, seinen Beruf aufzugeben. Einige Zeit versucht Issac sich deshalb als Viehhändler, aber auch hier ist ihm aufgrund der Diskriminierung kein Fortkommen möglich. Deshalb beginnt er noch im fortgeschrittenen Alter von 64 Jahren mit allem Möglichen zu handeln, bleibt aber erfolglos. Er erkrankt im Jahr 1939 und stirbt bald darauf mit 69 Jahren.

Roberts Schwester Selma verfolgt inzwischen das Ziel, ihrem Bruder nach Palästina zu folgen. Sie ist vier Jahre jünger als ihr Bruder, geboren am 14. März 1919. Während ihrer Ausbildung wohnt Selma im Haus ihrer Eltern. Mit dem Tod ihres Mannes ist Mutter Rosa gezwungen, das eigene Haus zu veräußern. Die jüdische Gemeinde kauft es auf, Rosa und Selma ist es weiterhin gestattet, dort zu wohnen. Nachdem Selma die Ausbildung abgeschlossen hat, plant sie ihre Auswanderung. Am 13. Mai 1939 verlässt sie Eschweiler Richtung Blankenese, um Vorbereitungen zu treffen. 1940 heiratet sie in Jugoslawien Benno Hess. Bald darauf bekommen Selma und Benno ein Kind: Am 21. Juli 1941 wird Rolph Izhak Hess geboren.

Zusammen mit ihrem Mann und ihrem Sohn versucht Selma nun, nach Palästina zu gelangen. Zu diesem Zeitpunkt sind jedoch Teilgebiete Europas von deutschen Truppen besetzt. Selma, ihr Mann und ihr Kind können von diesen Truppen nicht unentdeckt bleiben. Mit ihrem Sohn wird Selma von deutschen Besatzungstruppen gefangengenommen und zurück nach Eschweiler geschickt. Mutter, Sohn und Großmutter werden gemeinsam von Eschweiler aus deportiert. Das letzte Lebenszeichen seiner Familie erhält Robert, inzwischen Rafael genannt, in einem Rot-Kreuz-Brief vom 15. Oktober 1941. Rosa schreibt ihrem Sohn die vermeintlich gute Nachricht: »Wohnen alle seit Juli Jugendheim Stich«.[9]

Im Jugendheim Stich waren aus Eschweiler stammende Juden untergebracht: ein sogenanntes Judensammellager. Dieses Sammellager ist nur wenige Minuten vom Haus der Heumanns entfernt. Das Leben dort findet unter haftähnlichen Bedingungen statt. Rosa Heumann ist zu Beginn ihrer Haft 66 Jahre alt, Selma Hess 22 Jahre, Rolph Izhak Hess erst wenige Monate. Vom Judensammellager in Eschweiler werden sie nach Osten deportiert, vermutlich nach Serbien. Keiner von ihnen überlebt.[10]

Ein neues Leben, eine neue Zukunft

Im November 1938 wird Rafaels und Lores erster Sohn Gideon geboren. Rafael ist überzeugt davon, dass sie die richtige Wahl für ihre Zukunft getroffen haben. In der Kibbuzgesellschaft, in der die Stellung des Einzelnen sich maßgeblich über dessen Arbeitsleistung bestimmt, kommt Rafael diese Einstellung zugute. Mit Enthusiasmus ist er bereit, aufs Feld zu gehen und das Land zu bestellen. Nach einiger Zeit arbeitet er in der Landwirtschaft im Kuhstall und auf vielen Obstplantagen.

Einige Zeit haben Rafael und Lore noch regelmäßigen Briefkontakt nach Deutschland. Die Zeilen über Gideon lösen Sehnsucht bei den frischen Großeltern aus. Nach und nach werden die Briefe aus Deutschland weniger, der Inhalt ausweichend, die Zurückgebliebenen stellen eher Fragen, als dass sie über die Situation in Deutschland erzählen. Erst nach Ende des Zweiten Weltkriegs erfahren Lore und Rafael, was vielen Juden in Deutschland und auch ihren Eltern tatsächlich widerfahren ist: »Manchmal bin ich geschockt, wie wenig wir hier in Israel wussten. [...] Ich habe nichts verstanden und ich denke, dass das gesamte Land Israel nichts verstanden hat, niemand konnte sich vorstellen, was wirklich dort passiert war, solange es keine wirklichen Beweise gab«, wird Lore später zusammenfassen.

Im Jahr 1944 wird Rafael durch den Kibbuz in die Reihen der Palmach einberufen, eine Gruppe, aus der später die israelischen Verteidigungsstreitkräfte entstehen. Dort besteht er die Prüfung zum Gruppenkommandeur. In seiner Zeit bei der Palmach hat er zu Beginn nur per Brief mit seiner Familie Kontakt, besonders seinen jungen Sohn Gideon vermisst er sehr. Rafael wird 1948 von seinem Dienst entlassen und kehrt als Sicherheitsbeauftragter in den Kibbuz Dafna zurück. Im Unabhängigkeitskrieg 1948 wird er als Reservist einberufen und kommandiert einen Außenposten. Alle Kinder, einschließlich Gideon, werden aus dem Kibbuz evakuiert. Als der Krieg endet und der Israelische Staat gegründet wird, kommen alle zurück in den Kibbuz. Sie versuchen, ein normales Leben zu leben, auch wenn der Kibbuz zu dieser Zeit fast täglich attackiert wird. Trotz der schweren Zeit geben Lore und Rafael nicht auf. Im Jahr 1951 bekommen sie ein Mädchen. Ihrer Tochter geben sie den Namen Dorit.

Rafael und seine Tochter Dorit
Privatbesitz Dorit Heiman

Das Leben im Kibbuz stellt immer neue Anforderungen an die Menschen. Anpassungsfähigkeit wird verlangt; Rafael und Lore übernehmen die unterschiedlichsten Aufgaben: Lore arbeitet im Waschsalon, in der Kinderbetreuung und in einem Bekleidungsgeschäft. Rafael nimmt mit der Zeit eine Führungsposition im Kibbuz ein. Er wird zum

Schatzmeister, verantwortlich für das Einkaufszentrum, ist in verschiedenen kulturellen Bereichen aktiv und organisiert die Ferienaktivitäten der Gruppe. Im Jahr 1964 gründet Rafael die Schuhfabrik des Kibbuz, die bis heute existiert. So bringt seine kaufmännische Ausbildung in Deutschland doch noch einen späten Nutzen: Rafael ist der Geschäftsführer und leitet später den Export. Noch mit 89 Jahren ist er in der Schuhfabrik tätig, während seine Frau Lore ihn als Assistentin und Übersetzerin unterstützt. Und die Familie ist weiter gewachsen: Rafael und Lore bekommen insgesamt sieben Enkelkinder und 14 Urenkel. Bis zu ihrem Tod leben sie im Kibbuz Dafna.

Auf Geschäftsreise in Europa 1960
Privatbesitz Dorit Heiman

Rafael und Lore im Kibbuz
Privatbesitz Dorit Heiman

1   Herzlichen Dank an Dorit Heiman und Shai Heiman Grosberg, die mich bei all meinen Fragen unterstützt haben. Soweit nicht andere Quellen angegeben sind, beziehe ich mich auf die Entschädigungsakte von Rafael Heumann, LAV NRW R, BR 3000 1131, auf meine E-Mail-Korrespondenz mit Shai Heiman Grosberg im Juni 2018 und auf die Arbeit von Orna Reine: Oma Lore von Deutschland nach Israel. Hg. v. Haim Belutzer. Israel 2010, insbesondere S. 7-9, 15f., 21-25, 27f. u. 31-41 (für die Hilfe bei der Übersetzung aus dem Hebräischen danke ich Shai Heiman Grosberg).

2   Eidliche Erklärung Rafael Heumann, 03.06.1956, LAV NRW R, BR 3000 1131.

3   Vgl. Rudolf Briefs: Vom Schicksal der Juden in Eschweiler und Weisweiler in der ersten Hälfte des zwanzigsten Jahrhunderts. Ein Beitrag zum Thema Zeitgeschichte. 2. Aufl. Eschweiler 2009. S. 40.

4   Orna Reine: Oma Lore von Deutschland nach Israel. Hg. v. Haim Belutzer. Israel 2010. S. 21.

5   Ebd., S. 7.

6   Ebd., S. 15f.

7   Ebd., S. 9.

8   Ebd. S. 27f.

9   Eidesstaatliche Erklärung Rafael Heumann, 03.06.1956, LAV NRW R, BR 3000 1131.

10 Vgl. Friedhelm Ebbecke-Bückendorf: Eintrag Selma Hess, geb. Heumann. http://eschweiler-juden.de (28.06.2018).

Weltdokumentenerbe

Gespräch mit Karl Zimmermann[1]
Leitender Regierungsdirektor in der Bezirksregierung
Düsseldorf, vom 27.04.2018

Das Interview führten Christina Mehls, Jonathan Mühlen und Rene Porger,
Studierende der RWTH Aachen University.

*Wir würden gerne mit einem historischen Überblick über die Wieder-
gutmachung beginnen ...*

KARL ZIMMERMANN   Da fange ich besser ganz vorne an: Im Grunde
gab es bereits direkt nach dem Zweiten Weltkrieg Ansätze, die man
unter den Begriff ›Wiedergutmachung‹ fassen könnte. Das Erste, was
in Deutschland nach dem Krieg wieder funktionierte, waren die Kom-
munalverwaltungen, die Städte und natürlich die Verwaltung der Alliierten. Es gab schon relativ früh, nämlich Ende der 40er-Jahre, Anord-
nungen der Amerikaner, Franzosen und Engländer zur Sicherung von
Eigentum, das durch die Nazis sehr häufig auch jüdischen Mitbürgern
weggenommen worden war. Daneben gab es für Opfer der NS-Herr-
schaft zum Teil eine bevorzugte Behandlung, was die Versorgung mit
Wohnraum, Kleidung und Essensmarken anging – übrigens in allen
Besatzungszonen.

Unter Konrad Adenauer fing dann Anfang der 1950er-Jahre die
Versöhnungspolitik an. Sein Besuch beim damaligen israelischen
Staatspräsidenten Ben Gurion ergab die Zusage, den neu gegründeten israelischen Staat mit Warenlieferungen, aber auch mit finanziellen Mitteln direkt zu unterstützen. Das war jetzt noch nicht
die individuelle ›Wiedergutmachung‹ einzelner Personen, sondern
da verhandelten Staaten miteinander. 1953 wurde dann das Bun-

desergänzungsgesetz erlassen, das die bisherigen Regeln zusammenfassen, ergänzen und verbessern sollte. Erstmals wurden gesetzliche
Ansprüche von Einzelpersonen, die von den Nazis verfolgt worden
waren, umfassend geregelt. Drei Jahre später kam schließlich das
noch viel umfassendere Bundesentschädigungsgesetz als bis heute
wichtigste Rechtsgrundlage für individuelle Schadensersatzansprü-
che. Das Bundesergänzungsgesetz spielte dann keine Rolle mehr, da
das neue Gesetz rückwirkend für alle Anträge ab 1953 Anwendung
fand. So etwas geht rechtsstaatlich nur bei begünstigenden Gesetzen.
Wenn es den Menschen dadurch besser geht, ist es dem Gesetzgeber
auch erlaubt, rückwirkend tätig zu sein. Und das Bundesentschädigungsgesetz hat auch ziemlich genau festgelegt, was alles entschä-
digt wird: Freiheitsentziehungen, Lagerhaft, Gesundheits- und Vermögensschäden. Oder auch Schäden im beruflichen Fortkommen.
Bereits in den 30er-Jahren wurde jüdischen Bürgern ja der Zugang
zu Schulen und Universitäten verwehrt und sie durften viele Berufe
nicht mehr ausüben.

*Diese gesetzlichen Regelungen galten für alle geschädigten Men-
schen?*

KARL ZIMMERMANN   Das Problem war, dass im Grunde nur Menschen Ansprüche stellen konnten, die einen Bezug zu Deutschland
hatten. Man musste in den Grenzen des Deutschen Reiches von 1937
gelebt haben oder jedenfalls Ende 1952 dort leben. Genau geregelt ist
das in § 4 des Bundesentschädigungsgesetzes.

*Wie genau sah die gesetzliche Regulierung für die Antragssteller
aus?*

KARL ZIMMERMANN   Jede der Akten nach dem Bundesentschädigungsgesetz – und das ist bundesweit so – enthält ein vierseitiges
Antragsformular. Da geht es zunächst um grundsätzliche Fragen: Wer
sind Sie? Wie war Ihr bisheriger Lebensweg? Wie genau sah denn die

Verfolgung aus, was ist Ihnen passiert? Mit welchen Dokumenten und Zeugenaussagen können Sie das glaubhaft machen?

Die gewissermaßen einfachsten Fälle, die mit Einmalzahlungen erledigt werden konnten, waren reine Vermögensschäden. Ungefähr zwei Drittel der jüdischen Menschen in Deutschland war es ja gelungen, das Land vor 1939 zu verlassen. Die Nazis hatten diese aber schon vorher ausgeplündert. Sie mussten eine ›Judenvermögensabgabe‹ zahlen, die man sich mal ebenso ausgedacht hatte. Wenn die jüdischen Bürger beispielsweise ein Geschäft betrieben oder vielleicht Teilhaber eines Unternehmens waren, dann musste der Betrieb – und den Begriff haben Sie bestimmt schon mal gehört – ›arisiert‹ werden. Hinzu kam der Zeitdruck, denn man wusste ja, es wird immer schlimmer. Das führte dazu, dass Vermögen, selbst wenn man es ›freiwillig‹ verkaufte, letztlich verschleudert werden musste. Das waren typische Vermögensschäden. Die kann man vielleicht auch noch am ehesten ›wiedergutmachen‹. Das lässt sich berechnen und dann kriegen die Betroffenen bzw. die Erben die entsprechende Summe. Aber es gab eben noch ganz andere Schäden. Wenn Sie als junger Mensch zum Beispiel inhaftiert wurden oder gar nicht mehr zur Schule gehen durften, dann hatten sie einen Schaden im beruflichen Fortkommen. Natürlich konnte man diesen Schaden geltend machen, aber schon hier ist eine Geldleistung keine Wiedergutmachung, denn es kann ihnen niemand die verlorene Zeit und die Bildungsmöglichkeiten ersetzen.

Die schlimmsten, nicht ›wieder gut‹ zu machenden Schäden sind natürlich die Gesundheitsschäden – und am allerschlimmsten natürlich vielen Menschen, die aufgrund der nationalsozialistischen Verfolgung umgekommen sind, egal, ob sie direkt ermordet wurden oder an Krankheiten in Lagern verstarben. Das ist natürlich ein Schaden, den man nicht ›wiedergutmachen‹ kann. In diesen Fällen bekommen die Überlebenden, die oft ihr ganzes Leben lang eben an den gesundheitlichen Folgen von Lagerhaft und Ähnlichem leiden, nicht nur eine Einmalzahlung, sondern eine monatliche Rente. Und das ist der Schwerpunkt unserer Arbeit in Düsseldorf: Wir kümmern uns finanziell um diese Menschen, die noch leben und die von uns eine Rente beziehen.

*Vielleicht ganz interessant in diesem Kontext wäre zu wissen, wie
dieses Angebot überhaupt von den Opfern aufgenommen wurde?*

KARL ZIMMERMANN   Bei Millionen Betroffenen kann man das nicht
über einen Kamm scheren. Es gab da sicher nicht die eine typische
Haltung. Es gab eine ganze Reihe ehemaliger jüdischer Bürger, aber
auch Kommunisten, die sich schwer mit dieser Entschädigung taten,
und die auch darauf verzichtet haben, weil sie von diesem Staat kein
Geld annehmen wollten. Ich glaube aber, dass die Abwehrhaltung sich
mit der Zeit und auch durch die Versöhnungspolitik Adenauers ein
bisschen geändert hat.

Die Antragstellung an sich war nicht besonders schwierig. Im Grunde musste man nur diese vier Seiten ausfüllen. Das Gesetz war da
auch relativ glücklich formuliert, denn es gab so was wie ein Amts-
ermittlungsprinzip, das heißt, die Behörde musste selber erst einmal
schauen, was sie denn über den Fall herausfindet und konnte nicht
einfach sagen: ›Beweis mir das doch mal‹. Auch bei den ›Beweismit-
teln‹ reichten zum Beispiel Briefe aus der Vorkriegszeit oder ein amtli-
cher Bescheid. Natürlich hatten sehr viele Menschen alle Dokumente
verloren. In diesen Fällen konnte oft auf Parallelschicksale oder auf
Zeugenaussagen verwiesen werden. Auch lagerten viele Dokumente
noch in Behörden. Das heißt, wenn jemand gesagt hat, er hatte hier
oder dort einen Betrieb, beispielsweise eine Metzgerei in Passau, dann
schauten die Beamten einfach in das Telefonbuch aus jener Zeit, ob
dort so eine Metzgerei auftauchte. Dann war es entweder gut und
wenn nicht, dann war es trotzdem noch nicht erledigt. Dann schrieb
man die Fleischer-Innung oder die Handwerkskammer oder auch das
Steueramt der Stadt Passau an. Das war ja noch nicht so lange her.
Wir sprechen von zehn, zwanzig Jahren. Das geht noch einigermaßen.

*Es ist für uns überraschend zu hören, dass die Behörde sich erst ein-
mal selber um die Beweislage kümmern musste. Oft stehen in den
Akten Sätze zu lesen, wie »Sie müssen den Beweis erbringen« und
»Ihr Fall wird erst einmal ad acta gelegt«.*

KARL ZIMMERMANN   Aber so ein Satz heißt eben noch nicht, dass der Antrag abgelehnt wurde. Und natürlich gab es eine Mitwirkungspflicht der Antragsteller. Es gab aber nie eine Beweispflicht im eigentlichen Sinne, außer dass man natürlich Unterlagen verlangt hat, bei denen davon auszugehen ist, dass der Antragsteller sie besorgen kann, etwa eine Geburtsurkunde. In vielen Fällen glaube ich allerdings, man hat es sich von Behördenseite auch ein bisschen einfach gemacht mit sogenannten Schiebeverfügungen, um Zeit zu gewinnen. Aber selbst diese Fälle wurden am Ende regelmäßig positiv entschieden, das heißt, die Entschädigung wurde gewährt.

Die Aufgabe war ja auch für die Beamten völlig neu. Das Gesetz war bemerkenswert, weil es tatsächlich für die Opfer war, mit der zuvor genannten Einschränkung geographischer Art. Aber ansonsten, wenn man das heute liest, denkt man, das ist aber eigentlich modern für die 50er-Jahre und schon den Menschen zugewandt. Eine Regelung, die mir da zum Beispiel einfällt, ist die, dass bei den Landgerichten und bei den Oberlandesgerichten in den Spruchkörpern, also der Kammer oder dem Senat, immer mindestens einer der Berufsrichter, und das sind letztlich doch die Entscheidenden, aus dem Kreis der Verfolgten selber sein musste. Eine weitere Sache ist, und auch das steht im Gesetz, dass, wenn ein Gesetzestext mehrere Auslegungsmöglichkeiten hergibt, die Beamten verpflichtet waren, immer die zu nehmen, die am günstigsten für die Verfolgten ist. Das sind so Sachen, die wirklich sehr ungewöhnlich sind. Mir ist sonst kein anderes Gesetz bekannt, wo sich solche Regeln finden.

Welche Probleme gab es bei der Bearbeitung der Anträge?

KARL ZIMMERMANN   Ich kann nur sagen, wie das aus heutiger Sicht auf mich wirkt. Die Menschen wurden nicht schlecht behandelt, aber die Vertretung des Staates, der dem Nazistaat nachfolgte, behandelte die Anträge nicht großartig anders als einen Steuererstattungsantrag oder eine Baugenehmigung. Ich fürchte, dass viele Amtswalter, nicht nur damals, einfach nicht erkannt haben, was diese Aufgabe zu etwas

Besonderem macht. Das ist die immer gleiche Sprache, die ist sehr sachlich, sachbezogen, die ist auch nicht falsch oder so, aber ich muss mich schon fragen: Der, der das jetzt bekommt, versteht der das überhaupt? Versteht der die technischen Begriffe, was ich ihm mitteilen will? Ich vermisse häufig ein Quäntchen Empathie der Art, die doch überhaupt erst zu dem Gesetz geführt hat. Letztlich muss ich doch erkennen, dass ich für einen Staat und ein Volk handle, die sich schuldig gemacht haben. Ich bin also auch Vertreter des Schädigers, nicht neutrale Instanz. Da bin ich doch verpflichtet, dies auch in der Wortwahl zum Ausdruck zu bringen. Dann kann ich doch mal schreiben: »Es tut mir sehr leid ...« oder »Bedauerlicherweise ...« und »Ich kann verstehen, dass Sie ...« Und man kann es Ihnen vielleicht freundlicher, menschlicher erklären. Ich glaube nicht, dass es böse Absicht war; ich glaube, damals schrieb man einfach nie so, Beamte sind das nicht gewohnt. Und man wollte halt nichts Falsches machen. Man hatte Gesetze durchzuführen und mit der Verwendung der ›Amtssprache‹ konnte man ja nichts falsch machen. Und so schrieb man halt auch Dinge wie »im KZ verstorben« oder »umgekommen«. ›Ermordet‹ schrieb man nicht, obwohl dies sicher oft angemessener gewesen wäre. Was dies bei den Antragsstellern bewirkte, hatte man nicht im Blick.

Könnten sie die Verfolgtengruppen benennen, die Anspruch auf Entschädigung haben?

KARL ZIMMERMANN   Die größte Gruppe waren die jüdischen Mitbürger. Das sind mit Sicherheit 80, wenn nicht 90 Prozent derer, die auch Entschädigungsanträge gestellt haben. Die wohl zweitgrößte Gruppe waren die Sinti und Roma, die auch lange darum kämpfen mussten, als »rassisch« Verfolgte anerkannt zu werden. Die Anerkennung anderer Gruppen, politischer Gefangener, wie die ehemaligen Spanienkämpfer, da hat das bis weit in die 1960er-Jahre gedauert, bis entschieden wurde, dass auch diese spanischen Republikaner zur Gruppe der politisch Verfolgten gehörten. Natürlich zählten auch die Deutschen dazu, die nicht Juden waren, sondern einfach in politischer Gegnerschaft zum Nationalsozialismus standen. Das ging von den

Kommunisten, dem ganz linken Spektrum, über die Sozialdemokraten bis hin zu den Angehörigen des Zentrums, wie Adenauer selber. Das sind im Wesentlichen die Gruppen, die es gab.

Wie viele Anträge wurden gestellt?

Karl Zimmermann   Das ist schwer genau zu sagen, aber wenn man das Bundesentschädigungsgesetz alleine nimmt, und das ist die wesentliche Rechtsgrundlage im Entschädigungsrecht, dann dürften das etwa zwei Millionen Anträge gewesen sein. Dahinter stecken aber nicht unbedingt zwei Millionen Menschen. Viele stellten ja einen Antrag auf Vermögensschaden, auf Schaden am beruflichen Fortkommen und, wenn sie eingesperrt waren, auch für die Lagerhaft. Wenn sie dann noch bleibende gesundheitliche Schäden erlitten hatte, konnte dieselbe Person auch mal vier Anträge stellen. Ich schätze, dass mindestens ein Drittel mehr als einen Antrag gestellt hat. Hinter unseren über zwei Millionen Karteikarten dürften sich also etwa ein bis ein-einhalb Millionen Antragsteller verbergen. Insgesamt dürfte die Zahl derer, die Entschädigungsleistungen erhielten, aber höher sein, denn es gibt ja auch noch andere Entschädigungsgrundlagen. Es gab die eben Genannten, das Bundesergänzungsgesetz und es gab später noch in den meisten Einzelstaaten der Bundesrepublik die sogenannten freiwilligen Härtefonds für all die, die durch das Sieb des Bundesentschädigungsgesetzes durchgefallen waren. In Nordrhein-Westfalen betraf dies in erster Linie sogenannte Spätaussiedler aus der ehemaligen Sowjetunion – Menschen, die häufig erst Anfang der 90er-Jahre zu uns in die Bundesrepublik kamen und dann einen Antrag stellten.

Sie sprachen von zwei Millionen Anträgen. Wie groß war die Behörde, um diese überhaupt bewältigen zu können?

Karl Zimmermann   Das hat mehrfach gewechselt, es gab nämlich gar nicht die eine Behörde. Zum einen ist das eine Verwaltung der Länder für den Bund, wie das in der Bundesrepublik eben allgemein

üblich ist. Der Bund macht das Gesetz und die damals elf Länder führen es aus, wobei sie auch die Behörden bestimmen. In NRW waren
zunächst alle Bezirksregierungen dafür zuständig. Die Bearbeitung erfolgte entweder in Münster oder in Detmold, Arnsberg, Düsseldorf,
Köln oder Aachen. 1958 hat sich das Land dazu entschieden, für diese
Aufgabe eine eigene Behörde zu schaffen. So wurde die Landesrentenbehörde in Düsseldorf gegründet, mit mehreren hundert Beschäftigten. Damals gab es aber auch noch Hunderttausende von Anträgen
beziehungsweise mehrere Hunderttausend von Rentenbeziehern. Die
Anträge waren da vielfach schon erledigt. Diese Landesrentenbehörde
existierte bis 1994.

Der Rückgang der Fallzahlen – viele Rentenempfänger waren schon
verstorben – führte dann zu der Frage, ob man dafür überhaupt noch
eine eigene Behörde braucht. Man war aber nach wie vor an einer
Behörde für das ganze Land interessiert und schließlich ist die Wahl
auf die Bezirksregierung Düsseldorf gefallen, die seit 1995 die einzige
Entschädigungsbehörde des Landes NRW ist. Dort war es zunächst
eine eigene Abteilung mit knapp 200 Leuten, die Abteilung 7. Wegen
des weiteren Rückgangs der Fallzahlen und des benötigten Personals
wird die Aufgabe nunmehr nur noch von einem Dezernat wahrgenommen. Wir verlieren ungefähr sechzig, siebzig Rentenempfänger
jeden Monat. Als ich anfing, vor etwa fünf Jahren, waren es noch
7300, jetzt sind wir bei etwa 4200. Irgendwann werden wir nur noch
ein Sachgebiet eines anderen Dezernats sein.

*Interessant in diesem Kontext ist ja auch, dass die Bewertungsgrund-
lagen für die Entschädigungsakten sich ändern können ...*

KARL ZIMMERMANN   Ja, es gibt einfach viele Veränderungen in der
Betrachtungsweise, weil ja auch Behörden klüger werden, wie die sie
umgebende Gesellschaft auch. Ich will ein Beispiel nennen, das nicht
ganz ohne Bedeutung ist, nämlich die Frage nach den psychischen
Erkrankungen. Denken Sie an die Gutachter in den 1950er-Jahren, die
häufig einfach nur Allgemeinmediziner waren. Es gab noch nicht so

viele Psychologen oder gar Psychiater, das war noch ein relativ neues Feld. Da gab es den Begriff der ›Psychasthenie‹, ein ›psychasthenisches Syndrom‹. Fragen Sie heute mal einen Psychologen, was das denn sein soll, der sagt: ›Ach, du meine Güte, das ist ja graue Vorzeit!‹ Das hat sich viel mehr aufgesplittet, man ist viel klüger geworden auf diesem Gebiet. Auch das Zusammenspiel von Körper und Seele wird viel mehr erkannt. Heute gibt es Lehrstühle für Psychokardiologie. Die meisten Ärzte in den 50er-Jahren hätten das als reinen Humbug abgetan. Wenn ein Verfolgter heute, also mittlerweile 70 Jahre nach Ende der Verfolgung stirbt, kann dann die Verfolgung noch kausal sein?

Da habe ich auch dazugelernt. Ich war am Anfang auch der Meinung, also wer jetzt 70 Jahre später kommt, die Leute sind alle 80 oder 90, da sterben wir alle irgendwann, die sind ja eigentlich schon weit über der durchschnittlichen Lebenserwartung ihrer Generation. Und dann stirbt ein 82-jähriger Mann, starker Raucher, und dann denkt man, das würde mir als Raucher vermutlich auch passieren, was hat das jetzt noch mit der Verfolgung zu tun? Aber es gibt sehr wohl Fälle, wo das Trauma verstärkt hochkocht nach der Verrentung. Sie müssen sehen: Die normale Reaktion ist das Wegschieben, ein neues Leben anfangen, verdrängen. Man kann da nicht jeden Tag darüber nachdenken, sonst würde man verrückt werden. Die meisten Menschen, die den Holocaust überlebt haben, waren ja auch noch relativ jung, die sind dann erstmal ins Leben raus, die haben geheiratet, haben sich einen Job gesucht, die haben ›funktioniert‹, hatten ihren geregelten Tagesablauf. Der hat sehr geholfen bei der Verdrängung. Wenn das dann wegfällt, und vielleicht weil die Leute generell dazu neigen, je älter sie werden, immer mehr an ihre Jugend zu denken, dann tauchen halt diese Erlebnisse wieder auf und Sie haben nichts, was Sie davon groß ablenken würde. Solche Menschen schrecken dann hoch im Schlaf, und wenn das ein paar Jahre passiert, Sie schweißgebadet vier, fünf Mal in der Nacht wach werden wegen ihrer Albträume, dann kann sich in der Tat ein Herzleiden entwickeln. Und wenn ein solcher Mensch dann an einem Herzinfarkt verstirbt, kann es auch möglich sein, dass das eben mitursächlich auf das Trauma der Verfolgung zurückzuführen ist. Das ist mittlerweile anerkannt, übrigens auch durch Forscher hier von der RWTH Aachen. Die haben wir schon mehrmals als Gutachter genommen, und da könnte ich Ihnen nachweisen, dass die Gutachten in den 80er-Jahren anders aussahen als die, mit denen ich dann 2010 oder 2012 zu tun hatte. Das ist aber nicht so, weil die Menschen, die das vorher anders beschrieben hatten, bösartig waren, nein, die haben den Stand der damaligen Wissenschaft wiedergegeben. Und der hat sich eben weiterentwickelt.

Sie haben gesagt, dass die Akten zum Landesarchiv überstellt werden. Wie genau soll das geschehen?

KARL ZIMMERMANN   Wir sind momentan in einer Übergangsphase. Wir sind ja eine operative Behörde und unsere einzige Aufgabe, die uns zugeschrieben ist, für die wir vom Gesetzgeber eine Zuständigkeit bekommen haben, ist beschränkt auf die Versorgung der noch Lebenden, die nach dem Bundesentschädigungsgesetz oder nach den Härterichtlinien Zahlungen von uns erhalten. Das ist eigentlich alles. Das hieße, man käme mit 4000 Akten aus; wir haben aber mehrere hunderttausend, die die Behörde nicht braucht für ihre Arbeit. Trotzdem sind diese historisch unglaublich wichtig. Das ist sozusagen das Nette an der Bürokratie: Für die Historiker und zur Aufarbeitung von Einzelschicksalen ist es jetzt sehr gut, dass man aussagekräftige und gut geführte Akten hat, denn da steht so ziemlich alles drin, komplette Lebensläufe inklusive Verfolgungsgeschichten. Aber die Akten sollten nicht in einem Behördenarchiv herumhängen. Sie gehören in die Hände von Fachleuten, das heißt in die Hände von Archivaren und Historikern, und dafür haben wir eine Zuständigkeit, das ist das Landesarchiv NRW. Bereits vor zwei Jahren ist daher ein Teil der westfälischen Akten an das Landesarchiv in Münster gegangen, nämlich die der Bezirksregierungen Arnsberg und Münster. Jetzt im Moment sind die Detmolder dran und dann kommt der ganz große Schwung für das Landesarchiv in Duisburg mit Akten der Bezirksregierungen Köln und Düsseldorf sowie die auch bei uns befindlichen Akten der ehemaligen Bezirksregierung Aachen. Die werden gerade verpackt und für den Abtransport fertiggemacht. Seit ein, zwei Jahren gibt es auch ein zunehmendes Interesse des Bundes, was die Entschädigungsakten angeht. Natürlich ein Interesse an den Akten aus allen Ländern von München über Hamburg bis Kiel. Die größte Entschädigungsbehörde und damit auch die meisten Akten sind in Rheinland-Pfalz, das hat einfach etwas mit jüdischer Siedlungsgeschichte in Deutschland zu tun. Die Akten sollen möglichst umfassend ausgewertet werden. Die Ideen hierzu sind noch in den Anfängen, aber tatsächlich ist die Rede von einem ›Weltdokumentenerbe‹.

Mit einem ›Weltdokumentenerbe‹ stellt sich die Frage des Erinnerns. Sie begrüßen also, dass man nun sagt, dass diese Akten als Form des Erinnerns eine sehr wichtige Funktion einnehmen?

KARL ZIMMERMANN   Ich glaube, da ist eigentlich keiner anderer Meinung. Ich warte geradezu auf den Holocaust-Leugner, der mir offen ins Gesicht sagt, das ist alles Lüge und sich dann darauf einlässt, mit mir in das Archiv zu fahren. Es ist eher umgekehrt, dass die Informationen, die man da findet und aufbereitet, völlig im Sinne dessen sind, was man ›Wiedergutmachung‹ nennt und dass ohne solche handfesten Zeugnisse die Ereignisse des Holocaust zu wenig greifbar werden und ins Abstrakte abdriften. Wenn man diese Akten durchblättert, die Unterschrift, die Handschrift, teilweise Fotos, teilweise alte Ausweise der Verfolgten, dann erst werden aus den Fällen und Nummern vor dem inneren Auge Menschen. Ich glaube, jeder, der das liest, ist davon bewegt. Das ist etwas anderes, auch wenn man die Geschichte kennt und akzeptiert. Es ist immer noch mal etwas anderes, das jetzt zu lesen, eine solche Akte in der Hand zu haben. Das ist anders als in einem Geschichtsbuch, da wird das halt sachlich abgearbeitet. Aber es wird nicht runtergebrochen auch auf die Gefühlsebene, auf die Emotionen. Die kommen erst ins Spiel, wenn es um individuelle Personen geht, wenn ›die Opfer‹ ein Gesicht bekommen. Und das bekommen sie auf jeden Fall in den Köpfen derer, die diese Akten lesen oder davon berichtet bekommen. So schafft man es auch, den Holocaust nicht nur als abstraktes geschichtliches Ereignis gegenwärtig zu halten.

Das war ja schon fast ein Plädoyer für unser Biografien-Projekt …

KARL ZIMMERMANN   Stimmt, wenn ich da nicht hinterstehen würde, hätte ich dem Interview auch nicht zugestimmt. Dadurch wird Geschichte doch erst greifbar, ansonsten bleibt das zu abstrakt. Aber wenn Sie durch die eigene Stadt gehen und sagen können, da lebte der und so sah er aus und das ist damals passiert, dann erst erlangt es Bedeutung im Hier und Jetzt. Es geht ja auch um die Bildung nachfolgender Generationen, und ich glaube, dass man die Geschichte so auch nahebringen kann und vielleicht auch sollte. Ich halte nämlich nicht viel davon – das fängt ja meist bei 12- oder 13-Jährigen an in der Schule – diese Kinder, die absolut unschuldig sind, dann als Erstes zu konfrontieren mit Bildern von Leichenbergen aus einem KZ. Das setzt doch automatisch eine Abwehrreaktion in Gang: Was habe ich denn damit zu tun? Ich glaube, das ist nicht sehr hilfreich. Das ist einfach zu viel und zu abstrakt. Man denkt, das ist so eine wahnsinnige, einmalige Katastrophe und damit muss ich mich doch eigentlich gar nicht mehr beschäftigen, das passiert doch nie wieder. Das ist doch wie die Geschichte eines anderen Planeten. Das hat doch mit mir nichts zu tun. Man muss aufzeigen, dass auch die Täter zumeist ganz normale Menschen waren wie wir auch. Und dass die Mechanismen, die zu dieser Katastrophe führten, immer noch funktionieren – auch in Europa: Gleichschaltung der staatlichen Gewalten und der Presse, Kriminalisierung Andersdenkender, das Schüren von Angst gegenüber dem Fremden, die Entrechtung von Minderheiten und am Ende die Entstehung einer ›Doppelmoral‹, dadurch dass die Menschen, die einer anderen Religion angehören oder anders aussehen, schließlich nicht mehr als gleichberechtigte Mitmenschen angesehen werden. Was dies dann für die Betroffenen bedeutet, lässt sich unseren Akten entnehmen.

Welche Erfahrungen haben Sie gemacht, wenn Familienangehörige Akteneinsicht genommen haben? Wir haben jetzt zum Beispiel den Mitbegründer des Washingtoner Holocaust-Museums ausfindig gemacht, der vor Kurzem 98 Jahre alt geworden ist. Mit ihm steht eine Kommilitonin fast täglich in Kontakt und der hat er gesagt: »Macht

*mit meiner Akte, was ihr wollt.« Andere sagen uns: »Schickt mir mal
die Akte, ich wusste gar nicht, dass es eine Akte gibt.«*

KARL ZIMMERMANN   Ja, das wissen die meisten nicht. Das Schöne
ist letzlich, dass man oft erlebt, dass die Angehörigen, die Akteneinsicht bei uns haben wollen, immer wieder ganz bewegt sind, weil sie
Sachen erfahren, die sie selbst noch nicht über ihre Angehörigen wussten oder Fotos finden, die sie noch nie gesehen haben. Viele Opfer
waren ja so traumatisiert, dass sie auch ihren Kindern nichts erzählt
haben. Was wirklich geschehen ist, erfahren sie oft erst durch die Lek-
türe unserer Akten.

Christina Mehls, Karl Zimmermann, Jonathan Mühlen Marin,
Rene Porger

1   Karl Zimmermann LRD, geboren 1960 in Stolberg, Studium der Rechtswissen-
    schaften in Köln und Bonn, 1. Staatsexamen 1985, 2. Staatsexamen 1988, an-
    schließend als Strafverteidiger in Düsseldorf tätig, seit 1990 bei der Bezirksre-
    gierung in Düsseldorf in unterschiedlichen Funktionen tätig, von Oktober 2013 bis
    Februar 2018 Leiter des Dezernats 15.

Abraham und Josef Levenbach

geboren am 29. August 1881 und
18. Dezember 1912

Eine Biografie von Lena Güntner

Das Anwesen der Familie Levenbach bestand aus einem großen alten Backsteingebäude mit Schuppen, Stallungen, Schlachthaus und weiteren Nebengebäuden, alle errichtet auf einem 570 qm großen Grundstück am Marktplatz 21 in Weisweiler. Eine Seite des Eckhauses circa 25 Meter lang, die andere Seite zeigte zehn bis zwölf Meter Straßenfront. An beiden Seiten des Anwesens befanden sich Toreinfahrten. Über Jahrhunderte war Familie Levenbach hier in Weisweiler ansässig, eine Metzgerei und ein Viehhandel waren »Familienbrauch und Sitte«[1].

Die Familie dient als Beispiel für eine wohlhabende, integrierte jüdische Familie – und gleichzeitig ein Beispiel für eine Familie, deren gesamte Existenz in kürzester Zeit von den Nationalsozialisten zerstört wurde. Am Ort des 350 Jahre alten Familienbetriebs in Weisweiler erinnert heute nichts mehr an die Familie Levenbach.

Abraham Levenbach, ca. 1935
LAV NRW R, BR 3000 1132

Die Fußstapfen des Vaters

Abraham Levenbach wird am 29. August 1881 als einer von drei Söhnen der jüdischen Eheleute Johanna, geborene Mendel, und Leon Levenbach in Weisweiler geboren. Nach dem Ende der Schulzeit absolviert er eine Lehre in der Metzgerei seines Vaters. Mit 25 Jahren kann er seine Meisterprüfung ablegen und als Viehhändler, Metzger und Großhändler arbeiten. Seine Söhne sind im Familienbetrieb eingespannt: Leo, 1909 geboren, hilft dabei vorwiegend im Handel, die drei bzw. zehn Jahre jüngeren Söhne Josef und Ernst helfen in der Metzgerei aus.[2]

Im Viehgeschäft der Familie wird ein Umsatz von durchschnittlich 15 Zucht- und Milchkühen beziehungsweise Zuchtbullen pro Woche gemacht. Die Tiere gelten als »besonders wertvoll«[3] und werden auf Märkten in Dortmund, Dinslaken, Leer/Ostfriesland und Insterburg/Ostpreußen gekauft. Der Weiterverkauf des Zuchtviehs erfolgt in den Bezirken Aachen, Jülich und Düren. Abraham ist Mitglied des deutschen Viehhändlervereins in Aachen,[4] seine Metzgerei ist vor der nationalsozialistischen Verfolgung ein »augenscheinlich gut gehendes Geschäft«[5], das Fleisch auch an weitere Orte in der Umgebung verkauft. Vor 1934 werden dort durchschnittlich zwei bis drei Kühe pro Woche selber geschlachtet und schließlich einzeln oder in großen Mengen weiterverkauft.[6]

Bis 1933 ist Abraham Levenbach ständiges Mitglied der Umsatz- und Einkommensteuerkommission, der nur die größten Steuerzahler der Gemeinde angehören. Im Juli 1921 wird der Betrieb zum Großhandel zugelassen und gehört der Metzgerinnung Kreis Düren an.[7] Der fleißige Viehhändler und seine Familie sind bei anderen Gemeindemitgliedern sehr beliebt, eine Nachbarin, die über 38 Jahre im Nebenhaus der Levenbachs lebt, beschreibt diese als Familie, »die wegen ihrer persönlichen Haltung im Ort sehr geschätzt wird«[8].

Eine deutsch-jüdische Familie

Im Frühling 1908 heiratet Abraham die aus Arnsberg stammende Regina Rosenbaum, die unabhängig vom Familienbetrieb ihr eigenes Geschäft für Textilien führt. Dass die Familie nicht nur gut in Weisweiler integriert, sondern auch kulturell assimiliert ist, zeigen die Namen der sechs Kinder: Während der alttestamentlich jüdische Vorname Abraham noch jüdisch-religiös konnotiert ist, werden die Namen der Kinder Josef und Johanna schon aus dem traditionellen christlichen Namensschatz geschöpft; Betty und Leo sind als Namen nicht-jüdisch neutral, die Vornamen der beiden letztgeborenen Kinder Ernst und vor allem Frieda deuten sogar auf eine patriotische Einstellung der Eltern hin.[9]

Josef Levenbach, 1935
LAV NRW R, BR 3000 1132

Josef Levenbach wird am 18. Dezember 1912 als drittes Kind in die Familie geboren. Bis zum 8. Schuljahr besucht er die Volksschule in Weisweiler. Der Eintrag in seinem Reisepass beschreibt den jungen Mann als mittelgroß, blond und blauäugig. Dass er einmal ein guter Viehhändler und Metzger werden wird, ist nicht nur der Ausbildung im Geschäft seines Vaters zu verdanken. Erfahrungen kann er danach auch während seines Volontariats in Dülken und als Ein- und Verkäufer im Viehhandel in Brüggen am Niederrhein sammeln. 1932 kehrt Josef nach Weisweiler zurück, um wieder in den Familienbetrieb einzutreten. Er wird am Geschäft beteiligt und erhält jeweils mindestens zehn Prozent des Reinverdienstes, was etwa dem Lohn eines Angestellten entspricht. Außerdem kann er im Haus seiner Eltern frei wohnen und essen. Weil er weder verheiratet ist noch Kinder hat, existiert kein formeller Gesellschaftsvertrag.[10]

Keine Perspektive im Heimatort

Die Gemeinde Weisweiler muss sich der Familie Levenbach bis zum Erlass der Nürnberger Gesetze gegenüber solidarisch verhalten haben. Erst ab dem Gesetzeserlass und der damit verbundenen antisemitischen Hetze gehen die Umsätze des Familienbetriebs massiv zurück. Abraham wird seine Handelserlaubnis entzogen und schließlich zwingt man ihn dazu, Haus und Grundstück zu einem unangemessenen Preis zu verkaufen. Damit verliert die Familie ihre Erwerbsgrundlage. In den folgenden Jahren fehlen Hinweise auf das Leben der Familie, wahrscheinlich kann sie bei Freunden und Nachbarn unterkommen und von ihren Rücklagen leben. Bis zu den Pogromen am 9. November 1938 hofft sie auf Verbesserung der allgemeinen Situation, ohne konkret über eine Auswanderung nachzudenken. Erst als Abraham bei den eingeleiteten Verfolgungsmaßnahmen ins Konzentrationslager Sachsenhausen deportiert wird, sehen sie die Notwendigkeit. Die Folgen der Verhaftung werden sein gesamtes weiteres Leben prägen.[11]

Mit den Pogromen erlangt die Stigmatisierung und Verfolgung jüdischer Menschen eine neue Stufe. Durch den Raub jüdischen Vermögens versucht der Staat, seine Schulden auszugleichen. Außerdem soll eine Verhaftungswelle den Auswanderungsdruck auf jüdische Menschen verstärken. Nur die Vorlage von Auswanderungspapieren verschafft Inhaftierten die Möglichkeit, entlassen zu werden.[12] Nach einem Monat Haft kann Abraham so im Frühling des nächsten Jahres mit seiner Ehefrau und vier seiner Kinder nach Argentinien auswandern. Er muss Reisekosten für sechs Personen und circa zehn Kisten

Gepäck bezahlen, zusätzlich fallen ›Reichsfluchtsteuer‹ und ›Juden-vermögensabgabe‹ an. Als er sein letztes Vermögen, drei Golduhren mit Ketten, abgeben muss, ist er völlig mittellos.[13]

Auch für seinen Sohn Josef bietet sich realistisch gesehen keine Perspektive. Seit dem Einnahmerückgang im Jahr 1935 kann er sich mit Gelegenheitsarbeiten bei Bauern auf dem Land über Wasser halten. Im Dezember 1937 geht er nach Belgien. Es ist anzunehmen, dass er dort auf die Genehmigung seines Ausreiseantrags wartet. Obwohl er keine Arbeitserlaubnis erhält, muss Josef hoffnungsvoll in die Zukunft geblickt haben, die ihm ein Leben auf einem anderen Kontinent er-möglichen sollte. Am 31. August 1938 kann er von Hamburg nach Argentinien auswandern. Noch lange wird er sich an diesen Tag erin-nern, der den Aufbruch in ein für ihn unbekanntes Land und damit die Rettung seines Lebens bedeutet. Es ist ein Mittwoch, an dem er mit dem Schiff Kerguelen der Chargeurs Réunis in der 3. Klasse ausreist. Seine Eltern und Geschwister folgen ihm acht Monate später.[14]

Neuanfang in Argentinien

In Argentinien muss Familie Levenbach von vorne beginnen. Zehn Jah-re lang lebt sie im Inneren des Landes, in der Kolonie Avigdor, Provinz Entre Ríos, in einer landwirtschaftlichen Gemeinschaft der Siedlungsge-sellschaft Jewish Colonization Association. Die Kolonie war Ende des 19. Jahrhunderts gegründet worden, um verfolgten Juden die Auswan-derung aus Osteuropa zu ermöglichen. Ab 1936 lassen sich die ersten deutsch-jüdischen Familien dort nieder, die ›Nazi-Deutschland‹ recht-zeitig verlassen konnten. Ungefähr 125 Familien verfügen über je 175 Hektar Land, ein kleines Haus und ein paar Kühe und Pferde. Das Land reicht gerade aus, um zu überleben, in monatlichen Raten müssen sie es abbezahlen. Doch das Gefühl, ein neues Leben beginnen zu können und autark zu sein, gibt ihnen Halt. Auf dem zugeteilten Kamp arbeitet die ganze Familie als Landarbeiter zusammen. Da es sich bei dem Acker um einen der schlechtesten handelt, verlässt die Familie, als es endlich möglich ist, die Kolonie und zieht weiter nach Buenos Aires.[15]

Doch Abraham Levenbach erkrankt und kann in Buenos Aires keiner Arbeit mehr nachgehen. Bis zu seinem Tod im Jahr 1957 lebt er von der Unterstützung seiner Kinder.[16] Josefs Situation ist eine andere: Er kann bis 1951 als Handelsreisender für Gerbereien sein Geld verdienen. Im Anschluss betreibt er in der Straße Matienzo, Ecke Bouchard, der Provinz Berazategui in Buenos Aires sein eigenes Engros-Geschäft für Gerbleder, das er ohne großes Kapital aufgebaut hat. Ab 1954 hat er Einnahmen, von denen er und seine Familie gut leben können. Er wohnt mit seiner Ehefrau und seinen zwei Kindern, die 1950 und 1953 geboren werden, in der Straße, in der auch sein Geschäft liegt. Josef Levenbach hat es geschafft, sich in Argentinien ein neues Leben aufzubauen, mit allen Voraussetzungen, um wieder glücklich sein zu können. Als argentinischer Staatsbürger lebt er bis zu seinem Tod am 11. Juni 1985 mit seiner Familie in Buenos Aires.[17]

1   Eidesstattliche Erklärung von Josef Levenbach an Amt für Wiedergutmachung [künftig zitiert: AfW], 13.09.1956, LAV NRW R, BR 3000 1132.

2   Vgl. Eintrag Abraham Levenbach im ›Familienbuch Euregio‹. http://www.familienbuch-euregio.de (27.08.2018). | Betty Münzberg-André an AfW, 30.08.1954, LAV NRW R, BR 3000 1132. | Zeugenaussage Christian S. an AfW, 02.12.1961, ebd.

3   Vgl. Finanzamt Düren an AfW, 18.01.1962, LAV NRW R, BR 3000 1132.

4   Vgl. Eidesstattliche Erklärung Josef Levenbach an AfW, 16.10.1961, ebd. | Vgl. Otto Grosse an AfW, 05.01.1962, ebd. | Vgl. Bedürftigkeitszeugnis, jüdische Gemeinde in Beraal, 30.05.1955, ebd.

5   Gemeinde Langerwehe an Oberlandesgericht Köln, 15.01.1965, ebd. | Amt Langerwehe an AfW, 18.12.1954, ebd.

6   Vgl. Eidesstattliche Erklärung von Frau Flöhr an AfW, 17.01.1962, ebd.

7   Vgl. Zeugenaussage von Frau Flöhr, 02.12.1962, ebd.

8   Zeugenaussage von Frau Flöhr, 25.01.1962, ebd.

9   Vgl. Thomas Brechenmacher: Zur Vornamengebung der Juden in Deutschland zwischen Emanzipation und Vernichtung. In: Duden – Name und Gesellschaft. Soziale und historische Aspekte der Namengebung und Namenentwicklung. Hg. v. Jürgen Eichhoff, Wilfried Seibicke und Michael Wolffsohn. Bd. 2. Mannheim 2001. S. 43-45. | Vgl. Landkreis Düren, Beschreibung des Anwesens, 25.01.1962, LAV NRW R, BR 3000 1132.

10 Vgl. Deutsches Reich Reisepass, 02.12.1935, LAV NRW R, BR 3000 1132. | Vgl. Eidesstattliche Erklärung an AfW, 13.09.1956, ebd.

11 Vgl. Eidesstattliche Erklärung von Josef Levenbach an AfW, 13.09.1956, ebd. | Vgl. Landkreis Düren, Beschreibung des Anwesens, 25.01.1962, ebd. | Bedürftigkeitszeugnis, Jüdische Gemeinde Beraal, 30.08.1955, ebd.

12 Vgl. Manfred Bierganz u. Annelie Kreutz: Juden in Aachen. Aachen 1988. S. 70.

13 Vgl. Betty Münzberg-André an AfW, 06.07.1955, LAV NRW R, BR 3000 1132.

14 Vgl. »Visa Tourisme«, Juli 1937, ebd. | Ausreisestempel Hamburg, 31.08.1938, ebd.

15 Vgl. Victoria Eglau: Dawnen in der Pampa, 04.07.2013. https://www.juedische-allgemeine.de/article/view/id/16395 (04.06.2018). | Vgl. Bescheinigung: Communidad Israelita – Colonia Avigdor, Entre Rios, 06.05.1959, LAV NRW R, BR 3000 1132.

16 Vgl. Armutsbescheinigung der Deutschen Botschaft Buenos Aires, 11.08.1955, ebd. | Eidesstattliche Erklärung Betty Mann, 21.02.1958, ebd.

17 Kreisverwaltung Düren an AfW, 05.11.1956, ebd.

Robert Salomon

geboren am 7. September 1898

Eine Biografie von Rene Porger

›Von glänzendem Ruhm‹ – so viel bedeutet der Jungenname Robert in
etwa, ein Name altgermanischer Herkunft. Mit der Wahl dieses Namens
für ihren erstgeborenen Sohn drücken der jüdische Viehhändler Gottschalk Salomon, geboren am 20. Mai 1855, und seine Frau Franziska
Salomon, geboren am 19. Juni 1863, sicher auch ihre liberale Einstellung
zum Glauben und ihre Verbundenheit mit der deutschen Kultur aus. Robert Salomon wird es den Eltern später gleichtun und seinen eigenen Söhnen die Namen Hans, einer der beliebtesten Vornamen des frühen 20.
Jahrhunderts, und Rudi, gleichbedeutend mit ›der Ruhmreiche‹, geben.

Mit Roberts Geburt am 7. September 1898 beginnt ein neues Kapitel
für die Familie Salomon: Gottschalk hatte sich immer wieder um einen sozialen Aufstieg bemüht; wahrscheinlich sind es die Erfahrungen
im nicht hoch angesehenen Beruf des Viehhändlers, die dazu führen,
dass er seinem Sohn ein anderes Leben ermöglichen will. Später wird
Robert tatsächlich nicht in die Fußstapfen des Vaters treten, sondern
berufliche Erfolge im Tuchhandel erzielen.

Robert Salomons Jugend

Ganze sechs Mal zieht Robert mit seinen Eltern zwischen 1899 und
1911 um. Die allgemeine Landflucht zu dieser Zeit, die den Wohnungs-
bedarf in den Städten rasant ansteigen ließ, ist der Grund für die schwie-

rige Wohnsituation der Familie Salomon und vieler anderer Familien.[1] Weit mehr als durch die häufigen Umzüge ist Roberts Kindheit allerdings geprägt vom tragischen Verlust seiner Mutter: Franziska Salomon stirbt am 7. Juli 1905 nach der Frühgeburt des Sohnes Gottschalk, der knapp eine Woche zuvor am 29. Juni 1905 entbunden wird, aber nicht überlebt. Unmittelbar nach diesen Schicksalsschlägen zieht Vater Gottschalk mit Robert aus der Familienwohnung aus. Er verdient sein Geld während dieser Zeit nicht mehr ausschließlich als Viehhändler, sondern versucht sich im Bemühen um Anerkennung und ein besseres Leben auch als Handelskaufmann und -vertreter.[2]

Zur weiteren Kindheit und Jugend Roberts gibt es nur wenige Informationen. Ob Robert im Ersten Weltkrieg kämpft, ist nicht dokumentiert, sein Alter, der kriegsbefürwortende Zeitgeist und die hohe Zahl jüdischer Frontsoldaten schließen seine Beteiligung aber nicht aus. Nach dem Krieg sind weite Kreise der Bevölkerung durch Kriegsschulden verarmt, die sich das deutsche Bürgertum in Form von Kriegsanleihen selbst auferlegt hat. In der Grenzregion Aachen eröffnen sich vielen allerdings neue wirtschaftliche Möglichkeiten in Form des Handels mit französischen und belgischen Firmen. In dieser unruhigen Zeit beginnt Robert seine Berufskarriere; er wird zum ersten Mal im Adressverzeichnis der Stadt Aachen als Kaufmann erwähnt. Währenddessen lebt er noch bei seinem Vater. Dieser heiratet nach dem Tod von Franziska erneut. Seine neue Frau Henriette Marx bringt einen weiteren Sohn in die nun vierköpfige ›Patchworkfamilie‹. Dieser Sohn, Max Salomon, geboren am 29. Oktober 1906, wird später als hochgelobter Stürmer der Alemannia Aachen Erfolge feiern. Ab 1911 wohnt die Familie in der Thomashofstraße 15. Zehn Jahre später, am 2. September 1921, stirbt Vater Gottschalk im Alter von 66 Jahren.[3]

Aufsteiger und Familienvater

Roberts Leben geht weiter, ihm widerfährt nicht nur Schlechtes. Im Alter von 25 Jahren heiratet er am 26. Oktober 1923 Else Mina Seelmann; sie ist ebenfalls jüdischen Glaubens. Ihr gemeinsamer Sohn Hans kommt am 12. August 1924 zur Welt, Paul-Rudi folgt am 2. August 1927. Die internationale wirtschaftliche Vernetzung Aachens kommt auch Robert zugute. Anfangs Handelskaufmann, wechselt er in den Tucherwerb und arbeitet unter anderem in einem Tuchgroßhandel. Zu Beginn der 1930er-Jahre übernimmt Robert die Geschäftsteilhabe an der Tuchgroßhandlung L. Hermann & Co. Neben seinem Partner Lazarus Ludwig Hermann arbeiten noch zwei weitere Angestellte in der Großhandlung. Das Geschäft liegt an der Ecke Hindenburgstraße/Kasinostraße. Der soziale und wirtschaftliche Aufstieg von einem Angestellten hin zu einem Teilhaber verbessert die Lebenssituation der Familie spürbar. Und so übersteht sie die Wirtschaftskrise der späten Weimarer Republik, den Kindern eröffnet sich sogar die Möglichkeit, eine höhere Schule zu besuchen.[4] Mit einigen Jahren Abstand zieht die Familie zunächst in die Burgstraße 161, bis sie 1931 zum letzten Mal vor der Regierungsübernahme der Nationalsozialisten in eine Wohnung in Aachen umzieht, dieses Mal in der Bismarckstraße 92.

Seinen jüdischen Glauben praktiziert Robert innerhalb der Synagogengemeinde Aachens. Auch wenn Aachen als katholische Stadt gilt, fühlt sich die Synagogengemeinde nicht ausgegrenzt. Dies spiegelt sich in der liberalen Religionspraxis wieder. Im jüdischen Gottesdienst haben Orgelmusik und Chorbegleitung ihren Platz, und auch die in der Synagoge angebrachten Gedenktafeln für im Krieg gefallene Aachener Juden weisen auf ein patriotisches Gefühl des Deutschseins hin. Viele Gemeindemitglieder, so auch Robert, beschränken ihre Besuche auf die Gottesdienste an hohen Feiertagen und die Teilnahme an festlichen Aktivitäten. Robert steht gänzlich in der liberalen Tradition der Aachener Synagogengemeinde.

Familientreffpunkt Tivoli

Neben Arbeit und Religiosität prägt der Fußball Roberts Leben. Von einigen Schülern 1900 gegründet, steigt der heimische Verein Alemannia bald zum Hoffnungsschimmer der Stadt Aachen auf; Robert ist ab dem 1. März 1925 Vereinsmitglied. Seine Mitgliedschaft bleibt, zumindest in sportlicher Hinsicht, allerdings eine passive. Den Einsatz auf dem Platz überlässt er seinem Stiefbruder Max, der ab Mitte der 20er-Jahre als Spitzenstürmer zum Aushängeschild der Alemannia wird. Außer dem Brüderpaar Salomon sind auch zwei der Brüder Else Minas Vereinsmitglieder. Gemeinsam verbringen sie ihre Zeit im Aachener Fußballstadion Tivoli und feuern Max an.[5]

»[…] Salomon trat infolge der Zeitrichtung ab.«[6] – Trocken kommentiert die Zeitung den Ausschluss von Max aus der Alemannia; der einstige Spitzenstürmer wird danach mit keinem Satz mehr erwähnt. Auch Robert wird 1933 im Zuge der nationalsozialistischen antisemitischen Politik – zynisch als ›Zeitrichtung‹ beschrieben – aus dem Verein ausgeschlossen. Grund ist jedoch nicht der direkte Druck durch die neue Regierungspartei. Die Alemannia selbst entscheidet sich schon früh zum Ausschluss der meisten jüdischen Mitglieder.[7]

Emigration in die Niederlande

Robert erkennt frühzeitig die Gefahr, die die nationalsozialistische Herrschaft bedeutet. Er entscheidet sich für eine Emigration, zunächst nach Vaals, dem nahegelegenen Grenzort in den Niederlanden. Die kurze Distanz zwischen Vaals und Aachen legt die Vermutung nahe, dass er noch nicht alle Verbindungen kappen wollte und eventuell auf eine Besserung der politischen Lage hoffte. Seine Teilhabe an der Aachener Tuchgroßhandlung findet während dieser Zeit ihr Ende. Die Geschäftspartner trennen sich zum 1. Mai 1933.

Die Erfahrungen in Vaals prägen das weitere Leben der Familie. Sprachbarrieren hindern Robert nicht daran, stets neue Möglichkeiten zu suchen, den Lebensunterhalt für sich und seine Familie zu verdienen. Hier helfen ihm die Ersparnisse aus seiner Zeit als Tuchgroßhändler, mit denen er verschiedene Ideen ausprobiert. Er versucht sich als Filmverleiher, später im Vertrieb von Feuerzeugen – zur damaligen Zeit eine Neuheit. Beide Geschäftsideen bringen aber nicht den gewünschten Umsatz. Ab Mitte September 1934 investiert er in Belgien in mehrere Geschäfte. Dafür lebt er kurzzeitig in Brüssel, während seine Familie in Vaals bleibt. Insgesamt lebt die Familie vom 29. September 1933 bis zum 15. Mai 1939 in der Julianastraat 4 in Vaals, kurzzeitig wohnt auch Roberts Stiefbruder Max mit ihnen in der Wohnung.[8] Das Ehepaar entwickelt während dieser Zeit auch eine freundschaftliche Beziehung mit Maria Johanna Timmers und deren Ehemann. Als gebürtige Aachenerin ist Maria ihrem Mann zuliebe nach Vaals emigriert. Einige Jahre lang wohnt das Ehepaar Timmers auch in Amsterdam, hierbei stehen sie weiterhin in sporadischem Kontakt mit Robert und Else Mina. Das Ehepaar wird noch eine wichtige Rolle während der Verfolgung von Hans spielen.

Anklage in Belgien

In Brüssel investiert Robert in das Restaurant Slave, das dem Russen Paul Aksakow gehört. Wie die Geschäftsbeziehung zwischen beiden zustande kommt, ist nicht bekannt. Auf jeden Fall hat sie negative Folgen für Robert: Aksakow hat bei den belgischen Behörden einen zweifelhaften Ruf, auch bringt das Restaurant nicht den erwünschten Erfolg. Robert verliert mit dieser Investition einen erheblichen Teil seines Vermögens. Daraufhin versucht er es mit einer anderen Idee: Im Stadtteil Ixelles, in der Rue de Stassart 23, eröffnet er zusammen mit dem Belgier De Greef eine Nachtbar. Mit Unterhaltungsprogrammen lockt die Bar Kasak Kunden.[9]

Seine ehemalige Verbindung zu Aksakow hat ihn unterdessen in den Fokus belgischer Ermittler gerückt: Die Polizei- und Verwaltungsbehörde wirft Robert vor, keine gültige Aufenthalts- und Arbeitserlaubnis zu besitzen. Daraufhin muss er Belgien verlassen, kehrt aber noch am selben Tag zurück, nachdem er sich im belgischen Konsulat in Maastricht ein zwölfmonatiges Visum hat ausstellen lassen. Kurzzeitig bleibt er in Schaerbeek in der Avenue Rogier. Doch er wird erneut verhaftet und muss am 25. Oktober 1935 Belgien für fünf Tage verlassen. Kurze Zeit später beginnt die belgische Kriminalpolizei gegen Robert zu ermitteln. Man wirft ihm Rauschmittelhandel vor, später illegalen Handel mit Devisen. Ungefähr zur selben Zeit wird Roberts Stiefbruder Max in Deutschland der Prozess wegen ›Rassenschande‹ gemacht. Die belgischen Behörden glauben, Max säße auch wegen Devisenhandels im Gefängnis. Wie sich herausstellt, sind beide Anschuldigungen ungerechtfertigt, sowohl die gegen Robert als auch die gegen Max. Angebliche Beweise gegen Robert belaufen sich vor allem auf seine Autofahrten und Hotelbesuche in verschiedenen Städten. Diese stellen sich jedoch als Versuche Roberts heraus, neue Geschäftsbeziehungen zu knüpfen, um so den Unterhalt für die Familie aufbringen zu können. Die Staatsanwaltschaft zieht die Anklage zurück.[10]

Besatzung der Niederlande

Zurück in den Niederlanden entschließt sich Robert, mit der Familie in das knapp 250 Kilometer entfernte Scheveningen zu ziehen. Im Vergleich zum nahe an NS-Deutschland liegenden Vaals ist Scheveningen noch entfernter von den Gefahren des sich anbahnenden Krieges. Die schwindenden Ersparnisse hindern Robert nicht daran, seinen Söhnen auch am neuen Wohnort eine gute Schulbildung zu ermöglichen; Paul-Rudi besucht ab 1939 die Höhere Volksschule.

Schließlich wird der Krieg von den Deutschen auch in die Niederlande getragen. Als die Wehrmacht ab Mai 1940 die Niederlande besetzt, lebt die Familie noch in Scheveningen. Die Vermutung liegt nahe, dass nicht ausschließlich die Arbeitssuche, sondern auch Kriegshandlungen die Familie veranlassen, des Öfteren umzuziehen. Kurzzeitig pendeln sie zwischen Den Haag und dem ungefähr 80 Kilometer entfernten Hilversum. Währenddessen treten auch die antisemitischen Gesetze der deutschen Besatzer in Kraft, sodass es Robert unmöglich gemacht wird, auf legalem Weg ein Arbeitsverhältnis einzugehen. Bis Oktober 1940 wohnt die Familie offiziell in der Koningsstraat 18 in Hilversum. Ungefähr zur selben Zeit wird Max Salomon in Belgien verhaftet. Über das französische Camp de Concentration de Saint-Cyprien und mehrere andere Stationen deportieren die deutschen Besatzer Max nach Auschwitz. 1942 wird er ermordet.[11]

Roberts Sohn Hans besucht nach Beendigung der Volksschuljahre in Vaals zunächst die Handwerksschule Hilversum. Den gewünschten Abschluss kann er nicht machen, was mit der schwierigen finanziellen Situation der Familie zusammenhängt, vor allem verursacht durch die Kosten der Emigration. Hinzu kommt die antisemitische und repressive Politik der deutschen Besatzer. Hans wird der weitere Besuch der Technischen Hochschule bzw. Handwerksschule verwehrt, am 1. September 1941 muss er die Schule verlassen. Die Monate danach versucht er vergeblich, Arbeit zu finden.[12]

Da auch Robert in den zuvor genannten Städten keine langfristige Anstellung erhält und der Druck auf jüdische Menschen immer weiter steigt, zieht die Familie nach Amsterdam. Dort ist zu dieser Zeit die größte jüdische Gemeinde der Niederlande angesiedelt. Paul-Rudi besucht in Amsterdam für kurze Zeit die Hogere Burger-School. Er beabsichtigt, nach seinem Abschluss als Flugzeugingenieur zu arbeiten. Die repressive Politik der deutschen Besatzer vereitelt den Plan, Paul-Rudi beginnt eine Handwerksausbildung an einer jüdischen Schule in der Nähe von Hilversum. Von dort wechselt er in die jüdische Fachschule in der Rapenburgerstraat 2, wo er den Beruf des Malers und Anstreichers erlernen möchte. Auch hier kann er seine Ausbildung nicht beenden, die Schule muss geschlossen werden. Die meisten Lehrer sind bereits deportiert worden.

Trotz der repressiven Maßnahmen der Nationalsozialisten versucht Robert, seinen Kindern weiterhin ein gesichertes Leben zu ermöglichen. Hilfe bekommt die Familie von Verwandten, besonders Else Minas Mutter, Emma Seelmann,[13] stattet sie mit dem Nötigsten aus und häkelt Kleinigkeiten zum Verkauf an Freunde und Bekannte. Diese Zuwendungen der Verwandten, Zeichen eines starken Familienbundes, sind die einzigen mehr oder minder konstanten Einnahmequellen während ihrer Zeit in Amsterdam.[14] Emma flieht nach 1939 ebenfalls in die Niederlande. Die Geschwister Else Minas werden vor Beginn der Deportationen in einem ›Flüchtlingslager‹ interniert, können jedoch 1938 nach Chile auswandern. Wahrscheinlich soll Emma denselben Weg nehmen, wird aber durch die deutschen Behörden aufgehalten. Sie lebt zunächst in Vaals, dann zieht sie weiter nach Hilversum, anschließend nach Amsterdam. Bis zu ihrer Deportation ist sie immer in unmittelbarer Nähe ihrer Tochter.

Deportation der Familie

Ab 1942 ist es jüdischen Bürgern unmöglich, einen offiziellen Beruf auszuüben. In Amsterdam angekommen, lebt die Familie vorübergehend in der Biesboschstraat 14. Die Zwangskennzeichen für Personen, die nach den ›Reichsbürgergesetzen‹ von 1935 rechtlich als ›Juden‹ gelten, betreffen auch die Familie. Ab Mai 1942 müssen sie den von den Nazis als Judenstern bezeichneten gelben Stern tragen. Es wird unmöglich, ein friedliches, unauffälliges Leben zu führen. Materielle Güter werden beschlagnahmt, in die Ausweise stempeln Vertreter der Nationalsozialisten ein ›J‹. Außerdem dürfen jüdische Menschen keinen Handel mehr betreiben und müssen sich an eine Ausgangssperre zwischen 20:00 und 6:00 Uhr halten.[15] Die finanziellen Probleme führen letztlich dazu, dass die Familie in einer kleinen, nur mit dem Nötigsten eingerichteten Wohnung in Amsterdam ausharrt. Beide Söhne beschreiben diese Wohnung im Nachhinein als unzumutbar.

Die Festnahme der Familie

Die Familie hat Angst, die Amsterdamer Wohnung zu verlassen, die deutschen Besatzer und ihre Helfer könnten sie jederzeit entdecken. Aber selbst innerhalb der eigenen Wohnung sind sie nicht mehr sicher. Im Februar 1942 werden Robert und Else Mina festgenommen, anschließend in das Polizeiliche Judendurchgangslager Westerbork überstellt. Die Familie wird getrennt, es bleibt die Ungewissheit über das Schicksal des jeweils anderen. Am 20. Juni 1943 nehmen deutsche Soldaten Roberts Sohn Paul-Rudi fest und überweisen ihn ebenfalls nach Westerbork. Im Lager verbleibt er vom 20. Juni 1943 bis zum 25. Januar 1944, anschließend bringen ihn die deutschen Besatzer in verschiedene Lager, in denen er Zwangsarbeit leisten muss. Auch Roberts Schwiegermutter Emma verhaften die deutschen Besatzer und überführen sie am 12. März 1943 in das Lager Westerbork. Acht Monate später, am 18. Januar 1944, deportieren die Nationalsozialisten sie in das Konzentrationslager Theresienstadt. Hier bleibt sie bis zu ihrer Befreiung durch die Alliierten am 8. Mai 1945 eingesperrt. Anders als seine Familie entgeht Hans einer Festnahme und begibt sich zunächst in den Untergrund. Er findet mit Hilfe des zuvor genannten couragierten Ehepaars Timmers vorübergehend Zuflucht bei einer anderen jüdischen Familie in der Roompotstraat 11 in Amsterdam, bis er ab Juli 1942 erneut bei den Timmers untertauchen kann.[16]

Nach ihrer Verhaftung 1942 kommen Robert und Ehefrau Else Mina am 20. Juni 1943 in das Lager Westerbork. Das Lager ist eine von zwei niederländischen ›Sammelstellen‹ für Menschen, die weiter in Konzentrations- bzw. Vernichtungslager im Osten, vor allem nach Auschwitz-Birkenau und Sobibor, deportiert werden. Robert und Else Mina sowie 947 weitere Menschen kommen auf Befehl des Lagerkommandos am 25. Januar 1944 in das Vernichtungslager Auschwitz-Birkenau. Nach ihrer Ankunft am 27. Januar 1944 werden die beiden ermordet. Das Todesdatum ist der 28. Januar 1944.[17]

Paul-Rudi, jugendlicher Zwangsarbeiter

Auch Paul-Rudi wird von Westerbork nach Auschwitz überführt. Er entgeht der Ermordung, muss jedoch unter unmenschlichen Bedingungen arbeiten. Sein handwerkliches Geschick und die angestrebte Flugzeugingenieursausbildung helfen Paul-Rudi insofern, als das ›Selektionskommando‹ ihn für höhere Arbeiten einteilt, so unter anderem im Konzentrationslager Auschwitz III Monowitz für I.G. Farben. Mit dem ›Räumungsbefehl‹ für Auschwitz ab Januar 1945 starten organisierte Häftlingstransporte unter anderem in das Konzentrationslager Mittelbau-Dora. Als einer von ungefähr 16.000 Neuankömmlingen arbeitet Paul-Rudi dort drei Monate lang. Im Lager sind die Häftlinge zunächst vor allem in der gefährlichen Stollenanlage. Die höhere Qualifikation Paul-Rudis legt jedoch nahe, dass er in der umfunktio-

nierten Rüstungsfabrik eingesetzt wurde. Dort bauen Gefangene mehrere tausend Raketen; die Fabrik gilt als wertvolle Produktionsstätte
für kriegswichtige Ressourcen.[18]

Vor der Befreiung durch amerikanische Truppen am 11. April beginnen die Todesmärsche von Häftlingen in verschiedene andere Konzentrationslager, so auch zum Konzentrationslager Sachsenhausen. Noch
kurz vor Kriegsende, ab dem 8. April 1945, leistet Paul-Rudi als Überlebender des Todesmarschs für drei Wochen im Konzentrationslager
Sachsenhausen Zwangsarbeit. Wahrscheinlich muss er einem weiteren Todesmarsch aus Sachsenhausen folgen, erreicht jedoch, nachdem
die letzten SS-Wachleute geflohen sind, mit anderen Häftlingen die
alliierten Truppen in der Nähe von Pachim.[19]

Mit falschen Papieren

Anders ergeht es Paul-Rudis älterem Bruder, der sich zuerst weiter in
einem Versteck aufhält. Die meiste Zeit verharrt er in einem kleinen
Raum oberhalb eines Schranks, das Haus darf er nicht verlassen. Für
kurze Zeit lebt er bei anderen Verwandten des Ehepaars Timmers in
der Nähe von Den Haag, kehrt aber schon bald zurück. Bis Anfang
1944 lebt er bei ihnen in der Straße Stadionkade 69 in Amsterdam. Sie
organisieren gefälschte Papiere für Hans, Frau Timmers mietet zudem
das Zimmer einer Pension in Roermond für ihn an. Im Zuge anste-
hender Zwangsarbeit im Frühjahr 1944 müssen sich alle männlichen
Bewohner Roermonds auf dem Marktplatz versammeln. Mit Hilfe des
gefälschten Ausweises kann er zwar der direkten Deportation entgehen, dennoch wählen die deutschen Besatzer ihn wegen seines jungen
Alters als Zwangsarbeiter aus.

Ab dem 2. August 1944 sammeln die deutschen Besatzer die Arbeiter
im Gefängnis von Maastricht. Von dort aus kommt Hans zum ›Ar-
beitsdienst‹ nach Deutschland. Hier arbeitet er zeitweise unter Tage
in einer Grube, vermutlich in der Grube Emil Mayrisch nahe Siersdorf.
Mit Blick auf die anrückenden Alliierten verlagern die Nationalsozia-

listen die Gefangenen. Bis zum Kriegsende leistet Hans Zwangsarbeit in Köln-Müngersdorf. Verfolgung und Zwangsarbeit hinterlassen deutliche Spuren. Hans muss den Verlust der eigenen Eltern und vieler Verwandter verarbeiten, hinzu kommen körperliche Schäden, die schließlich zu seiner Arbeitsunfähigkeit führen. Als ältester Sohn übernimmt Hans dennoch die Aufgabe, sich um seinen jüngeren Bruder Paul-Rudi und die gelähmte Großmutter Emma zu kümmern. Die abgebrochene Ausbildung kann er deswegen nicht mehr aufnehmen.[20]

Nach der Befreiung

Nach der Befreiung kehrt Paul-Rudi zu den Überlebenden seiner Familie nach Hilversum zurück. Auch er trägt schwere psychische und physische Verletzungen durch Verfolgung und Zwangsarbeit. Er ist für längere Zeit arbeitsunfähig und auf die Hilfe seines Bruders angewiesen. Bei dem Versuch, seine abgebrochene Ausbildung wiederaufzunehmen, teilt das Arbeitsamt ihm mit, dass er zu alt sei, um den alten Ausbildungsplatz zu erhalten. Paul-Rudi gibt aber nicht auf und beginnt eine neue Ausbildung zum Bäcker.

Großmutter Emma lebt nach ihrer Rückkehr aus Theresienstadt anfangs in Hilversum bei Hans und Paul-Rudi, bis sie 1947 zu ihren Kindern nach Chile emigriert. Von ihren fünf Kindern überleben zwei die Verbrechen der Nationalsozialisten. Emma ist durch eine Lähmung auf den Rollstuhl angewiesen, auch erblindet sie fast. Infolgedessen muss sie sich in Chile mehreren Augenoperationen unterziehen. Sie stirbt am 6. September 1954 in Santiago im Alter von 84 Jahren. Schon im November 1947 folgt Paul-Rudi seinem Onkel und Emma nach Chile. Mit dem Dampfer Cordoba fährt er von den Niederlanden aus nach Argentinien, von dort aus weiter nach Chile. Er gründet eine Familie und arbeitet zunächst als kaufmännischer Angestellter. Einige Male wechselt er noch den Beruf, unter anderem arbeitet er als Konditor. Er bemüht sich um die chilenische Staatsbürgerschaft. Hans kann Arbeit als Instrumentenmacher in Kanada finden. Er heiratet und wird Vater von zwei Kindern.[21]

1   Vgl. Katja Bauer: Der Beitrag der Raiffeisengenossenschaft zur Überwindung des Wuchers. Münster 1993. S. 51f. | Vgl. Manfred Bierganz u. Annelie Kreutz: Juden in Aachen. Aachen 1988. S. 39f. [künftig zitiert: Bierganz: Juden in Aachen]. | Vgl. Adressbücher von Aachen und Umgebung zwischen 1899-1905. http://digitale-sammlungen.ulb.uni-bonn.de/periodical/titleinfo/5878401 (14.06.2018).

2   Vgl. Dieter Peters: Der jüdische Friedhof in Aachen Lütticher Straße. Dokumentation der Grabsteine und Auswertung des Beerdigungsregisters 1829-2000. Aachen 2001. S. 46 [künftig zitiert: Peters: Jüdischer Friedhof]. | Vgl. Adressbücher von Aachen und Umgebung der Jahre 1905-1913. http://digitale-sammlungen.ulb.uni-bonn.de/periodical/titleinfo/5878401 (14.06.2018).

3   Vgl. Adolf Kober: Aus der Geschichte der Juden im Rheinland. In: Zur Geschichte und Kultur der Juden im Rheinland. Hg. v. Falk Wiesemann. Düsseldorf 1985. S. 86f. | Vgl. Peters: Jüdischer Friedhof. S. 46.

4   Vgl. Heiratsurkunde von Robert und Else Mina Salomon, 28.08.1953, LAV NRW R, BR 3000 1114. | Vgl. Entschädigungsverfahren der Frau Hilde Salomon, 05.05.1960, ebd. | Vgl. Zeugenaussage Gerda K., 04.02.1960, ebd.

5   Vgl. Rene Rohrkamp u. Ingo Deloie: »Und Salomon spielt längst nicht mehr ...«. Alemannia Aachen im Dritten Reich. Göttingen 2017. S. 49 [künftig zitiert: Rohrkamp/Deloie: Alemannia Aachen].

6   Ebd. S. 92.

7   Vgl. Bierganz: Juden in Aachen. S. 17. | Vgl. Bettina Klein: Spuren jüdischen Lebens in Aachen von 1850 bis 1938. Aachen 1997. S. 17ff. | Vgl. Vereins-Historie. Geschichte der Alemannia. http://www.alemannia-aachen.de/archiv/vereinshistorie/ (14.06.2018). | Vgl. Gedenken an Alemannia-Mitglieder. http://www.alemannia-aachen.de/aktuelles/nachrichten/details/Gedenken-an-Alemannia-Mitglieder-21486j (14.06.2018).

8   Bevölkerungsregister der Gemeinde Vaals, 14.05.1946, LAV NRW R, BR 3000 1114.

9   Vgl. Rohrkamp/Deloie: Alemannia Aachen. S. 138.

10 Die Beschuldigung in Sachen Devisenhandel bedient nicht zuletzt das antisemitische Stereotyp des ›jüdischen Spekulanten‹. Für die tatsächliche Schuld gab es nicht einen Beweis.

11 Vgl. Rohrkamp/Deloie: Alemannia Aachen. S. 92ff.

12 Vgl. Antwortschreiben von Timmers-Witthof, 02.07.1960, LAV NRW R, BR 3000 1114. | Vgl. Beglaubigte Wohnbescheinigung des Bürgermeisters und Schöffen von ´s-Gravenhage, 26.08.1955, Bezirksregierung Düsseldorf, Dezernat 15, ZK 613.425.

13 Schwiegermutter Emma Seelmann wurde am 23.08.1870 in Haltern, Westfalen, als gebürtige Weyl geboren. Sie heiratet Julius Seelmann im Jahre 1892. Neben Else Mina hat das Ehepaar Julius und Emma Seelmann vier weitere Kinder. Die Familie führt ein großbürgerliches Leben, ermöglicht durch ihr Geschäft, das sich auf den Verkauf von Betten und Bettzubehör spezialisiert hat. Als der Ehemann am 20. September 1932 stirbt, übernimmt Emma einige Aufgaben des Geschäfts, weswegen sie anders als Robert und seine Familie noch bis 1939 in Deutschland bleibt. Unter dem Druck der nationalsozialistischen Repressionen und Verfolgungs-

maßnahmen wird das Geschäft zum 30. Dezember 1938 geschlossen und zwangsversteigert.

14 Vgl. Antwortschreiben von Timmers-Witthof, 02.07.1960, LAV NRW R, BR 3000 1114.

15 Vgl. Stefan Kirschgens: Wege durch das Niemandsland. Dokumentation und Analyse der Hilfe für Flüchtlinge im deutsch-belgisch-niederländischen Grenzland in Jahren 1933 bis 1945. Bonn 1998. S. 190 [künftig zitiert: Kirschgens: Niemandsland]. | Vgl. Internationaler Suchdienst des Internationalen Roten Kreuzes, LAV NRW R, BR 3000 1114. | Vgl. Zeugenaussage Maria Johanna Timmers, 06.10.1956, ebd.

16 Vgl. Entschädigungsverfahren des Paul-Rudi Salomon, 12.04.1957, LAV NRW R, BR 3000 1114. | Vgl. Kirschgens: Niemandsland. S. 191. | Zeugenaussage Maria Johanna Timmers, 06.10.1956, LAV NRW R, BR 3000 1114.

17 Vgl. Nanda van der Zee: »Um Schlimmeres zu verhindern …«. Die Ermordung der niederländischen Juden: Kollaboration und Widerstand. Amsterdam 1997. S. 279. | Vgl. Internationaler Suchdienst des Internationalen Roten Kreuzes, LAV NRW R, BR 3000 1114. | Vgl. Familienstand der Gemeinde Amsterdam, 10.11.1953, ebd.

18 Vgl. Nikolaus Wachsmann: KL. Die Geschichte der nationalsozialistischen Konzentrationslager, Bonn 2016. S. 513ff. u. 641f. [künftig zitiert: Wachsmann: KL].

19 Vgl. Antrag auf Grund des Bundesergänzungsgesetzes zur Entschädigung für Opfer der nationalsozialistischen Verfolgung (BEG), 07.01.1955, LAV NRW R, BR 3000 1114. | Vgl. Wachsmann: KL. S. 673f.

20 Vgl. Antrag auf Grund des Bundesergänzungsgesetzes zur Entschädigung für Opfer der nationalsozialistischen Verfolgung (BEG), 26.08.1955, Bezirksregierung Düsseldorf, Dezernat 15, ZK 613.425. | Vgl. Eidesstaatliche Erklärung von Hans Salomon, 20.10.1956, ebd.

21 Vgl. Entschädigung für die Erbengemeinschaft Salomon nach Frau Emma Salomon geborene W., 12.11.1958, BR Düsseldorf, Dezernat 15, ZK 613424 a + b. | Vgl. Bescheid in der Entschädigungssache des Hans Salomon, 18.02.1957, BR Düsseldorf, Dezernat 15, ZK 613.425.

Oberkantor Bernhard Alt – (k)ein Leben für die Musik

geboren am 11. November 1894

Eine Biografie von Klaus Scherberich[1]

Bernhard Alt stammte aus Kalisch (Polen), wo er am 11. November 1894 geboren wurde. Die nächste Station seines Lebens, die den Akten zu entnehmen ist, sieht ihn im Jahre 1920 bereits in Berlin-Pankow wohnend. In Berlin lernte er vermutlich auch seine künftige Frau, die aus Kattowitz stammende, nur wenige Monate jüngere Blanca Freuthal kennen. Sie wohnte in Charlottenburg und dort heirateten sie auch im April 1920. Nach einem kurzen Intermezzo in Barmen zogen die Eheleute 1922 wieder nach Berlin, wo sie im August des folgenden Jahres ihre Tochter Birgit bekamen. Noch im gleichen Jahr zog die junge Familie nach Danzig, wo Bernhard Alt die nächsten sechs Jahre tätig war, vermutlich als Kantor.

Im Februar 1929 wurde er zum neuen Oberkantor der Synagogengemeinde Aachen gewählt. Ein Grund dafür dürfte neben seinem musikalischen Können darin gelegen haben, dass er als Vertreter eines liberalen Judentums der in der jüdischen Gemeinde in Aachen vorherrschenden Glaubensrichtung entsprach. Diese Grundüberzeugung vermittelte er seiner künftigen Gemeinde unter anderem durch seinen Beitrag ›Der Sinn der Orgel‹ kurz vor seinem Wechsel von Danzig nach Aachen.

Dort trat er sein neues Amt als Oberkantor am 1. April 1929 an. Sein berufliches Aufgabenfeld als 1. Kantor, Religionslehrer und Rendant war umfangreich, vielfältig und wies ihm eine zentrale Rolle in der Gemeinde zu. So war er etwa im Rahmen des 1. Kantoramtes in der

Orgel-Synagoge zuständig für das Vorbeten am Sabbat und an den Feiertagen, für das Vorlegen der Thora und Schofarblasen, das Vortragen der deutschen Gebete am Sabbat, an Feiertagen und beim Jugendgottesdienst sowie für die Vornahme der sogenannten Kasualien (Bar-Mizwas, Hochzeiten, Beerdigungen), wenn der Rabbiner verhindert war. Außerdem sollte er an den Synagogen-Proben für Gesänge von Chor und Kantor teilnehmen, Religionsunterricht an der Religionsschule sowie den mittleren und höheren Schulen erteilen und den Rabbiner und den Religionslehrer im Unterricht vertreten. Als Rendant übernahm er die Aufgaben des bisherigen Rendanten, darunter auch die Geschäfte des Jüdischen Armenunterstützungsvereins, und die Vertretung des Gemeindesekretärs.

Wenige Monate nach dem Umzug nach Aachen, wo die Familie in der Eintrachtstraße 10 eine Wohnung fand, kam im Juli 1929 der Sohn Lutz zur Welt. Im Jahr darauf begann für die Tochter die Schulzeit in der öffentlichen Volksschule Friedensstraße; 1931 wechselte sie an die öffentliche jüdische Volksschule.

Zu den Aufgaben Alts gehörte es auch, bei größeren Feiern jeglicher Art für einen würdigen musikalischen und künstlerischen Rahmen zu sorgen. Dabei trat er teils als Solist auf, wie etwa im Juni 1929 bei der Theodor-Herzl-Gedenkfeier anlässlich dessen 25. Todestages, bei der großen Trauerfeier für Dr. Oscar Francken im Juni 1932, der über 25 Jahre Vorsteher der Gemeinde gewesen war, oder beim Drei-Kantoren-Konzert des Synagogenchor-Vereins zu Gunsten des Wohlfahrtsamtes der Gemeinde in der Synagoge im März 1935. Teils wirkten auch von ihm geleitete Gruppen bei solchen Anlässen mit, zum Beispiel der Kinderchor bei der Abschiedsfeier für die aus ihrem Amt scheidenden Lehrer der Israelitischen Volksschule Salomon Dublon und Hermann Wallach im März 1932 oder die ›Junggruppe‹ des Vereins der jüdischen Jugend, die im Februar 1930 beim traditionellen Purimfest das Schattenspiel David in der Löwengrube aufführte.

Aber auch in anderen Bereichen der Gemeinde engagierte er sich. So übernahm er bereits im Januar 1930 von dem Rabbiner Dr. Davin

Schönberger den Vorsitz der Ortsgruppe Aachen des Jüdisch-Liberalen Vereins, den er im Juli des gleichen Jahres auch auf der Tagung des Weltbundes für religiös-liberales Judentum in London vertrat, und wurde im Januar 1936 bei der Gründungsversammlung des Clubs der Jüdischen Jugend zu Aachen in den Vorstand gewählt. In zahlreichen Vorträgen nahm er zu verschiedenen Themen Stellung, so etwa beim Aachener Israelitischen Männerverein Chebrath Gemilluth Chassadim über ›Die Melodien im jüdischen Gottesdienst‹ im Januar 1930, einen Monat später beim Jüdisch-Liberalen Verein zur Frage ›Kann man Religion unterrichten?‹ oder im Dezember 1933 bei der Chanukka-Feier der Sportgruppe des Reichsbundes jüdischer Frontsoldaten über den Begriff des Heldentums. In kurzer Zeit wurde Bernhard Alt zu einer der führenden und prägenden Persönlichkeiten der jüdischen Gemeinde in Aachen. Er baute sich und seiner Familie eine gutbürgerliche Existenz in der Stadt auf. Etwa 1933 zogen sie in eine größere Wohnung in der 1. Etage des Hauses Bismarckstraße 152 um, die nach Zeugenaussagen herrschaftlich eingerichtet war.

Wir wissen nicht, welche Demütigungen, Schikanen und Beeinträchtigungen die Familie Alt vor der Reichspogromnacht bereits ertragen musste, aber diese reichsweit organisierte Verfolgung stellte einen Einschnitt dar, der ihr berufliches und privates Leben schlagartig zerstörte. In der Nacht vom 9. auf den 10. November 1938 wurde Bernhard Alt von der Gestapo aus dem Bett geholt, in Pyjama und Hausschuhen verhaftet und zunächst in das Gerichtsgefängnis in Aachen verschleppt. Bei den Misshandlungen wurden ihm fast alle Zähne ausgeschlagen. Am nächsten Tag wurde er in derselben Kleidung auf den Transport in das KZ Buchenwald gebracht, wo sich weitere Misshandlungen und gesundheitliche Schädigungen anschlossen. Frau Alt versuchte währenddessen bei der Gestapo in Aachen, die Freilassung ihres Mannes zu erreichen. Erst nach vier langen Wochen gelang ihr dies. Offenbar hatte sie sich, wie auch in vergleichbaren Fällen belegt, unter dem Druck der Verfolgung für sich und ihre Familie zur Ausreise ins Ausland und damit zum Verlust ihrer Heimat verpflichtet. Aus Buchenwald kehrte Alt als physisch und psychisch gebrochener Mann zurück. Nach Aussage seiner Frau war er nach dem KZ ein menschliches Wrack mit doppelseitiger Lungenentzündung, Darmbluten, ausgeschlagenen Zähnen, Gehörstörungen und nervlichem Zusammenbruch – ein Mann, der aussah wie ein 80-jähriger Greis.

Es musste nun für die Familie darum gehen, sich möglichst rasch weiteren Verfolgungen zu entziehen. Zusammen mit seinem Sohn verließ Bernhard Alt, nachdem sie Mitte Januar vom belgischen Generalkonsulat in Aachen die Genehmigung zur Einwanderung nach Belgien erhalten hatten, Ende Februar 1939 über die Grenzstelle Herbesthal die Heimat. Seine Frau und die Tochter blieben zunächst noch in Aachen, um sich um die Wohnungsauflösung etc. zu kümmern. Mitte März erhielt Blanca Alt die Genehmigung, wenigstens einen Teil ihres Hausrats – insbesondere das Kinderschlafzimmer und den Inhalt der Schränke – mit ins Ausland zu nehmen. Die wertvollen Silbersachen, unter anderem sieben religiöse Geräte aus schwerem Silber, und der Schmuck mussten dagegen abgeliefert werden. Etwa gleichzeitig wurde sie von ihrem Vermieter aufgefordert, die Wohnung unverzüglich zu räumen. Die Dinge, die sie mit ins Exil nehmen durfte, ließ sie daher einlagern und von einer Spedition in den Hamburger Hafen bringen. Das restliche Mobiliar wurde weit unter Wert zwangsversteigert. Alts erhielten nichts von dem Erlös, mit lediglich zehn Mark in den Taschen mussten sie Deutschland den Rücken kehren.

Während Blanca Alt ihrem Mann und dem Sohn nach Belgien folgte, schickte sie ihre Tochter, die ihre Schule St. Ursula im November 1938 nach dem Schulverbot für jüdische Schüler an ›deutschen Schulen‹ verlassen musste, im April 1939 mit einem Kindertransport zu einer Familie nach Leeds in England, die sie als unbezahltes Dienstmädchen gebrauchte. Alts lebten in Brüssel, wo sie keine Arbeitserlaubnis erhielten, von der Flüchtlingsfürsorge in menschenunwürdigsten Verhältnissen. Ihr Sohn wurde in einem Waisenhaus untergebracht, wo er halb verhungerte. Monatelang bemühten sie sich um ein Einreisevisum in die USA, wo sie Verwandte besaßen, bis Anfang September 1939 endlich ihre Anerkennung als Immigranten durch den amerikanischen Generalkonsul in Antwerpen erfolgte. Die Kosten für die gemeinsame Überfahrt von Rotterdam aus – die Tochter reiste dafür von England nach Belgien – liehen sie sich von ihren amerikanischen Verwandten, sodass sie Ende Oktober in New York endlich, wenn auch völlig mittellos, ja sogar verschuldet, den Boden ihrer neuen Heimat betreten konnten. Ihre sämtlichen Möbel und ihr Hausrat blieben zurück, angeblich verbrannte ihr im Hamburger Hafen eingelagerter Besitz infolge eines nächtlichen Fliegerangriffs auf die Stadt im Oktober 1940.

Soweit es seine Gesundheit erlaubte, arbeitete Bernhard Alt seit November 1939 bei Temple Beth El, einer jüdischen konservativen Gemeinde in Milwaukee (Wisconsin), als Hebräisch- und Religionslehrer an der dortigen Hebrew School, wo er ein unregelmäßiges, verhältnismäßig geringes Einkommen bezog. Um die Familie zu ernähren, war seine Frau gezwungen, im Akkord in Fabriken zu arbeiten, und auch die beiden Kinder mussten von Anfang an mitarbeiten und wurden so am normalen Verlauf ihrer Schul- und Ausbildung gehindert. Daher sah sich die Tochter gezwungen, nach ihrem Abschluss an der Washington High School in Milwaukee 1941 nach New York zu gehen, das Diamantenschleifen zu lernen und im Akkord zu arbeiten. Der Sohn machte 1947 seinen Schulabschluss, konnte aus Geldmangel aber erst Jahre später ein Studium aufnehmen.

Es gelang Bernhard Alt aufgrund seiner bei der Verfolgung erlittenen physischen und psychischen Schädigungen nicht mehr, in den USA dauerhaft Fuß zu fassen und für sich und seine Familie ein neues Leben aufzubauen. Sein Gesundheitszustand verschlechterte sich zusehends. 1942 wurde er deswegen entlassen und Alts siedelten ebenfalls nach New York über. Seit 1943 wurde er wegen schwerer Depressionen behandelt, er war längere Zeit arbeitsunfähig und auch sein Wesen veränderte sich. Um die Jahreswende 1948/49 nahm er noch einmal für etwa ein halbes Jahr eine Arbeit an einer Gemeinde in Connecticut auf, bevor ein erster Schlaganfall einen monatelangen Krankenhausaufenthalt zur Folge hatte. Auch nach der Entlassung musste er zuhause Ruhe halten. 1950 erlitt er einen zweiten Schlaganfall, gefolgt von einer Lähmung der gesamten linken Körperhälfte. Bis zum Juli 1951 musste er im Krankenhaus bleiben. Dort verstarb er an den Folgen eines dritten Schlaganfalls am 25. Juli 1951 in New York, erst 56 Jahre alt.

1   Die hier vorgelegte Lebensskizze von Berhard Alt und seiner Familie basiert auf den Informationen, die den Akten von ihm, seiner Frau und von ihren beiden Kindern aus den Wiedergutmachungsverfahren zu entnehmen sind, außerdem auf Herbert Lepper: Von der Emanzipation zum Holocaust. Die Israelitische Synagogenge-meinde zu Aachen 1801–1942. Geschichtliche Darstellung. Bilder – Dokumente – Tabellen – Listen. 2 Teile (Veröffentlichungen des Stadtarchivs Aachen 7–8). Aachen 1994.

»Dann ziehen wir auch weg!«

Ein autobiografischer Bericht von Friederike Goertz

Am 10. Juli 2018 teilte Friederike Goertz, geborene van der Weyden, ihre Lebenserinnerungen mit Studierenden des Seminars ›Biographien jüdischer NS-Opfer‹ an der RWTH Aachen University. Verschriftlicht wurde ihre Erzählung vom Leiter des Seminars, Dr. Christian Bremen.

Ich bin am 13. Februar 1934 in einem Krankenhaus in Mönchengladbach geboren. Ich glaube, dass ich sehr klein war. Winzig, meine Mutter hat das immer gesagt. Und im Grunde wollte sie, da mein Vater katholisch war, dass ich getauft wurde. Dann ist mein Vater aber wohl nicht mal zur Taufe gekommen. In Mönchengladbach war Karnevalsdienstag; ich nehme an, er ist versackt. Aber meine Mutter hat es anders gedeutet und meinte, er sei enttäuscht gewesen, weil ich ein Mädchen war. Früher war das so. Die Nonnen, die da waren, haben mich getauft. Die haben sicherlich gedacht ›Nottaufe‹, weil ich so klein gewesen bin. Und so habe ich einen Taufschein erhalten, der auch immer mitgewandert ist, wenn ich irgendwo meinen Wohnsitz gewechselt habe.

Scheidung der Eltern

Meine Mutter, Martha Herz aus Erkelenz, hatte gegen den Willen ihres Vaters geheiratet. Ihr Mann, also mein Vater, Franz van der Weyden, kam aus einer katholischen Familie in Mönchengladbach.

Er trat in die NSDAP ein. Als ich zwei Jahre alt war, ließ sich meine Mutter scheiden. Es gab dann ein Gerichtsverfahren, da sagte der Richter, dass sie sich nichts zuschulden hat kommen lassen und dass ein Mädchen zu seiner Mutter gehört. Mein Großvater sah sich durch die Trennung in seiner Haltung bestätigt. Als meine Mutter nach Hause wollte, hat er sie aber nicht wieder bei sich aufgenommen.

Meine Mutter ist als junges Mädchen in der Höheren Töchterschule in Erkelenz gewesen. Die wurde von Nonnen geleitet. Sie kannte alle Vorschriften und hat mich nach ihren Möglichkeiten erzogen. Ich habe als Kind wenig von der jüdischen Religion erfahren. Später ist meine Mutter oft, wenn sie mich in die Messe geschickt hatte, hinter mir hergegangen. Dann kamen meine Mitschüler und sagten: »Deine Mutter steht wieder draußen.« Dann kam sie gucken, ob ich auch wirklich in die Messe ging. Ich konnte Weihrauch schlecht vertragen, dann ging ich schon mal raus; aber so wurde ich immer gewarnt, wenn meine Mutter draußen stand. Einmal ist sie sogar auf mich zugekommen und hat gesagt: »Du gehst in die Kirche. Das geht nicht, dass du hier draußen herumbummelst und einfach sagst, du verträgst den Weihrauch nicht.« Also, sie hat sehr darauf bestanden, mich im katholischen Glauben zu erziehen.

Waisenhaus

Meine Mutter musste ihren Lebensunterhalt alleine verdienen. Und da hat sie mich, weil sie in einer jüdischen Metzgerei arbeitete, für eine Zeit in ein Waisenhaus gegeben. Sie kam mich aber jede freie Minute dort abholen und daran habe ich auch sehr gute Erinnerungen. Aber meine Puppe, die wurde immer eingeschlossen. Wir bekamen nur zu bestimmten Zeiten unsere Spielsachen. Alle Kinder spielten mit allen Sachen. Im Waisenhaus habe ich Gemeinschaftssinn gelernt. Meine Mutter wollte mich aber mit allen Mitteln wieder bei sich haben. Und dann hat sie einen jüdischen Mann kennengelernt und geheiratet.

Mein Stiefvater Emil Vaßen betrieb eine Lederhandlung in Düren. Nach der Hochzeit zogen wir zu ihm. Ich behielt meinen Namen. Dann ist mein Stiefvater, ich glaube 1939, schon abgeholt und später ermordet worden. Was die Nazis betrifft, da kam es auch bei uns zu Haus- und Wohnungsdurchsuchungen. Meine Mutter hat immer den Schmuck von ihrer Tante aufbewahrt. Ich kann mich noch an die SS-Männer mit ihren großen Hüten und Ledermänteln erinnern. Die gingen einfach an unseren Kleiderschrank. Ich habe geweint und gerufen: »Das ist doch von Tante Klara!« Ich kann mich an diese Männer noch erinnern, wie die in unserer Wohnung an den Kleiderschrank gingen und später hat meine Mutter mir erzählt, die suchten angeblich nach geheimen Papieren. Aber die waren auf den Schmuck aus.

Judenhaus in Düren

Nach der Deportation des Stiefvaters mussten wir in ein Sammellager, die sogenannte Gerstenmühle, umziehen. Da wohnten nur jüdische Familien. Uns wurde ein kleines Zimmer zugewiesen, den größten Teil unserer Einrichtung konnten wir mitnehmen. Ich durfte weiter zur Schule gehen. Als wir ins Internierungslager zogen, stand da ein kleines Mädchen, ich dachte so alt wie ich, in einem schönen Kleidchen und sagte: »Du brauchst nicht zu weinen, ich wohne ja auch hier. Jetzt können wir immer zusammen spielen.« Das war ein jüdisches Kind, Anita Lichtenstein. Sie durfte nicht mehr zur Schule gehen. Sie kam immer gucken, wenn ich aus der Schule kam, was ich in der Schule gelernt hatte und was ich auf der Tafel stehen hatte. Sie konnte trotzdem schon besser lesen als ich, aber ich glaube, ich konnte besser rechnen. Dann haben wir meistens bei uns gespielt. Und Frau Lichtenstein war oft bei uns; sie waren wie Verwandtschaft.

Eines Tages kam Dechant Fröls von der St. Anna Kirche zu uns in die Gerstenmühle. Er sagte zu meiner Mutter: »Die Kinder aus der Jahrgangsstufe gehen jetzt zur Kommunion. Sie soll mich mitgehen lassen, das könnte mal mein Leben retten.« Da hat meine Mutter noch gesagt, sie wisse nicht, wo sie ein Kommunionkleid herbekomme. Und da hat der Pfarrer Fröls gesagt, er sorgt für alles, wenn sie ihr Einverständnis gibt.

Dann kam mein Kommunionstag. Pfarrer Fröls meinte zu meiner Mutter, sie könne mit in die Kirche kommen, aber sonst keiner von den Mitbewohnern. Jedenfalls ist meine Mutter mit mir in die Kirche; ich saß ziemlich weit vorne. Und dann habe ich während der Kommunionfeier Krach vernommen, allerdings ohne zu wissen, was passiert war. Die SA hatte meine Mutter aus der Kirche gezerrt und zur Wache gebracht. Nach der Feier kam Pfarrer Fröls zu mir und meinte: »Komm, wir gehen mal raus, da wartet schon jemand.« Ich habe an meine Mutter gedacht, da war aber eine ältere Dame, die sagte: »Jetzt gehst du mit uns mit. Deine Mutti kommt später nach.« Sie und ihre Familie wohnten in Düren am Kaiserplatz. Es war ein Festmahl mit weiß gedecktem Tisch vorbereitet, so wie heute noch, wenn Kommunion gefeiert wird. Jedenfalls haben wir da schön gegessen und dann kam die Dame auch später in der kurzen Zeit, die wir noch in der Gerstenmühle waren, zu uns und brachte uns Essen. Als wir zurückkamen, haben die Lichtensteins Kuchen gebacken, und noch irgendjemand auf der Etage, und dann haben wir da nochmal Kaffee getrunken. Und Anita hat mir eine silberne Brosche geschenkt. Die habe ich heute noch. Von meinem Vormund Heinrich Lieck – Kinder aus Mischehen hatten ja einen katholischen Vormund – war ein Päckchen angekommen mit einer riesigen Schachtel Pralinen und mit Andersens Märchenbuch.

In diesem Märchenbuch haben Anita und ich oft gelesen. Das wurde irgendwann so eine Art Wettstreit. Wir wohnten zusammen, nur der Flur trennte uns nachts. Und dann hieß es irgendwann auf einmal: »Die Lichtensteins müssen weg.« Ich habe gesagt: »Dann ziehen wir auch weg!«, und es hieß: »Nein, das geht nicht.« Und dann wurde mir erklärt, da dürften keine fremden Kinder hin, wo die jetzt hingingen. Ich dachte anfangs, Anita könnte doch bei uns bleiben, einfach bei uns ins Zimmer; unsere Mütter hatten da noch beratschlagt und sich etwas ausgedacht. Aber Herr Lichtenstein hat dann nicht zugestimmt. Der konnte ja auch nicht wissen, dass sie in ein Vernichtungslager gebracht wurden.

Judenhaus in Kirchberg

Wir sind acht Tage später in die Villa Buth nach Kirchberg bei Jülich deportiert worden, das war eine alte Fabrikantenvilla, die als Internierungslager benutzt wurde. Wir wohnten dort quasi im Eingangsbereich. Der war unterteilt mit schweren Vorhängen. Wenn man von drinnen nach draußen schaute, wohnten wir linker Hand. In diesem Teil waren unser Bett, ein Sofa, ein Tisch mit zwei Stühlen und ein Herd. Und an der anderen Seite wohnte mein Großonkel mit seiner Frau. Die hatten so etwas wie eine Tür, aber da war auch ein Vorhang, also sie hatten praktisch auch ein Zimmer. Aber fließendes Wasser gab es nicht. Also durfte ich in eine Zinkwanne – die holte meine Mutter von irgendwo draußen – und dann machte sie auf dem Herd Wasser warm und ich badete darin. In diesem Gebäude war es immer kalt, das war ja früher mal ein großes Herrenhaus. Und die Dame aus Düren ist noch gekommen mit einem Koffer voller notwendiger Sachen. Ich sehe noch immer die Schuhcreme, die da drin war. Sie ist zwei, drei Mal da gewesen. Sie brachte aber keine Essenssachen. Nur für mich hatte sie ab und zu Schokolade.

Ich bin zur Schule gegangen und da sind auch wieder Kinder hinter mir her, wie in Düren, und haben mich beschimpft und dieses Mal sogar mit Dreck und Steinen beworfen. Ich habe keine Erinnerung mehr, ob ich in einer Klasse gesessen habe. Also, ich glaube, ich bin nur einmal dahin. Ich bin natürlich weinend nach Hause. Da hat meine Mutter gesagt, dass ich nicht mehr in die Schule muss. Der Bruder meines Großvaters hat dann Lesen mit mir geübt und meine Mutter und meine Großtante Schreiben und Rechnen. Ich fand es ganz gut, nur Anita fehlte mir.

Beim Vormund

Die Bewohner der Villa Buth wussten, dass das dort nur eine Zwischenstation war. Und als meine Mutter an der Reihe war und nach Theresienstadt deportiert werden sollte, hat sie vorher einen Pferdewagen organisiert, auch in Kirchberg, und ist mit mir nach Mönchengladbach zu meinem Vormund. Meine Mutter hat gesagt: »Als du zur Kommunion gegangen bist, hast du doch ein Märchenbuch bekommen und die Pralinen. Zu den Leuten fahren wir. Das sind Herr und Frau Lieck.« Wir haben dann den halben Tag in Mönchengladbach verbracht und Frau Lieck hat mich gefragt, ob ich zu ihnen ziehen würde, wenn meine Mutter wieder in eine andere Wohnung muss. Da habe ich meine Mutter natürlich gelöchert. Sie hat dann gesagt: »Ja, dann kannst du auch wieder zur Schule gehen und das sind doch nette Leute. Hast du gesehen, wie schön die wohnen? Dann bekommst du auch dein eigenes Zimmer.« Dann sind wir zurückgefahren. Ich weiß nicht, ob es eine Woche oder nur zwei Tage waren, aber Herr und Frau Lieck holten mich dann mit dem Auto ab. Meine Mutter hatte einen Überseekoffer voll Bettwäsche und Tischdecken eingepackt – später sollte das meine Aussteuer sein. Und auch unseren Herd und natürlich Anitas Puppe durfte ich mitnehmen.

Liecks hatten ein wunderschönes Mansardenzimmer für mich eingerichtet. In der ersten Nacht, in der ich dort war, fragten sie: »Kannst du auch beten?« Wir haben dann zusammen gebetet und sie haben sich wohl gewundert, dass ich das so gut konnte. Das hatte ich alles von meiner Mutter, die doch als Mädchen im Lyzeum bei Nonnen gewesen ist. Als ich dann allein war, habe ich furchtbar geweint. Und auf einmal kommt Frau Lieck, macht so ein bisschen die Tür auf und ruft dann ihren Mann. Dann hat er über das Kissen gefühlt; das war durch und durch nass vom Weinen. Er sagte dann: »Das geht ja nicht, wenn du nicht gerne hier oben bist, dann kommst du runter zu uns. Aber unten hast du kein eigenes Zimmer.« Und ich sagte: »Ja, dann geh ich immer oben spielen.« Und dann habe ich auf der Besucherritze geschlafen.

In Mönchengladbach waren auch Bombenangriffe. Wir gingen immer in den Keller, dort war ein Luftschutzkeller unten im Haus. Wenn ich Angst hatte und mich nach meiner Mutter sehnte, haben mich die Liecks immer getröstet und gesagt: »Die Mama muss, da wo sie jetzt ist, viel arbeiten, da wärst du immer allein.« In Mönchengladbach bin ich in kurzer Zeit in vier Schulen gewesen. Zunächst haben die Schulleiter Probleme gemacht, als sie bei der Anmeldung meinen Ausweis sahen – der war quer mit dem Wort Halbjude überschrieben. Aber Herr Lieck war wohl sehr angesehen. Er war Prokurist in der Kleiderfabrik ›Clemens August Becker Stofffabrik‹. Er ist nach Hause gekommen und hat angekündigt: »Ich werde das durchbekommen.« Er hat da wohl drei Anzugstoffe in eine Aktentasche getan, ist hingegangen und hat zu einem Beamten gesagt, er würde einen Tausch machen: hier die Aktentasche und da die Anmeldung. Und da bin ich dann richtig aufgeklärt worden, wo ich meine Mutter erwähnen durfte und wo nicht. Nur in der Familie, nicht bei Fremden. Während des Krieges war ich bei Liecks offiziell nur zu Besuch. So sollte ich das erklären. Aber auch in der ersten Schule, nahe dem Barbarossawerk, die am nächsten lag, liefen auch wieder Kinder hinter mir her. Und dann hat Onkel Lieck mich da auch wieder rausgeholt und ich musste in Eicken zur Schule. Da hat es eigentlich ganz gut geklappt, ich bin dort verhältnismäßig lange gewesen, bestimmt ein Jahr.

Meine Mutter ist nach dem Krieg zurückgekommen und hat mich in der Evakuierung ausfindig gemacht. Mein Pflegeonkel ist in der Evakuierung gestorben – am Sterbebett durfte ich noch einmal hin und da hat er zu mir gesagt, ich solle auch immer weiter bei Tante Lieck bleiben und für sie sorgen. Er hat mich noch gelobt und dann ist er am 30. Januar gestorben und im März oder April war die Befreiung. Leider haben sich die beiden Frauen quasi bekämpft. Ich bin nicht mehr gerne zu meiner Mutter gegangen, da ich dem Onkel Lieck auf dem Sterbebett ja versprochen hatte, immer für seine Frau da zu sein – aber meine Mutter wollte mich natürlich wieder bei sich haben. Frau Lieck zog dann nach Köln zu einer Schwester, der Kontakt ist immer geblieben. Zur Hochzeit und jedes Mal, wenn ich ein Baby bekommen habe, war der erste Besuch der bei Tante Lieck.

Der Vater

Ich habe drei Kinder: zwei Jungs und ein Mädchen. Als meine Tochter das Abitur machte, sagte sie einmal: »Mama du erzählst so viel von Oma und von deren Familie und dann weiß ich fast alles, aber von deinem Vater sprichst du kaum. Ich habe gehört, der lebt noch.« Meine Mutter war inzwischen gestorben. Sie war eigentlich als gebrochene Frau aus dem Konzentrationslager Theresienstadt zurückgekommen. Ich meine, ich war ihr Ein und Alles und ihre Enkelkinder liebte sie auch wahnsinnig. Für sich hat sie noch ein paar schöne Jahre gehabt, aber sie war wirklich krank. Auch krankhaft eifersüchtig, dass ich eventuell Kontakt mit meinem Vater aufnehmen würde. »Wir lassen den kommen und dann sag ich, dass ich studieren will und dann kann er bezahlen«, habe ich einmal gesagt. Und irgendwann hatte er einen Rechtsanwalt und wir auch einen und die haben das dann geregelt. Mein Vater wollte wissen, ob er mir denn wenigstens zu Weihnachten schon mal was schicken könne. Ob ich das annehmen würde. Ich habe mir dann Bücher gewünscht und das hat er auch gemacht. Jedenfalls war das der einzige Kontakt. Weihnachten bekam ich immer Bücher: Schiller, Goethe, Thomas Mann. Ich habe mich bedankt, aber sonst war nichts mit meinem Vater.

Als meine Tochter das Abitur bestand, sagte sie: »Mama, du hast gesagt, egal was ich mir wünsche, du wirst versuchen, es mir zu erfüllen … Ich möchte deinen Vater kennenlernen.« Ich habe darauf in Mönchengladbach angerufen und habe gesagt, wann ich geboren bin, die Namen meiner Eltern genannt und den Herrn am Telefon gefragt, ob er den Wohnort finden könne. Nach einigem Hin und Her konnte man meinen Vater dann auch wirklich ausfindig machen; er war wohl sehr oft umgezogen, immer mit der gleichen Frau. Jetzt wohnten sie in Lüttelforst bei Wegberg, also ganz in der Nähe von uns. Meine Tochter und ich sind dann wirklich dorthin gefahren, meinem Mann und den Jungs hatten wir das nicht gesagt. Samstags nach der Abendmesse haben wir uns vor der Kirche aufgestellt und ich habe geschaut, ob ich ihn erkenne. Ich dachte, er ist sicher in der Messe. Wir haben eine ganze Weile dort gestanden, es waren fast schon alle weg und da sag ich: »Da ist noch ein älteres Ehepaar.« Und meine Tochter meint: »Nein, der gleicht dir aber nicht.« Und ich dachte schon, alles sei umsonst gewesen. Doch meine Tochter hat insistiert und gesagt, dass wir jetzt zu dem Haus fahren; die Nummer wussten wir ja. Meine Tochter ist gefahren, sie hatte kurz vorher den Führerschein gemacht. Vor dem Haus ist sie dann ausgestiegen, ich blieb erst im Auto sitzen. Im Rückspiegel habe ich gesehen, dass sie bei einem Mann stehenblieb vor dem Haus – ein jüngerer Mann war das.

Was macht sie da so lange, habe ich mich gefragt. Sie kam dann tränenüberströmt wieder angelaufen und sagte: »Das ist ein Nachbar von Opa Franz und der hat gesagt, er will uns zusammenbringen.« Und dann bin ich mit ihr zum Haus, ein altes Bauernhaus. An einer Seite wohnte der junge Mann, an der anderen wohnten mein Vater und seine zweite Frau. Der Mann meinte, dass mein Vater gleich zurückkommen werde; er sei gerade noch dabei, das Dorffest mitaufzubauen. Da stand er schon in der Tür. »Hast du Damenbesuch?«, fragte er und zog sein Jägerhütchen aus. Zu mir sagte er dann »Gnädige Frau« – ich habe etwas nach unten geguckt – und: »Ach, das ist sicherlich das Töchterchen.« Meine Tochter hatte Tränen in den Augen und da habe ich schon drohend zu ihr geguckt. Er setzte sich zu uns und fragte, wo wir her seien. »Aus Geilenkirchen.« – »Ach da war ich früher auch oft. Aber ich stamme nicht aus Geilenkirchen, ich komme aus Mönchengladbach.« Da sagte ich: »Ach, dann haben wir doch was gemeinsam, ich bin auch aus Mönchengladbach.« Es ging noch länger hin und her. Erst als ich gesagt habe, dass ich auch lange in Erkelenz gelebt habe, kam auf einmal wie aus der Pistole geschossen: »Dann bist du meine Tochter. Dass Thea das erleben kann ...« Thea war seine zweite Frau, die wohl auch immer die Päckchen geschickt hatte. Die kam zu uns und hat mich direkt umarmt. Eine nette Frau, eine nette ältere Dame damals.

Wir hatten noch längere Zeit Kontakt. Mein Vater schenkte meinen Kindern zu Weihnachten immer Geld. Aber mein leiblicher Vater und die angeheiratete Vertretung der Mutter ... Es war auch ein eigenartiges Verhältnis. Irgendwann rief mich eine Ärztin an und fragte, ob ich die Tochter von dem Ehepaar van der Weyden sei. Da habe ich direkt gemeint: »Moment, von Herrn van der Weiden, aber nicht von seiner Frau.« – »Ja, die müssen ins Altersheim«, hat die Ärztin dann gesagt. Da habe ich ein Altersheim bei mir in der Nähe gefunden; die hatten es sehr schön, ein Doppelzimmer für die beiden. Und dann habe ich sie auch mal abgeholt und mit der Frau bin ich auch auf den Friedhof gegangen und wir haben die Gräber ihrer Familie gepflegt. Beide sind dann kurz nacheinander verstorben, sie zuerst, mein Vater sieben Wochen nach ihr. Er war wohl auch dement am Ende. Ich bin noch ins Krankenhaus und die Ordensschwestern haben mich angerufen und dann bin ich hingefahren. Er hat immer laut nach seiner Frau gerufen und dann ist er plötzlich ganz ruhig geworden, als ich zu ihm sagte: »Hättest du mal nach uns so gerufen.« Später habe ich ein Foto von ihm gefunden, darauf war er in Uniform – seiner Naziuniform.

Moritz Marx

geboren am 23. Juni 1889

Eine Biografie von Lara Wiese

Als die Geheime Staatspolizei am 31. Dezember 1938 die Schließung der Herrenschneiderei der beiden Schneidermeister Moritz
und Josef Marx in der Aachener Innenstadt anordnet, besteht diese
schon seit fast zwanzig Jahren. In der Harscampstraße 64 haben sich
die Brüder zusammen einen erfolgreichen Betrieb aufgebaut; sie und
ihre Familien können gut von dem Geschäft leben. Viel Zeit ihres
Lebens verbringen die beiden gemeinsam, doch mit dem Beginn der
nationalsozialistischen Diktatur trennen sich die Lebenswege der
Brüder auf radikale Weise. Während Moritz die Shoah überlebt und
1945 nach Aachen zurückkehren kann, wird Josef in einem Konzentrationslager ermordet.

Die Familie Marx

Moritz Marx kommt am 23. Juni 1889 in Bardenberg zur Welt, einem kleinen Ort bei Aachen, der heute zu Würselen gehört und
damals um die 3000 Einwohner zählt. Fast zwei Jahre später, am 31.
Januar 1891, wird sein jüngerer Bruder Josef geboren, mit dem er
künftig gemeinsam in Aachen leben und arbeiten wird. Die Söhne
von Julie Marx (1861–1917), geborene Rubens, und Albert Marx
(1854–1918) werden in eine kleinbürgerliche Lebenswelt hineinge-
boren. Der Vater ist Metzger und Viehhändler. Die Kombination aus
einem handwerklichen und einem Handelsberuf ist zur Zeit des Kai-

serreichs durchaus üblich. Die preußische Regierung versucht im 19. Jahrhundert im Zuge der rechtlichen Gleichstellung der jüdischen Bevölkerung, »die Juden zu einem weitgehenden Verzicht auf die Handelsberufe [zu] erziehen«[1]. Sie sollen verstärkt in Handwerksberufen oder der Landwirtschaft arbeiten. Ein Plan, der allerdings von wenig Erfolg gekrönt ist und dazu führt, dass viele Juden mehreren Berufen gleichzeitig nachgehen. Gerade die Verbindung von Viehhandel und Metzgerberuf ist häufig.[2]

Die Eltern wollen ihren Kindern ein besseres Leben ermöglichen. Anders als in vielen anderen Familien müssen die Söhne nicht in die Fußstapfen ihres Vaters treten. Sowohl Moritz als auch Josef absolvieren stattdessen eine Ausbildung zum Schneider – innerhalb des Kleinbürgertums, dem sie entstammen, durchaus ein sozialer Aufstieg. Und tatsächlich werden die beiden sich in den folgenden Jahren erfolgreich einen selbständig geführten Schneidereibetrieb in Aachen aufbauen und damit eine gute finanzielle Grundlage für ihre eigenen Familien schaffen.

Im Alter von 30 Jahren heiratet Moritz am 2. Oktober 1919 die katholische Maria Hubertine Brand, geboren am 26.12.1895 in Aachen. Es ist eine Liebeshochzeit, mit der sich die beiden über religiöse Grenzen hinwegsetzen. Bis zu ihrem Tod bleiben sie als Christin und Jude verheiratet. In den 1920er- und 1930er-Jahren zieht das kinderlose Ehepaar regelmäßig um, immer innerhalb der Aachener Innenstadt und somit auch immer nahe der Schneiderei in der Harscampstraße.[3] Dass er mit einer Katholikin verheiratet ist, rettet Moritz Marx vermutlich das Leben. Der Umgang des NS-Staats mit den sogenannten Mischehen bleibt bis zum Ende unentschlossen; so werden Moritz und Maria erst kurz vor Ende des Krieges verhaftet und deportiert. Beide überleben und kehren 1945 nach Aachen zurück. Dort leben sie gemeinsam bis zu Marias Tod im Jahr 1965. In ihrer von Moritz verfassten Todesanzeige wird die enge Beziehung der beiden Menschen, die so viel gemeinsam durchlebt und sich durch die schwersten Zeiten begleitet haben, deutlich: Er nennt sie dort »meine geliebte Gattin, mein bester Lebenskamerad«[4].

Die von Moritz verfasste Todesanzeige für seine Frau
Aachener Volkszeitung vom 21.10.1965

Auch Josef gründet eine eigene Familie. Er heiratet die aus Aachen stammende Rosa Hirsch, geboren am 16.11.1891. Im Februar 1924 wird die gemeinsame Tochter Else geboren. Die drei leben bis zu der Enteignung 1938 in einer Vier-Zimmer-Wohnung über dem Schneidereibetrieb der Brüder Marx.[5]

Herrenschneiderei Moritz und Josef Marx

Den Schneidereibetrieb eröffnen die Brüder im Jahr von Moritz' Hochzeit. Moritz arbeitet fast sein ganzes Leben als Schneider. Als er 1945 in Theresienstadt interniert ist, wird er als Leiter der dortigen Schneiderei eingesetzt. Auch nach dem Krieg wird er wieder einen eigenen Betrieb in Aachen eröffnen. Josef absolviert die Meisterprüfung 1927; im Anschluss können die Brüder den Betrieb als eine Gesellschaft bürgerlichen Rechts gleichberechtigt führen.[6]

In der Schneiderei wird Herrenkleidung nach Maß gefertigt. Um die zehn Anzüge werden pro Woche hergestellt. Das Geschäft läuft so

gut, dass Moritz und Josef zehn bis zwölf Mitarbeiter beschäftigen
können. Die gute wirtschaftliche Situation des Betriebs ist durch eine
Bescheinigung der Herrenschneider-Innung für die Stadt Aachen dokumentiert. Dort bestätigt der Obermeister nach dem Krieg, dass die
Schneiderei als angesehen und gut geleitet galt. Durch den beruflichen
Erfolg können sich Moritz und Josef Marx im Laufe der Jahre ein kleines Vermögen erarbeiten und sich ein vergleichsweise gutes Leben
leisten. Die erzwungene Schließung ihres Betriebes am 31. Dezember 1938 ist ein brutaler Angriff auf dieses Leben der beiden Brüder
und ihrer Familien. Betriebseinrichtung, alle Warenvorräte sowie das
gesamte Barvermögen werden von der Gestapo beschlagnahmt. Die
Ereignisse ab dem 9. November 1938 sind für Moritz Marx unerwartet eingetreten: »Wir hatten nicht mit einer Kristallnacht gerechnet«,
erinnert sich der damals 74-Jährige in einem 1963 von den Aachener
Nachrichten geführten Interview. Die Aachener Bevölkerung sei nicht
antisemitisch gewesen.[7]

Enteignung und Zwangsarbeit

In den folgenden Jahren ist Moritz gezwungen, als Hilfsarbeiter bei
diversen Unternehmen zu arbeiten, wobei er nur noch einen Bruchteil
seines vorherigen Einkommens verdient. Offenbar wird er, obwohl er
Jude ist, von den Nationalsozialisten dafür eingesetzt, Uniformen zu
reparieren. Es ist denkbar, dass er sich durch diese Arbeit so unent-
behrlich macht, dass er dadurch der Zwangsarbeit in der Kriegsindu-
strie, zu der ab Februar 1941 alle »männlichen Juden im arbeitsfähi-
gen Alter«[8] aus Aachen und Umgebung verpflichtet werden, entgehen
kann.[9]

Die unsichere Lebenssituation verschärft sich noch einmal dramatisch, als am 30. April 1939 der Mieterschutz für jüdische Menschen
aufgehoben wird. Am 1. September 1941 muss das Ehepaar Marx
zwangsweise in die Försterstraße 28 in Aachen umziehen, ein Haus,
in dem damals ausschließlich Ehepaare untergebracht werden, bei denen eine Person jüdisch und die andere nicht-jüdisch ist. Das geringe

Einkommen, die gesellschaftliche Stigmatisierung durch den Einzug in ein sogenanntes Judenhaus, das Tragen des ›Judensterns‹ – die Einschränkungen für Moritz und seine Frau sind in finanzieller wie in sozialer Hinsicht massiv.[10]

Das gilt auch für Josef, der nach der Enteignung zunächst gar kein Einkommen mehr hat und sich gezwungen sieht, seine Wohnungseinrichtung zu verkaufen, bevor sein Besitz durch das Finanzamt Aachen zwangsversteigert wird. Mit seiner Familie muss er aus dem Haus in der Harscampstraße ausziehen und wird später in dem von der Stadt Aachen betriebenen Barackenlager im Grünen Weg untergebracht. Ab 1941 sind hier über tausend jüdische Menschen interniert, bevor man sie ab 1942 in die Vernichtungslager im vom Deutschen Reich besetzten Polen deportiert. Zwischen 1940 und 1941 wird Josef zu Zwangsarbeiten in Walheim verpflichtet. Dort befindet sich eines der 38 ›Arbeitslager‹, die ab 1939 auf Anweisung des Reichsarbeitsministers von der Gestapo eingerichtet werden. Die Zwangsarbeiter leben dort unter katastrophalen, menschenunwürdigen Bedingungen. Aus Gründen, die sich heute nicht mehr rekonstruieren lassen, wird Josef von der üblichen Zwangsarbeit befreit und bessert bis zu seiner Deportation Kleidungsstücke für die im Judenlager am Grünen Weg internierten Menschen aus. Gemeinsam mit einer weiteren Gefangenen betreibt er damit einen von nur noch acht Betrieben in Aachen in jüdischer Hand; bei diesen handelt es sich ausschließlich um kleinere Dienstleistungsunternehmen, die nur für Jüdinnen und Juden arbeiten dürfen. Alle werden am 22. Juli 1942 ›eingestellt‹.[11]

Deportation

Offenbar versuchen sowohl Moritz als auch Josef, schon ab 1939 Deutschland zu verlassen. Moritz beantragt eine Ausreisegenehmigung, doch sie wird ihm nicht erteilt. Josef gelingt es zwar nach zwei Versuchen, für seine Frau und seine zu der Zeit 18-jährige Tochter Schiffskarten für die Flucht zu bekommen. Doch noch bevor er die Platzkarten erhält, die von der jüdischen Wohlfahrt bezahlt werden sollen, wird er deportiert.[12]

Am 22. März 1942, einem Sonntag, werden vom Aachener Westbahnhof aus vierhundert Menschen von den Nationalsozialisten nach Osten
transportiert. Es ist die erste große Deportation aus Aachen, offiziell werden die Menschen zum ›Arbeitseinsatz‹ gebracht. In Wahrheit wird ein
Großteil von ihnen in den Vernichtungslagern ermordet. Unter denen,
die den Zug besteigen müssen, ist auch der damals 51-jährige Josef Marx
und höchstwahrscheinlich auch seine Familie. Sein Bruder Moritz erhält im September 1942 eine letzte Nachricht von ihm aus dem Durchgangslager Izbica im besetzten Polen. Danach gilt Josef als verschollen
und wird erst nach dem Krieg rückwirkend für tot erklärt. Als sein Todesdatum wird der 10. Mai 1945 bestimmt, der Todesort ist unbekannt.
Josefs Frau Rosa und seine Tochter Else tauchen in den noch erhalten
gebliebenen Aufzeichnungen nicht auf. Es ist davon auszugehen, dass
auch sie in einem Konzentrationslager ermordet wurden.[13]

Moritz wird aufgrund seiner interreligiösen Ehe nicht wie fast alle anderen Aachener Jüdinnen und Juden zwischen 1942 und 1943 nach
Osten deportiert. Als einer von wenigen bleibt er bis kurz vor der
Ankunft der US-Truppen in der Stadt. Weiterhin wohnen er und Maria in dem Haus in der Försterstraße. Erst am 9. September 1944,
nur einen Monat vor der Befreiung der Stadt Aachen, werden Moritz und Maria Marx verhaftet und zunächst gemeinsam in das Lager Köln-Müngersdorf gebracht. Das Deportationslager, von dem aus
bereits unzählige, vor allem jüdische Menschen in den Tod geschickt
worden sind, dient zu dem Zeitpunkt vordergründig der Unterbrin-
gung von Kriegs- und politischen Gefangenen. Nur noch wenige Jüdinnen und Juden werden dort interniert, die meisten von ihnen sind
interreligiöse Ehepaare. Von Köln aus deportiert man Moritz Ende Januar 1945 über Zeitz und Weimar nach Theresienstadt, wo er am 2.
Februar 1945 mit dem Transport XVI/5 eintrifft. Mit in diesem Transport sind noch drei andere Menschen aus Aachen, einer davon ist Ar-
tur Wolff, geboren 1901, der wie Moritz mit einer Christin verheiratet
ist und ebenfalls nach dem Krieg nach Aachen zurückkehren wird.[14]

In Theresienstadt – von der NS-Propaganda als ›Altersghetto‹ verharm-
lost – muss Moritz zunächst Dienst als Straßenarbeiter leisten. Schnell

wird er aber Schneidereileiter, wie aus seinem ›Arbeitsausweis‹ hervorgeht.[15] Nachdem das KZ am 8. Mai 1945 durch die Rote Armee befreit worden ist, muss er noch einen weiteren Monat in Quarantäne in Theresienstadt bleiben, bevor er Anfang Juni die Rückreise nach Deutschland antreten kann.[16]

Rückkehr nach Aachen

In Weimar trifft er sich mit Maria wieder; am Tag seines 56. Geburtstages, am 23. Juni 1945, kommen die beiden nach Aachen zurück und ziehen wieder in der Försterstraße 28 ein. Nach seiner Rückkehr engagiert Moritz sich als Vorstandsmitglied in der Jüdischen Gemeinde Aachen. In dieser Funktion trägt er viel zur Aufklärung nationalsozialistischer Verbrechen bei, beispielsweise bestätigt er vielen Menschen ihre Zugehörigkeit zur Synagogengemeinde in Aachen vor 1945.[17]

Moritz Marx im Jahr 1963
low: Nur wenige kehrten zurück. Aachener Nachrichten, 09.11.1963

141

In Aachen arbeitet Moritz Marx wieder als Schneider. 1949 versucht er sich zudem am Aufbau einer Tuchhandlung, wohl erfolglos, denn nach 1951 ist er erneut mit einem Herrenschneiderbetrieb in der Handwerksrolle eingetragen. Am 16. April 1956 beziehen Moritz und Maria eine Wohnung in der Matthiashofstraße 14. Dort werden sie bis zu ihrem Tod zusammenleben. Maria Marx stirbt am 20. Oktober 1965, Moritz Marx am 16. Mai 1967. 22 Jahre nach dem Tod seines Bruders Josef, mit dem er so viele Jahre seines Lebens verbrachte, wird Moritz auf dem Jüdischen Friedhof in Aachen begraben, neben seinen Eltern. Sein Bruder und dessen Familie liegen nicht bei ihnen.[18]

1   Yvonne Rieker u. Michael Zimmermann: Von der rechtlichen Gleichstellung zum Genozid. In: Michael Zimmermann (Hg.): Geschichte der Juden in Rheinland und in Westfalen. Köln 1998. S. 149.

2   Vgl. ebd. S. 148–151.

3   Vgl. Aachener Adreßbuch mit Brand, Eilendorf, Haaren, Laurensberg für 1938, 1959/60, 1961/62, 1964/65, 1966/67. http://digitale-sammlungen.ulb.uni-bonn.de/periodical/titleinfo/6262554 (21.08.2018). | Vgl. Aachener Adreßbuch mit Umgebung unter Benutzung amtlicher Quellen für 1949, 1951, 1953/54, 1955/56, 1957/58. http://digitale-sammlungen.ulb.uni-bonn.de/periodical/titleinfo/6262549 (21.08.2018). | Vgl. Aachener Adressbuch unter Benutzung amtlicher Quellen für 1924/25, 1926, 1927, 1928, 1929, 1930, 1931, 1932, 1933 (mit Anzeige), 1934, 1935, 1936, 1937. http://digitale-sammlungen.ulb.uni-bonn.de/periodical/titleinfo/5925609 (21.08.2018). | Vgl. Adreßbuch für Aachen und Umgebung nebst einem Plan der Stadt Aachen 1920. http://digitale-sammlungen.ulb.uni-bonn.de/periodical/titleinfo/5878401 (21.08.2018). | Vgl. Branchen-Adressbuch mit Behördenteil für den Bezirk der Industrie- und Handelskammer und der Handwerkskammer Aachen unter Benutzung amtlicher Unterlagen 1947/48. http://digitale-sammlungen.ulb.uni-bonn.de/periodical/titleinfo/6268140 (21.08.2018).

4   Todesanzeige für Maria Marx, Aachener Volkszeitung, 21.10.1965.

5   Vgl. Herbert Lepper: Von der Emanzipation zum Holocaust. Die Israelitische Synagogengemeinde zu Aachen. Bd. 2. Aachen 1994. S. 1592f. [künftig zitiert: Lepper: Emanzipation. Bd. 2].

6   Vgl. Bescheinigung der Handwerkskammer Aachen, 04.02.1957, und Aussage von Moritz Marx in der Wiedergutmachungssache Moritz und Josef Marx, 28.07.1960, LAV NRW R, BR 3000 1134. | Vgl. Kopie des Arbeitsausweises aus Theresienstadt von Moritz Marx, ebd.

7   Vgl. Moritz Marx an den Oberstadtdirektor, Amt für Wiedergutmachung Aachen, 19.11.1954, LAV NRW R, BR 3000 1134. | Vgl. Bescheinigung der Herrenschneider-Innung für die Stadt Aachen, 04.06.1954, ebd. | Vgl. Aussage von Moritz Marx in der Wiedergutmachungssache Moritz und Josef Marx, 28.07.1960, Bezirksregierung Düsseldorf, Dezernat 15, Akte Josef Marx, geb. 31.01.1891. | Vgl. Moritz Marx an den Oberstadtdirektor, Amt für Wiedergutmachung Aachen, 09.08.1954, ebd. | Vgl. low: Nur wenige kehrten zurück. Aachener Nachrichten, 09.11.1963.

8   Herbert Lepper: Von der Emanzipation zum Holocaust. Die Israelitische Synagogengemeinde zu Aachen. Bd. 1. Aachen 1994. S. 134 [künftig zitiert: Lepper: Emanzipation. Bd. 1].

9   Vgl. Moritz Marx an den Oberstadtdirektor, Amt für Wiedergutmachung Aachen, 19.11.1954, LAV NRW R, BR 3000 1134. | Vgl. E-Mail von Sofie Sequeira an Lara Wiese, 09.06.2018.

10 Vgl. Lepper: Emanzipation, Bd. 1, S. 133. | Vgl. Hausbuch 3953. Stadtarchiv Aachen.

11 Vgl. Moritz Marx an den Oberstadtdirektor, Amt für Wiedergutmachung Aachen, 09.08.1954, Bezirksregierung Düsseldorf, Dezernat 15, Akte Josef Marx, geb. 31.01.1891. | Vgl. Lepper: Emanzipation, Bd. 2, S. 1646. | Vgl. http://www.

denkmalplatz.de/wege-gegen-das-vergessen-in-aachen-texte/ (29.06.18). | Vgl. Thomas Müller: Zwangsarbeit im Kreis Aachen. Aachen 2002. S. 31–35. | Vgl. Lepper: Emanzipation, Bd. 1. S. 133.

12 Iow: Nur wenige kehrten zurück. Aachener Nachrichten, 09.11.1963.

13 Vgl. Aussage von Moritz Marx in der Wiedergutmachungssache Moritz Marx nach Josef Marx, 22.03.1957, Bezirksregierung Düsseldorf, Dezernat 15, Akte Josef Marx, geb. 31.01.1891.

14 Vgl. http://buergerverein-koeln-muengersdorf.de/ortsgeschichte/gedenkort-deportationslager (29.06.18). | Vgl. http://www.statistik-des-holocaust.de/list_ger_mid_43t. html (29.06.18). | Vgl. Manfred Bierganz: Die Leidensgeschichte der Juden in Stolberg während der NS-Zeit. Stolberg 1989. S. 68f.

15 Vgl. Kopie des Arbeitsausweises aus Theresienstadt von Moritz Marx, Bezirksregierung Düsseldorf, LAV NRW R, BR 3000 1134.

16 Vgl. Antrag beim Amt für Wiedergutmachung Aachen, 18.07.1949, LAV NRW R, BR 3000 1134.

17 Vgl. E-Mail von Angelika Pauels an Lara Wiese, 17.04.2018.| Siehe bspw. Bezirksregierung Düsseldorf, Dezernat 15, Akte Bernhard Weil, geb. 25.11.1877.

18 Vgl. Breuer (Stadtrat) an den Regierungspräsidenten, 09.03.1949, LAV NRW R, BR 3000 1134. | Vgl. Bescheinigung der Handwerkskammer Aachen, 04.05.1954, LAV NRW R, BR 3000 1134. | Vgl. Sterberegister der Stadt Aachen, Stadtarchiv Aachen, Urkundennr. 2023. | Vgl. E-Mail von Angelika Pauels an Lara Wiese, 17.04.2018.

Karl Otto Schwarz

geboren am 30. Juli 1930

Eine Biografie von Fabian Schulte

Müddersheim. Ein kleines Dorf in der Nähe von Düren. In dem Ort, an dem die ersten Zeugnisse menschlichen Lebens bis in die jungsteinzeitliche Zeit zurückgehen, leben heute 737 Personen.[1] 6.124 Kilometer entfernt, im Osten Kanadas, liegt Bowmanville. Auf den ersten Blick mögen sich Müddersheim und Bowmanville kaum unterscheiden: Es gibt viel fruchtbaren Boden, mehr als genug Platz, um Landwirtschaft zu betreiben. Allein klimatisch und sprachlich aber trennt die Dörfer viel. Das Leben der Familie Schwarz findet an beiden Orten statt. Müddersheim und Bowmanville erzählen die Geschichte von Karl Otto Schwarz und seinen Verwandten.[2]

Der Mittelpunkt des Ortes

Anfang des 20. Jahrhunderts ist Müddersheim das Lebenszentrum für die Familie Schwarz. Und umgekehrt: Mit ihrem Familienbetrieb, einem Viehhandelsgeschäft, bilden die Brüder Philip und Otto Schwarz einen wichtigen Teil des sozialen und wirtschaftlichen Umfeldes der Gegend. Das von ihrem Vater übernommene Geschäft führen sie unter dem Namen Viehhandel Gebrüder Schwarz. Die Brüder fahren regelmäßig in östliche Länder, um dort Vieh einzukaufen. Aber nicht nur die Ware ist international, sondern auch die Kundschaft. Von dem Einkommen des Geschäftes kann die Großfamilie so gut leben, dass sich jede Familienhälfte ein eigenes Haus leisten kann. Der Familiensitz bleibt allerdings das Elternhaus in Müddersheim.

Müddersheim im Jahr 1939
Privatbesitz Joe Schwarz

Dass es der Familie so gut geht, liegt zu einem großen Teil daran, dass sie sich bis dahin immer großer Beliebtheit erfreut. Schon Großvater Schwarz hat einen festen Kundenstamm aufbauen können; die Nachfahren dieser Kunden kaufen später bei Philip und Otto. Oft sind es Freunde und Kunden zugleich. Am 30. Juli 1930 wird Karl Otto Schwarz geboren. Dass der Sohn von Philip und Jenny Schwarz es einmal sehr schwer haben wird, ist noch nicht zu ahnen. Doch Karls Kindheit wird geprägt sein durch den grassierenden Hass und die Verbrechen gegen Juden während der NS-Zeit.

Leben ohne Schulbildung

Es ist Sommer 1936. Wie die meisten Kinder in seinem Alter freut sich Karl, die Schule besuchen zu können. Er lebt zusammen mit seinen Eltern nicht in Müddersheim, wo das Geschäft der Familie ist, sondern in Gladbach bei Vettweiß. Während seine Freunde und die Nachbarskinder fast alle die nahegelegene Schule im Dorf besuchen, bleibt dies Karl aufgrund seiner Religionszugehörigkeit verwehrt. Zu dieser Zeit ist der Antisemitismus in Deutschland längst ein alltägliches Phänomen. Die örtliche Schule verweigert Karl die Einschulung. Zwar darf er nach vehementen Bemühungen seiner Eltern zwischenzeitlich die Schule besuchen, wird jedoch schnell wieder ausgeschlossen.

Karls Eltern suchen fieberhaft nach einer Lösung, um ihrem jüngsten Sohn dauerhaft eine gute Schulausbildung zu ermöglichen. Als eine solche Lösung erscheint ihnen eine neu errichtete jüdische Schule in Düren. Doch auch hier gibt es für Karl Probleme – nicht mit der Schule an sich, dafür aber mit dem Weg dorthin: Die 15 Kilometer entfernte Schule ist für den mittlerweile siebenjährigen Karl nur mit einem öffentlichen Autobus erreichbar. Und dort fahren immer wieder Kinder mit, die Karl aufgrund seiner jüdischen Herkunft schikanieren. Derart schüchtern sie den Jungen ein, dass er regelmäßig früher den Bus verlässt und auf einen Bus wartet, der ihn wieder nach Hause fährt. Karl kommt selten in der Schule an; eine vernünftige, normale Schulbildung wird unmöglich.

Carl und Inga
Privatbesitz Joe Schwarz

Entschluss zur Flucht

Nicht nur Karl Otto wird Opfer des Judenhasses. Auch das Geschäft seiner Familie hat unter den inzwischen erlassenen Gesetzen und der Ideologie des NS–Regimes zu leiden. Jeglicher Handel wird für Juden nicht nur erschwert, sondern de facto unmöglich gemacht. Selbst die Stammkundschaft, die schon generationsübergreifend bei der Familie Schwarz einkauft, geht verloren. Es ist jedoch mehr als nur der ›passive‹ Boykott: Die Familie muss in ständiger Angst vor Übergriffen leben. Philip und Otto erkennen die Bedrohlichkeit der Lage und reagieren schnell. Wohl schon früh planen sie die Flucht in Richtung Nordamerika. Karls älterer Bruder Josef wird 1936 nach England in eine Schule geschickt, um dort die Sprache zu lernen.

Doch ihre Pläne werden durchkreuzt: In der Reichspogromnacht werden Philip und Otto verhaftet und nach Buchenwald deportiert. Erst nachdem die Brüder schriftlich versichern, dass sie Deutschland mitsamt ihrer Familie verlassen werden, können sie zurück nach Hause. Auch wenn der Aufenthalt mit knapp über einem Monat vergleichsweise kurz ist, wird die Erinnerung an diesen Ort sie für immer begleiten. Nach Philips und Ottos Rückkehr beschließt die Familie gemeinsam die Flucht nach Toronto. Karl ist erst acht Jahre alt, als er seine Sachen zur Ausreise in ein völlig fremdes Land packen muss.

Schifffahrt mit Hindernissen

Im Jahre 1939 ist es soweit: Karl Otto, sein Bruder Josef, seine Eltern Philip und Jenny sowie seine Tante Claire und sein Onkel Otto fahren mit der Cunard White Star R.M.S vom britischen Southampton nach Quebec. Sie dürfen nicht viel Gepäck mit sich führen und beschließen, einen Container mit wichtigen Gegenständen nachliefern zu lassen. Sie nehmen so viel Geld mit, wie es ihnen erlaubt ist, den Rest ihres Vermögens stecken sie komplett in die Reise. Sie gehen davon aus, dass alles, was sie in Deutschland lassen, nie mehr in ihren Besitz zurückkehren wird. So kann sich die Familie neben Tickets in der 1. Klasse für eine eigene große Kabine auch eine gute Verpflegung für die Fahrt leisten. Mit Josef ist ein Mitglied der Familie des Englischen mächtig; er fungiert während der Reise und auch in den ersten Jahren in Kanada als Dolmetscher.

Auf der achttägigen Fahrt erlebt Familie Schwarz, dass auch eine vergleichsweise luxuriöse Reise problematisch verlaufen kann: Claire wird schwer seekrank und Karl löst einen Schreckensmoment aus, als er während der Reise plötzlich verschwindet. Die anderen fünf Familienmitglieder suchen ihn auf dem ganzen Schiff, finden ihn letztlich in den Quartieren des Kapitäns auf der Brücke. Vielleicht ist Karls Alleingang der Moment, wo er beginnt, sich für die Schifffahrt zu interessieren.

Ein halber Neuanfang

In Quebec angekommen, setzt die Familie ihre Reise mit dem Zug nach Toronto fort. Kanada ist nicht ohne Grund das Ziel der Familie Schwarz: Die Regierung ist Ende der 1930er-Jahre auf der Suche nach qualifizierten Farmern. Die Anforderungen, die der kanadische Staat ausländischen Immigranten auferlegt, sehen Philip und Otto weniger als Hindernis denn als Chance: Jedem, der eine Farm gründet oder übernimmt, bietet Kanada die Einwanderung an. Für die Gebrüder Schwarz, denen die landwirtschaftliche Arbeit durch eine knapp 300 Jahre lange berufliche Familientradition quasi im Blut liegt, ein Glücksfall. In diesem Sinne ist der Neuanfang im fremden Land nur ein halber Neuanfang.

Und doch bleibt bei allen Möglichkeiten, die die Familienmitglieder haben, zunächst vieles schwierig. Die ersten Wochen verbringen sie in einem heruntergekommenen Hotel in Toronto. Von dort aus besichtigen Philip, Otto und Karls Bruder Josef einige Farmen, die zum Kauf angeboten werden. Eine davon befindet sich in Courtice Ontario. Die Farm, die 65 Kilometer östlich von Toronto liegt und damit sechs Kilometer weit von der nächstgrößeren Stadt Oshawa, wird bis 1948 das Zuhause der Familie Schwarz. Die Zeit vor dem Umzug auf die Farm ist für die Familie besonders prägend. Josef muss Vater und Onkel mit seinen Sprachkenntnissen unterstützen und die Grundlagen der landwirtschaftlichen Arbeit erlernen. Claire, Jenny und Karl verbringen notgedrungen viel Zeit alleine im Hotel. Ohne Englischkenntnisse kommen sie in der Stadt zunächst nur schwer zurecht. Aber trotz der anfänglich ärmlichen Lebenssituation gibt es immer wieder auch Momente der Hoffnung für die Familie: Eine Woche vor ihrer Ankunft hatte das britische Königshaus die Stadt besucht, noch immer hängt an vielen Orten die britische Flagge. Der Familie fallen die Flaggen besonders auf, gewohnt sind sie sonst nur die, die das Hakenkreuz tragen. Dass Leute eines anderen Landes von der kanadischen Bevölkerung so herzlich begrüßt werden, macht ihnen Mut.

Auf der Farm angekommen zeigt sich schnell, dass die Familie ihren Lebensstandard aus Deutschland nicht unmittelbar wiederherstellen kann. Alle sechs Familienmitglieder müssen körperlich hart auf der Farm arbeiten. Ihnen steht vorerst keine Hilfe zur Verfügung. Personal, wie sie es in Deutschland hatten, können sie sich nicht leisten, und so bleibt ihnen nichts anderes übrig, als jegliche Arbeit selbst zu verrichten. Besonders Karls Onkel Otto hat seine Probleme damit, die harte Arbeit macht ihn krank – überhaupt machen allen die spartanischen Lebensbedingungen zu schaffen. Doch immerhin ist die Familie einige Monate nach ihrer Ankunft auf der Courtice Farm in der Lage, sich vollständig von eigenen Produkten zu ernähren. Sie halten Vieh und pflegen einen Garten mit Obst und Gemüse. Zudem können sowohl Jenny als auch Claire Kleidung herstellen. Die Familie ist somit autark. Doch der alles entscheidende Punkt: Freiheit. Das Leben mag zwar weniger luxuriös sein, vermeintlich sogar primitiv, doch die Familie kann frei leben und dieses Leben ohne Angst genießen.

Von Karl Otto zu Carl

Dass sich in Kanada vieles ändern wird, bekommt auch Karl Otto schnell zu spüren. Die erste Änderung betrifft seinen Namen: Weil Karl Otto zu deutsch klingt, nimmt er die englischsprachige Form Carl an. Sein Bru-

der Josef hört fortan auf die englische Kurzform Joe. Die Namensände-
rungen sind eine Maßnahme, die der Integration dienen soll.

Carl und Joe, Anfang der 1940er-Jahre
Privatbesitz Joe Schwarz

Carl kann 1939 das erste Mal unter ganz normalen Bedingungen eine
Schule besuchen. Die Schule besteht aus einem Raum, in dem die ersten acht Schulklassen unterrichtet werden. Um dorthin zu gelangen,
muss Carl durch den an der Farm liegenden sehr dichten und dementsprechend dunklen Wald. Im Vergleich zu seinem früheren Schulweg bereitet das Carl keine Probleme. Es dürfte eine willkommene
Abwechslung für Carl gewesen sein, täglich durch die Natur zu laufen
und nicht nur im Klassenzimmer zu sitzen. Ohnehin interessiert sich
Carl sehr für die Natur und vor allem für die Arbeit auf der Farm – ein
Glück für die gesamte Familie, die die Hilfe des kräftigen und fleißigen
Carl gut gebrauchen kann.

Im Jahr 1942 wird Helen, Carls Cousine, und im Jahr 1944 Joe, Carls
Cousin, geboren. Die beiden Kinder von Claire und Otto sind 1948
beide schulpflichtig. Claire hat den Eindruck, dass die Schule Carl
nicht ausreichend fördert. Sie beschließt, alles daran zu setzen, ihren

Kindern eine bessere Bildung zu ermöglichen. Im selben Jahr verkaufen Philip und Otto die Farm.

Joe und Helen, 1948
Privatbesitz Joe Schwarz

Eine Wohnung ohne Möbel

Die Zeit auf der Courtice Farm von 1939 bis 1948 ist geprägt von vielen neuen Eindrücken, positiven wie negativen. Die Lebensbedingungen der Familie verschlechtern sich erheblich, als sie erfährt, dass der Container mit ihren restlichen Besitztümern aus Deutschland nie bei ihnen ankommen wird. Ihre Unterkunft hat zu dieser Zeit nur ein überschaubares Inventar, die wenigen Sachen, die sie mitnehmen konnten, sind persönlicher Natur und meist ohne großen praktischen Nutzen. Möbel und Gebrauchsgegenstände befinden sich auf einem Schiff, das schon auf halbem Weg nach Kanada ist, als am 1. September 1939 der Zweite Weltkrieg ausbricht und es zurückgerufen wird. Nun steht die kleine Familie vor einem großen Problem: Was sie besitzen, reicht nicht aus, um ein normales Leben auf der Farm zu führen. Doch wenigstens vorläufig gibt es eine Lösung für Familie Schwarz: Der vorherige Bewohner der Farm zeigt sich von ihrer Lebensgeschichte so gerührt, dass er ihnen seine Ausstattung auf Zeit überlässt. Aber schon zum jüdischen Neujahrsfest, dem ›rosh hashana‹, findet sich die Familie in einer fast leeren Wohnung wieder. Der großzügige Farmer hatte am Vortag seine Sachen aus der Wohnung geholt. Ihr erstes jüdisches Fest in Kanada feiert die Familie Schwarz sehr schlicht.

Und noch weitere unerwartete Schwierigkeiten treten auf: Die Farm sieht sich mit einer Schlangenplage konfrontiert. Die vielen um einen Meter langen Nattern sind zwar nicht gefährlich, aber dennoch ein ungewohnter Anblick für die Deutschen; vor allem Claire und ihre Kinder entwickeln eine Schlangenphobie. Und Carls Cousin Joe muss eine schmerzliche Erfahrung mit Kühen machen: An einem besonders sonnigen Tag will er seinem Vater bei der Arbeit auf der Farm helfen. Er unterschätzt allerdings die Fürsorglichkeit einer Kuh für ihr Kalb. Unbedarft nähert er sich beiden schnell und liegt ebenso schnell bewusstlos auf dem Boden. Während die Kuh später bei einem Brand in der Scheune verendet, wird Joe dieses Ereignis zumindest bis 1972 verfolgen. In diesem Jahr ist er für medizinische Studien in einem Kibbuz in Israel. Wie es der Zufall will, wird er dazu eingeteilt, die Kühe zu melken und damit dazu gebracht, seiner alten Phobie entgegenzutreten. Keine Probleme dieser Art hat Carl. Zusammen mit Prince, dem Hund der Familie, bewacht und ordnet er regelmäßig das Vieh. Mit seinen Mitmenschen knüpft er schnell Kontakt, kann sich gut integrieren und erfreut sich bei Gleichaltrigen großer Beliebtheit. Für ihn bringt das neue Leben in Kanada eine positive Wende.[3]

Erster Aufschwung

Nach dem Verkauf der Courtice Farm im Jahr 1948 wohnt die achtköpfige Familie getrennt. Carl zieht es mit seinem Bruder Joe und seinen Eltern Jenny und Philip auf eine neue Farm nach Bowmanville. Claire, Otto und ihre Kinder Joe und Helen kaufen hingegen eine Wohnung in Oshawa. Das Geschäft der Familie reicht über die Landwirtschaft hinaus. Philip und Otto kehren zu ihren Wurzeln zurück und betreiben nun vorrangig wieder Viehhandel. Während sich für Carls Teil der Familie nicht viel ändert, leben Claire, Joe und Helen jetzt alleine in einer großen Stadt. Otto ist fast ständig auf der Farm und betreibt das Geschäft, das fortan und bis heute unter dem Namen Schwarz Bros. bekannt ist. Helen und Joe gehen regelmäßig in die Schule in Oshawa, Mutter Claire kümmert sich mit Inbrunst um die neue Wohnung, auf die das junge Pärchen sehr stolz ist. Die Familie kann Ende der 40er-Jahre endlich wieder einen höheren Lebensstandard pflegen, in einer eigenen Wohnung leben und eine eigene Farm aufbauen. Einzig Helen und Joe haben gemischte Gefühle mit Blick auf das neue Leben in der Stadt, die sie als zu groß empfinden.

Mit Golfschläger auf See

Neben der Arbeit auf der Farm prägen zwei große Hobbys das Leben von Carl Schwarz: Zum einen der Golfsport, zum anderen, auch bedingt durch die Begegnung mit dem Kapitän auf der Überfahrt nach Kanada, sein Motorboot. Zwei Hobbys, die sich vor allem dadurch auszeichnen, dass es große Vereine dafür gibt: Golf- wie auch Yachtclub befinden sich ganz in der Nähe der Familienfarm. Carl schafft es, Mitglied beider Vereine zu werden, obwohl er auch hier, im fernen Kanada, in dem Diskriminierungsverbote bestehen, als Jude eine Außenseiterrolle einnimmt. Er besitzt ein eigenes Boot, das am nahegelegenen See liegt, ist beliebt bei anderen Vereinsmitgliedern, insbesondere den weiblichen. Sein Cousin Joe erzählt später: »Wenn Carl ein Kapitän gewesen wäre, dann einer, der an jedem Hafen der Welt mindestens eine Frau gehabt hätte.«[4] Tatsächlich konzentriert sich Carl aber ganz auf eine Frau, die Kanadierin Anne Yack, seine große Liebe, mit der er zwei Söhne bekommt: 1970 Lorin und 1972 Joel. Carls Verhältnis zu den beiden ist sehr gut und er wird als sehr fürsorglicher und liebender Vater und Ehemann beschrieben.

Das Leben danach

Der Familie Schwarz gelingt es, in Kanada Fuß zu fassen. Carl und Joe, die das Geschäft längst von Philip und Otto übernommen haben, können dieses immer weiter vergrößern. So steigt auch das wirtschaftliche Wohlergehen der Familie wieder in Bereiche, die sie einst in Deutschland gewohnt waren. Carls Cousin Joe studiert Medizin, geht für seine Studien in einen Kibbuz nach Israel – das Land, in dem er heute noch lebt. Joe ist derjenige, der die Geschichte der Familie zum ersten Mal schriftlich festhält. Als Autor landet er mit der Familienbiographie ›Stepping Forward into the past‹ einen Erfolg.[5] Ein zweiter Teil ist in Vorbereitung.

Joe mit seinen Söhnen Ilan und Yoav, ca. 2017
Privatbesitz Joe Schwarz

Carls Sohn Lorin ist mittlerweile Lektor an der York University in Toronto und bildet angehende Lehrer aus.[6] Seine Kurse in Pädagogik und Englisch sind gut besucht, er erfreut sich großen Ansehens an der Universität.[7] Jason Brian Schwarz, Sohn von Carls Bruder Joe, ist Anwalt. Er gründete seine eigene Kanzlei und schreibt regelmäßig für internationale Fachzeitschriften.[8] Beispiele, die zeigen, mit welchem Ehrgeiz die Familie Schwarz es geschafft hat, sich ein neues Leben aufzubauen. Die Widrigkeiten, mit denen sie vor 60 Jahren zu kämpfen hatte, sind in weite Ferne gerückt.

Zurück in die Heimat

Müddersheim in Nordrhein-Westfalen ist nicht völlig aus den Köpfen der Familie Schwarz verschwunden. Anfang der 2000er-Jahre fliegt Jason Brian Schwarz mit seinen Söhnen nach Düren. Er will das alte Familiengrundstück besichtigen, das immer noch im Besitz der Familie ist. Mit gemischten Gefühlen treten er und seine Söhne die Reise an. Skepsis und Vorsicht überwiegen bei ihnen, aber auch Freude und vor allem Neugier. In Müddersheim angekommen, klingelt die Familie, ohne jegliche Deutschkenntnisse, an einer Tür. Das Ehepaar Mödder öffnet ihnen und wird ihnen im Verlauf der kommenden Tage das Dorf und vor allem den Besitz der Familie zeigen. Sie werden für die Nachfahren der Familie Schwarz zu einem wichtigen Bezugspunkt. Sie interessieren sich für die Gäste aus Kanada, es entwickelt sich eine Freundschaft, die bis heute hält. So entsteht wieder eine Verbindung nach Deutschland. Am Ende erhalten Jason und seine Söhne sogar die deutsche Staatsangehörigkeit; trotz anfänglicher Skepsis sind sie regelmäßig zu Gast in Müddersheim.[9] So schließt sich der Kreis und die Familie Schwarz kann heute sowohl Kanada als auch Deutschland ihre Heimat nennen.

Hausruine in
Müddersheim, 2017
Privatbesitz Joe Schwarz

1   Vgl. Wikipedia-Eintrag zu Müddersheim. https://de.wikipedia.org/wiki/
    M%C3%BCddersheim (30.06.2018).

2   Sofern nichts anderes angegeben wird, beziehen sich die Informationen auf meinen
    E-Mail-Verkehr mit Joe Schwarz (Sohn von Otto und Claire) vom Mai und Juni
    2018.

3   Vgl. E-Mail von Carls Sohn Joel Schwarz an Fabian Schulte, 22.06.2018.

4   E-Mail von Joe Schwarz an Fabian Schulte, 02.06.2018.

5   Vgl. Joe Schwarz, Hans-Dieter Graf u. Martina Graf (Hg.): Ein Schritt vorwärts
    in die Vergangenheit. Berlin 2018. | Siehe auch: https://www.hentrichhentrich.
    de/buch-stepping-forward-into-the-past-ein-schritt-vorwaerts-in-die-vergangenheit.
    html (30.06.2018).

6   Vgl. York University. Faculty of education. http://edu.yorku.ca/edu-profiles/index.
    php?mid=10262 (30.06.2018).

7   Vgl. Eintrag im Portal ›Rate my professor‹. http://www.ratemyprofessors.com/
    ShowRatings.jsp?tid=928117 (30.06.2018).

8   Vgl. Schwarzlaw. Our lawyers. http://schwarzlaw.ca/our-lawyers/jayson-brian-
    schwarz/ (30.06.2018).

9   Vgl. E-Mail von Jason Brian Schwarz an Fabian Schulte, 22.05.2018.

Hans Jonas: Gelebte Philosophie – »Dass eine Menschheit sei«

Von Reinhold Breil

Im Sommer 1945 traf Hans Jonas im zerstörten Mönchengladbach einen alten Bekannten aus Jugendzeiten wieder: Paul Raphaelson. Bei einem gemeinsamen Mittagessen wurden Jugenderinnerungen ausgetauscht und Lebenswege beschrieben. Erst später erfuhr Jonas von Raphaelsons Kapo-Tätigkeit in mehreren Arbeitslagern, die vom Konzentrationslager Theresienstadt aus betrieben wurden. Raphaelson, in Theresienstadt wegen seiner Brutalität zuletzt von seinen Mithäftlingen fast totgeschlagen, kam Ende Mai nach Mönchengladbach zurück und wurde auf Veranlassung des amerikanischen Stadtkommandanten Leiter einer Beratungsstelle für ehemalige Lagerinsassen, am 9. November 1945 Vorsitzender der jüdischen Gemeinde und im Januar 1946 Ratsherr. Im April 1946 wurde er aufgrund von Nachforschungen und Zeugenaussagen ehemaliger Lagerinsassen verhaftet, verurteilt und im Dezember 1946 an die Tschechoslowakei ausgeliefert. Seine Hinrichtung in Prag ist datiert auf den 30. April 1947.

Inwieweit er in den Fall involviert war, hat Hans Jonas zeitlebens beschäftigt, denn auch er wurde 1945 vom britischen Stadtkommandanten zu Raphaelson befragt. Jonas schreibt zu Raphaelsons Hinrichtung, von der er erst lange später in Kanada aus der Zeitung erfahren hatte: Es »ist unmöglich zu sagen, ob das gerecht oder nicht gerecht war, denn die Kapos haben ja gewissermaßen selbst um ihr eigenes Leben gekämpft, wenn auch unter Opferung des Lebens anderer [...] Ich weiß noch, wie unheimlich mir der Gedanke war, daß ich vielleicht sogar mit zur Verurteilung Raffaelsons beigetragen habe, indem ich das Kommunikationsnetz herzustellen half, das schließlich schwere Beweise gegen ihn zusammentrug.«[1]

Was zeigt diese Episode aus dem langen Leben des bekannten Philosophen Hans Jonas, dem wir zahlreichen ethische Studien wie ›Das Prinzip Verantwortung‹[2] verdanken? Sie zeigt etwa, wie jenseits aller Stereotype es niemals ›die Juden‹ gegeben hat. Nicht alle waren Opfer, einige auch zugleich Opfer und Mittäter, andere wiederum kämpften wie Hans Jonas aktiv als Soldaten auf der Seite der Alliierten. Die Episode zeigt uns auch, wie wissenschaftlich arbeitende Menschen, Philosophen im Besonderen, durch methodische Reflexion den überstandenen Terror zu verstehen suchen und nicht im Schweigen verharren können. Sie zeigt weiterhin, dass Philosophie nicht bloß eine mehr oder minder belanglose akademische Tätigkeit ist, sondern Bedeutung für das eigene individuelle Handeln und Unterlassen hat. So hat auch Hans Jonas gedacht, im Unterschied zu den bloßen ›Berufsphilosophen‹, wie sein Hinweis auf den Kantianer Julius Ebbinghaus deutlich macht.

Hans Jonas mit 13 Jahren in Mönchengladbach
Privatbesitz Ayalah Jonas Sorkin

Jonas hat während seiner Marburger Studienzeit Ebbinghaus' Seminare zumindest zeitweise besucht. Ebbinghaus, unmittelbar nach Kriegsende zum ersten Nachkriegsrektor der Universität Marburg ernannt, hatte in einer Radiorede gesagt, Deutschland habe sich wegen seiner Kriegsverbrechen gegen einen Grundsatz der Kantischen Rechtsphilosophie versündigt, nämlich man dürfe in einem Kriege nichts unternehmen, was einen späteren Friedensschluss unmöglich mache. Dadurch habe sich Deutschland außerhalb der internationalen Rechtsgemeinschaft gestellt.[3] Man könne deshalb auch keinen Friedensvertrag mit den Alliierten erwarten und keine Fremdherrschaft, die die Alliierten über Deutschland ausüben würden, könne mit der rechtlosen Willkür und »Versumpfung der europäischen Menschheit in Sklaverei«[4] verglichen werden, hätte Hitler den Krieg gewonnen. Ebbinghaus hat er – neben Besuchen bei Bultmann – wegen seiner »Standhaftigkeit während der Nazi-Zeit« bei seinem Deutschlandaufenthalt 1945 gern besucht. In seinen Erinnerungen schreibt er, Ebbinghaus habe ihm gesagt, ohne Kant wäre es ihm nicht möglich gewesen, die Nazi-Zeit mit dieser Geradlinigkeit durchzustehen. Jonas schreibt: »Da ging mir plötzlich auf, was gelebte Philosophie ist. Dagegen verschwindet Heidegger, der viel bedeutendere und originellere Philosoph. Daß Philosophie auch zu einer bestimmten Art von öffentlich bewährtem Leben und Verhalten verpflichtet, das hatte der Kantianer begriffen und nicht der Existential-Philosoph.«[5]

Geboren am 10. Mai 1903 als zweiter Sohn einer wohlhabenden Mönchengladbacher Textilfabrikanten-Familie, wuchs Jonas behütet und finanziell sorgenfrei auf. Die Familie erlebte sich als weitgehend integriert und assimiliert.[6] Allerdings erfuhr Hans Jonas in seiner Jugend auch antisemitische Übergriffe, etwa 1918 am Ende des Ersten Weltkriegs, als ›die Juden‹ mitverantwortlich für die deutsche Niederlage gemacht wurden. Schon früh wurde Jonas daher Zionist, wünschte sich zum Abitur 1921 am Stiftischen Humanistischen Gymnasium Mönchengladbach von seinem Vater zwölf Bäume, die in Palästina für ihn gepflanzt wurden. Sein Vater dagegen war davon überzeugt, dass die endgültige Assimilation der Juden in Deutschland nur eine Frage der Zeit sei.[7]

Der junge Hans Jonas las neben vielem, was man im deutschen Bildungsbürgertum so las – natürlich und besonders auch Goethe – Kants Grundlegung zur Metaphysik der Sitten, alttestamentliche Erzählungen, aber auch Martin Bubers ›Drei Reden über das Judentum‹, die ihn gedanklich zum Zionismus führten. Vor allem geprägt hatten ihn, wie er später sagte, sein »gestärktes jüdisches Bewußtsein, [...] der durch die Zeitereignisse geschärfte politische Sinn« und der virulente Antisemitismus, »der einen neuen, haßerfüllten und agressiven Charakter anahm.«[8] Jonas spricht von einem gewohnheitsmäßigen Antisemitismus, der vor 1933 geherrscht habe und sich etwa in Hänseleien unter Jungen geäußert habe. Aber »wenn es sich um einen Witz auf Kosten von Juden handelte, dann überkam mich die blinde Wut.« Bereits als Schüler also grenzte sich Jonas im Nationalbewusstsein einer jüdischen Identität ab und verstand sich nicht länger, wie seine Eltern und Verwandten, als »deutsche[r] Staatsbürger jüdischen Glaubens«[9].

Vielleicht war es dieses frühe, am Zionismus orientierte Selbstverständnis, das Jonas bereits im Spätsommer 1933 emigrieren ließ. Auch die gesetzlichen Willkürverbote, wie das Gesetz zur Wiederherstellung des Berufsbeamtentums, vertrieben jüdische Wissenschaftler von den Universitäten. So verwehrte man Jonas die Habilitation und damit die Fortsetzung seiner Universitätslaufbahn. Hans Jonas war der erste seiner Familie, der studiert hatte. Er begann sein Studium in Freiburg, wo die Philosophen Husserl, Heidegger und Jonas Cohn, ein bekannter Neukantianer, lehrten. Der junge Mönchengladbacher studierte finanziell sorgenfrei, unterstützt von seinem Vater, von 1921 bis 1928 Philosophie. Auf die Freiburger Studienzeit folgten mehrere Semester an der Berliner Friedrich-Wilhelms-Universität und ab 1924 ein Studium in Marburg, wiederum bei Heidegger und bei dem protestantischen Theologen Rudolf Bultmann, der einer seiner akademischen Lehrer und späteren Freunde wurde. Bekannt wurde Bultmann durch seine historisch-kritische Methode, mit der er die Schriften des Alten und Neuen Testaments untersuchte und die Jonas mit seinen Forschungen auch in die Judaistik einführte. In Marburg lernte er die junge Hannah Arendt kennen, mit der er, abgesehen von einem heftigen Streit um ihr Buch ›Eichmann in Jerusalem‹, eine lebenslange Freundschaft pflegte.[10] Nach weiteren Stationen in Heidelberg, Bonn und Frankfurt am Main promovierte Jonas schließlich in Marburg bei Heidegger mit der Dissertation ›Der Begriff der Gnosis‹[11], und zwar mit der höchsten Abschlussnote ›summa cum laude‹. Weitere Studien schlossen sich an. 1930 erschien die Studie ›Augustin und das paulinische Freiheitsproblem‹[12]. Eine große Arbeit Gnosis und spätantiker Geist[13], eigentlich als Habilitationsschrift geplant, konnte noch 1934 in einem ersten Teil veröffentlicht werden.

Doch zur Habilitation selbst und einer Fortsetzung einer Hochschullaufbahn in Deutschland kam es wegen der ›Machtergreifung‹ der Nationalsozialisten nicht mehr. Interessant ist bei aller Konsequenz, mit der Jonas an seiner akademischen Karriere arbeitete, dass er niemals die Auswanderung nach Palästina aufgegeben hat. So machte er während seines Studiums von März bis Oktober 1923 als Vorbereitung für die Auswanderung nach Palästina ein landwirtschaftliches Praktikum in Wolfenbüttel.[14] Mit seiner Auswanderung 1933 über London nach Palästina begannen Jahre zunehmender finanzieller Verarmung und beruflicher Unsicherheit. Jonas' Wiedergutmachungsakte und seine autobiographischen Erinnerungen zeigen uns nicht den berühmten alten Hans Jonas. In ihnen begegnet uns ein junger Geisteswissenschaftler, in dessen schwieriger Lebenssituation sich diejenige einer ganzen Generation jüdischer Wissenschaftler widerspiegelt. Wir alle kennen die berühmten Emigranten der ›ersten Reihe‹ der wissenschaftlichen Forschung, allen voran Albert Einstein. Der Schöpfer der Relativitätstheorie konnte seine Universitätskarriere in den USA bruchlos fortsetzen. Was aber geschah mit den vielen anderen? Denjenigen, die mit Mitte vierzig etwa schon zu alt für eine Hochschullaufbahn im Ausland waren oder, wenn sie jünger waren, deren Forschungsgebiet zu unbekannt und abgelegen war, um sich ohne Brüche in die Forschungslandschaft des fremden Landes einfügen zu können?

Letzteres trifft auf Hans Jonas sicher zu.[15] Zwar begegneten ihm in der Emigrantenszene im Umkreis der Universität Jerusalem bekannte Persönlichkeiten wie Martin Buber. Doch die alternativ geplante landwirtschaftliche Arbeit war nichts für den ›Geistesarbeiter‹ Jonas, und das Erlernen der hebräischen Sprache war mühsam. Erst 1938 hielt er seinen ersten hebräischen Vortrag über ›Husserl und das Problem der Ontologie‹[16]. Man kann ermessen, wie viel Mühe ihm dieses Unterfangen bereitet haben muss. Für einen Geisteswissenschaftler, dessen methodisches Werkzeug eine ausgefeilte fachliche Begrifflichkeit und eine differenziert elaborierte Sprache ist, kann die Publikation in einer Sprache außerhalb der Muttersprache ohne Hilfe kaum gelingen.

Vergebliche Bemühungen des Privatgelehrten um eine akademische Stelle folgten. Die Hoffnung »auf eine Vakanz in dem kleinen, von unzähligen Anwärtern aus der Hitleremigration belagerten, akademischen Lehrbetrieb des Landes«[17] schwand zunehmend, ebenso das mitgeführte Privatvermögen. Hinzu kam die zusätzliche Unterstützung seines Bruders Georg. Georg Jonas wurde nach der Reichspogromnacht 1938 in das Konzentrationslager Dachau deportiert und emigrierte nach seiner Entlassung 1939 ebenfalls nach Palästina. Es folgten Jahre des Militärdienstes. Von 1940 bis 1946 war Hans Jonas Soldat der britischen Armee, ab 1944 in der jüdischen Brigade, mit der er auch gegen Ende des Krieges von Italien über Süddeutschland bis nach Venlo gelangte. Nach seiner Rückkehr nach Palästina nahm er als Soldat 1948 noch am Krieg um die Unabhängigkeit des Staates Israel teil. So erfolgte erst mit 44 Jahren 1947 eine Anstellung an der British Council School of Higher Studies, die allerdings schon 1948 mit dem Abzug der englischen Verwaltung Palästinas und der Unabhängigkeit Israels geschlossen wurde. 1949 wanderte Hans Jonas schließlich mit seiner in Palästina kennengelernten Frau Lore Weiner (Heirat 1943) und seiner kleinen Tochter Ayalah nach Kanada aus, wo er sich bessere akademische Arbeitsmöglichkeiten versprach. Doch auch die Anfänge in Kanada waren schwer und zunächst von beengten finanziellen Verhältnissen geprägt. Als Stipendiat fand er eine Unterrichtstätigkeit an der McGill University Montreal, bevor er seine erste Professur für Philosophie (Associate Professor) an der Carleton University Ottawa erhielt. Er wurde kanadischer Staatsbürger und 1955 schließlich als Professor an die renommierte New School for Social Research in New York berufen, an der auch Hannah Arendt lehrte. Zugleich siedelte die Familie nach New Rochelle bei New York über. Jonas arbeitete dort bis zu seiner Emeritierung 1976, unterbrochen unter anderem von Gastprofessuren an der Princeton University und der Columbia University. Rufe an die Hebräische Universität Jerusalem lehnte er 1952 ab, ebenso 1955 eine Berufung als Ordinarius nach Deutschland an die Universität Kiel.[18]

Jonas als Soldat der Jüdischen Brigade, 1944
Privatbesitz Ayalah Jonas Sorkin

Nach dem Krieg vollzog Jonas eine Aufarbeitung seines Emigrationsschicksals und der Verfolgung seiner Familie in mehrfacher Hinsicht. Vergleichsweise einfach, wenngleich langwierig, gestaltete sich die Regulierung seiner Ansprüche nach dem Bundesentschädigungsgesetz von 1953. In einem Begleitschreiben machte er geltend, er sei wegen seiner jüdischen Abstammung, aus ›Gründen der Rasse oder des Glaubens‹ verfolgt worden. Doch dafür einen direkten Nachweis zu erbringen, schien nahezu unmöglich, da er bereits 1933 emigriert war. Letztlich gab man sich mit der Auskunft aus einer angeforderten Gestapo-Akte zufrieden, die allerdings für die deutschen Behörden nicht einsehbar war. Die Auskunft vom 22. Januar 1957 aus dem Melderegister der Stadt Mönchengladbach führte ihn mit deutscher Staatsbürgerschaft und israelitischer Religion. Die weitergehende Anfrage, ob das Geburtsregister einen inzwischen gelöschten Randvermerk enthalte, es müsse der zusätzliche Vorname ›Israel‹ geführt werden, gelangte aufgrund der frühen Emigration natürlich zu keinem abschließenden Ergebnis. Es existierte lediglich ein Hinweis auf eine Akte bei der Gestapo Düsseldorf durch den Internationalen Suchdienst des Roten Kreuzes, der wiederum auf ein Verzeichnis des World Jewish Congress Information Department verwies: Die angefragte Gestapo-Akte enthalte lediglich den Hinweis »1933 nach Palästina ausgewandert«[19]. Auch die angegebenen beruflichen Verzögerungen bis zur Professur wurden untersucht.

Aus heutiger Sicht mag die angeforderte Beglaubigung der wissenschaftlichen Relevanz der Arbeiten Jonas' nahezu entwürdigende Züge tragen. Doch Jonas brachte sie bei, er verwies unter anderem auf Referenzen Bultmanns und Löwiths – ein Freund und einer der damals bekannten Heidegger-Schüler. Aber in den fünfziger Jahren waren seine Forschungen eben diejenigen eines weithin Unbekannten, die zudem über ein Jahrzehnt zurücklagen. Immerhin, am Ende wurde sein Anspruch auf Pensionsausfälle und weitere Ansprüche anerkannt, da seine Universitätslaufbahn hin zum ordentlichen Professor erheblich verzögert worden sei.[20]

Wie passt diese jahrelange Auseinandersetzung zu Jonas' Anmerkungen in seinen ›Erinnerungen‹, nach denen er den Anblick der durch einen britischen Bombenangriff zerstörten väterlichen Fabrik auf der Hofstraße in Mönchengladbach recht fatalistisch hingenommen hatte? Jahre später traf er den Piloten unter seinen Studenten in Ottawa, dem er Bilder aus seiner Mönchengladbacher Zeit 1945 zeigte und sagte: »Da sehen Sie [...], das war einmal meine väterliche Fabrik. Und Ihre gründliche Arbeit führt dazu, daß ich keine Entschädigungszahlung für unser Eigentum erhalten konnte. [..] Don't be sorry [..] Auch ich hätte das getan, wenn ich ein Flieger gewesen wäre.«[21] Wenn das Wiedergutmachungsgesetz überhaupt einen Sinn hatte, dann sicher nicht den, ›wiedergutzumachen‹, was niemals wiedergutzumachen ist. Es ist vielmehr die Rückkehr des Rechts in ein Gemeinwesen, das in juristischer Willkür und Staatsterror ›versumpft‹ war, wie Ebbing-haus schrieb. Ist das nicht der eigentliche Beweggrund vieler jüdischer Opfer und ihrer Hinterbliebenen, sicher aber der Antrieb des Philoso-phen Hans Jonas, dass ihnen endlich wieder Recht geschehe, sie also endlich als Menschen mit unveräußerlichen Rechten, als Bürgerinnen und Bürger akzeptiert werden?

In Mönchengladbach erfuhr er Mitte 1945 auch von der Ermordung seiner Mutter in Auschwitz: »Die Frau, die mir davon berichtete, hatte mit ihrer Tochter überlebt – sie waren erstens arbeitsfähig und zwei-tens jung genug, vom SS-Personal zu sexuellen Diensten gezwungen zu werden. Aber so etwas konnte man ja nicht fragen: ›Wie kommt es, daß du und deine Tochter überlebt haben?‹ Diese Frau jedenfalls erzählte mir unter Tränen, was mit meiner Mutter geschehen war.«[22] Unter dem Eindruck der nationalsozialistischen Verbrechen und der Nachricht von der Ermordung seiner Mutter in Auschwitz fand Jonas harte Urteile: »Von mir aus konnte das deutsche Volk einfach zum Teufel gehen. Meinem Gefühl nach war die deutsche Schuld so unge-heuerlich, daß die einzige angemessene Haltung öffentliche Bußgänge und allgemeine Zerknirschung gewesen wäre, doch ich sah, daß, von den Freunden abgesehen, die meisten Deutschen, mit denen man in Berührung kam, entweder nicht wahrhaben wollten, was geschehen war, oder unaufhörlich versicherten, selbst nicht beteiligt gewesen zu sein. [...] Ich vernahm nicht ein einziges Mal ein Bekenntnis der Ver-blendung, sondern lauter Unschuldsbeteuerungen und Leugnungen dessen, was ans Tageslicht kam.«[23]

Trotzdem: Seine Einstellung zu Deutschland und den Deutschen wur-de wohl mit zunehmendem Alter milder. Beigetragen haben sicher die Begegnungen mit seinem ehemaligen Lehrer Rudolf Bultmann direkt nach dem Krieg. Bultmann, Mitglied der Bekennenden Kirche und Gegner des Nationalsozialismus, empfing den ehemaligen Schüler bei seinem ersten Besuch in Marburg 1945 mit einer Frage nach dem ein-gepackten Buch, das Jonas unter dem Arm trug: »Darf ich hoffen, dass dies der zweite Band der Gnosis ist?« Man mag ermessen, was diese Frage für Jonas bedeutet haben muss. Er selbst beschrieb diese Episode so: »Zum ersten Mal zog neben der schrecklichen Bitterkeit, die mich seit meiner Rückkehr nach Deutschland erfüllte, wieder so etwas wie Friede in mein Herz ein.« Dass jemand über diese Zeiten der Not und Zerstörung, des Untergangs einer ganzen Welt hinweg an der Hoffnung festhielt, sein Schüler könne sein begonnenes Werk doch noch fortsetzen, habe die Möglichkeit von Versöhnung eröffnet: »Was sich in diesem Augenblick ereignete, war die Wiederherstellung eines Vertrauensverhältnisses zu einem Menschen deutscher Herkunft.«[24] Die freundschaftliche Beziehung zu Bultmann und seiner Frau hielt bis zu dessen Tod 1976.

Irreparabel zerstört hingegen blieb das Verhältnis zu Heidegger. Mehrfach entzog sich Jonas Heideggers Versuchen einer erneuten Kontaktaufnahme, zu der er sich erst bereitfinden könne, wenn Heidegger, so wie er sich öffentlich in seiner Rektoratslehre von 1933 zum Nationalsozialismus bekannt habe, sich auch öffentlich von diesem wieder distanziere. Denn Heidegger hatte in dieser Rede zustimmend das nationalsozialistische Programm der Erneuerung der Universität vorgetragen. Eine öffentliche Distanzierung oder gar ein öffentlicher Ausdruck des Bedauerns über die nationalsozialistischen Gräueltaten aber hat Heidegger in den Jahrzehnten nach dem Krieg bis zu seinem Tod nie vorgenommen, vermutlich noch nicht einmal im privaten Kreis. Nicht nur Hans Jonas hat das bedauert, auch die Weggefährten der Zwanziger-Jahre, allen voran Karl Jaspers, der sich trotz nationalsozialistischen Drucks nicht von seiner jüdischen Frau scheiden ließ. Jaspers wurde ab 1937 an der Universität Heidelberg mit Lehrverbot belegt, ab 1938 auch mit Publikationsverbot. Trotzdem wollte er nicht allein ohne seine Frau in die Schweiz emigrieren. Noch 1945 mit Deportation in ein KZ bedroht, schien als letzter Ausweg der gemeinsame Suizid von Karl und Gertrud Jaspers zu bleiben, doch Heidelberg wurde zuvor von amerikanischen Truppen befreit.[25]

Auch Hans Jonas vermochte weder die berüchtigte Rektoratsrede, noch etwa Heideggers Verhalten gegenüber Husserl in Freiburg zu entschuldigen und sprach von einer »grausamen, bitteren Enttäuschung«, die sich nicht nur auf die Person beziehe, sondern auch auf

»die Kraft der Philosophie, Menschen vor so etwas zu bewahren.« Mit Heideggers Einschwenken in den »tosenden Gleichschritt der braunen Bataillone sei der Bankrott des philosophischen Denkens erklärt«.[26] 1969 ist es doch noch zu einem Treffen mit Heidegger gekommen, kurz vor dessen achtzigstem Geburtstag. Doch das Treffen verlief aus Jonas' Sicht enttäuschend: Kein Wort über die Ereignisse nach 1933, kein Bedauern über die Morde an den Juden und »über das Schicksal meiner Mutter«. Heidegger blieb hier stumm, und was »uns beide auf Dauer trennte, blieb von Schweigen umhüllt«.[27]

Mit der Distanzierung von Heidegger kehrte Hans Jonas zu den philosophischen Wurzeln zurück. Anderes wurde wichtig: Arbeiten zu einer philosophischen Biologie etwa entstanden und die Analyse der Grundlagen einer Philosophie des Organischen auf der Grundlage einer Ontologie mit aristotelischen Wurzeln. Inspiration empfing er von den Arbeiten Whiteheads, dem in Großbritannien und den USA bekannten Naturphilosophen und Metaphysiker. Die strenge Trennung zwischen Subjekt und Objekt, zwischen Organischem und Anorganischem müsse überwunden werden, wie sie der neuzeitlichen Naturwissenschaft und Naturphilosophie zugrundeliege. Neue Fragen fesselten ihn: Bildet denn nicht das Geistige das Organische vor, liegt nicht in der Materie schon die Möglichkeit des Geistigen? Und bedarf nicht das Geistige umgekehrt nicht immer schon einer organischen Basis? Zeigt sich nicht bereits im organischen Vorgang des Stoffwechsels die Freiheit hin zur Entwicklung immer höher entwickelter organischer Formen? Naturphilosophische Fragen und Theorien, die ihre Entsprechungen bei Helmuth Plessner etwa oder Nicolai Hartmann finden.[28]

Auf dieser naturphilosophischen Grundlage wandte sich Jonas schließlich zunehmend ethischen Fragestellungen zu, die insbesondere das Verhältnis des Menschen zur Natur und seinen Umgang mit der Technik betrafen. Fragen nach Würde und Wert des Lebens beschäftigten ihn zunehmend, Fragen, die später etwa ganz praktisch und konkret in Stellungnahmen zu ethischen Grenzen der Klonierung von Lebewesen und insbesondere Menschen oder den ethischen Rechtfertigungen von Organtransplantationen mündeten. Wann ist ein Mensch tot? Wenn der Hirntod eingetreten ist? Und dürfen in diesem Fall, zur Rettung anderer, auch ohne Einwilligung Organe zum Zwecke der Transplantation entnommen werden? Jonas verneinte dies mit dem Hinweis, dass »niemand das Recht auf ein Organ eines anderen Menschen besitze«[29].

Kaum war es wohl Zufall, dass er sich spät, mit Mitte siebzig, wieder des Deutschen als Wissenschaftssprache bediente. In gewisser Hinsicht bedeutete die Verwendung der deutschen Sprache eine Rückkehr zur deutschen Philosophietradition und ihrer Wurzeln in der Studienzeit der 20er-Jahre, die sich in den naturphilosophischen Arbeiten bereits ankündigte. Denn die Arbeiten zur Philosophie des Organischen erweisen sich im Rückblick als Vorarbeiten zu Jonas' Hauptwerk. Es weitet sich der Blick über alle Nationalismen und jede Vergangenheitsbewältigung hinaus auf die unabweisbaren Belange »der Menschheit« selbst. 1979 erschien Hans Jonas' wohl bedeutendstes und wichtigstes Buch, ›Das Prinzip Verantwortung‹, das Buch, mit dem er weltweit bekannt wurde und das den Weg in eine ›neue‹ Ethik wies: »Handle so, daß die Wirkungen deiner Handlungen verträglich sind mit der Permanenz echten menschlichen Lebens auf Erden«, heißt es dort.[30] Eine neue Ethik müsse gefunden werden, die sich nicht nur an das Individuum und seine persönliche Verantwortung richte, sondern an die Menschheit selbst. Atombomben, Überbevölkerung, Raubbau an der Natur sind nur einige Faktoren, die den Fortbestand der Menschheit bedrohen. Erstmals in ihrer Geschichte sei Technik in der Lage, nicht nur beliebig große Zerstörungen anzurichten, sondern unseren Planeten und die Gesamtheit unserer Lebensbedingungen selbst zu zerstören.

Jonas fragt hier nicht nach den institutionellen Bedingungen, die den Fortbestand der Menschheit sichern könnten. Seine Fragestellung liegt solchen Überlegungen noch voraus. Es ist nicht die Frage, ob demokratische oder diktatorische Systeme eher geeignet seien, diesen Fortbestand der Menschheit zu sichern, nein, er will ein Bewusstsein für die Notwendigkeit herstellen, die Menschheit zu erhalten. Was ihn umtreibt, ist ein neuer allgemeingültiger kategorischer Imperativ, gewissermaßen eine Aktualisierung und Weiterführung der kantischen Ethik für die technologische Zivilisation. Früher sei ein solches Bewusstsein menschlicher Abhängigkeit von der Natur die christlich-jüdische Tradition und die traditionelle Ethik mit ihren überkommenen Vorstellungen von Gut und Böse gewesen. So hat die Genesis den Menschen als Sachwalter Gottes auf Erden gesehen, der über die Natur und ihre Geschöpfe gerecht zu herrschen habe. Mit dem Verlust religiöser Überzeugungen sind daher neue ethische Begründungen notwendig geworden.

Die Gedanken kehrten immer wieder zurück – auch wissenschaftliche Reflexion kann den erlebten Terror nur unvollkommen begreifen. Noch einmal fand der Greis die Energie zu einer neuen, wegweisenden Studie, basierend auf einem Festvortrag. ›Der Gottesbegriff nach Auschwitz‹ demontiert das traditionelle jüdisch-christliche Gottesverständnis auf eine radikale Weise. Am Lebensende fand Jonas zurück zu den spekulativen Anfängen, indem er auf dem Hintergrund des Genozids, für den Auschwitz steht, eine neue »Lösung« des Theodizee-Problems suchte, wenn er auch diese späten metaphysischen Versuche als »Gestammel« abtat.[31] Die persönlich bedrängende Frage, wie Gott Auschwitz habe geschehen lassen können, und die scheinbar akademische Frage, wie sich moderne Naturwissenschaft und Theologie vereinbaren lasse, mündeten in eine weitere intellektuelle Reise. Sie bedeutete den Abschied von der Vorstellung eines liebenden und zugleich allmächtigen Gottes. Denn der liebende Gott habe wohl keine Möglichkeit des Wirkens in dieser Welt, außer sich hörbar zu machen über den Geist des Menschen, der ein Zeugnis für ein »Überweltliches im Weltgetriebe« zu sein scheint: »Das ist nur Menschen möglich, die physische Organismen sind und die Dinge in der Welt zu bewegen vermögen. [...] Durch seinen Geist kann Gott gleichsam Macht zurückgewinnen, ebenso wie er auch scheitern kann durch das Versagen der Menschen. Es ist nicht gesagt, daß Gott Gehör findet in den Seelen und daß die von ihm erleuchteten Propheten sich durchsetzen – [...] vor allem nach Auschwitz.«[32]

171

Hans Jonas an seinem Schreibtisch in New Rochelle
Privatbesitz Ayalah Jonas Sorkin

Zahlreiche nationale und internationale Ehrungen fielen in die letzten Lebensjahre. Hans Jonas, der Deutschland nur mit der Waffe »als Soldat einer erobernden Armee«[33] wieder betreten wollte, nahm schließlich am 16. November 1989 die angetragene Ehrenbürger-Würde seiner Heimatstadt Mönchengladbach an. Er starb am 5. Februar 1993 in New Rochelle bei New York.

1 Hans Jonas: Erinnerungen. Nach Gesprächen mit Rachel Salamander. Hg. v. Christian Wiese. Frankfurt am Main 2003. S. 220 [künftig zitiert: Jonas: Erinnerungen]. Raphaelson wurde mit seiner Mutter nach Theresienstadt deportiert; nur Raphaelson überlebte. Vgl. Holger Hintzen: Paul Raphaelson und Hans Jonas. Ein jüdischer Kapo und ein bewaffneter Philosoph im Holocaust. Köln 2012.

2 Hans Jonas: Das Prinzip Verantwortung. Versuch einer Ethik für die technologische Zivilisation. Frankfurt am Main 1984.

3 Immanuel Kant: Zum ewigen Frieden, 6. Präliminarartikel. In: Gesammelte Werke, Band VIII (Akademie-Ausgabe). Berlin 1912/23. S. 46. Ebbinghaus hat seine Radioreden und Reden als erster Nachkriegsrektor der Universität Marburg in einer kleinen Studie mit dem Titel ›Zu Deutschlands Schicksalswende‹ zusammengefasst. Er sagte etwa über die nationalsozialistische Moral: »Sie gipfelt in der Vernichtung des Menschen als eines verantwortlichen Wesens [...] bedingungslose Unterwerfung unter den Willen eines Menschen in allen Forderungen – gerade das ist es, wodurch der Mensch sein Vorrecht, Mensch zu sein, wegwirft. Niemand kann sich der Pflicht, die ihm selbst die Verantwortung für seine Taten auferlegt, entziehen.« Julius Ebbinghaus: Der Nationalsozialismus und die Moral. In: ders.: Gesammelte Schriften. Bd. 1. Hg. v. Hariolf Oberer und Georg Geismann. Bonn 1986. S. 124.

4 Julius Ebbinghaus: Nationalismus und Patriotismus. In: Julius Ebbinghaus: Gesammelte Schriften Band 1. Hg. v. Hariolf Oberer und Georg Geismann. Bonn 1986. S. 155.

5 Jonas: Erinnerungen. S. 241.

6 Die Lebenswege der Mönchengladbacher Familie werden in einem eigenen Kapitel ausführlich dokumentiert in Günter Erkens: Juden in Mönchengladbach, Band 2, Mönchengladbach 1989.

7 Jonas: Erinnerungen. S. 57ff. u. S. 74.

8 Ebd. S. 58 u. 69f.

9 Ebd. S. 58 u. S. 70.

10 Vgl. Hannah Arendt: Eichmann in Jerusalem. Ein Bericht von der Banalität des Bösen. 9. Aufl. München 2013. Vgl. auch Jonas: Erinnerungen. S. 292-295.

11 Hans Jonas: Der Begriff der Gnosis. Inaugural-Dissertation, Teildruck Göttingen 1930.

12 Hans Jonas: Augustin und das paulinische Freiheitsproblem. Ein philosophischer Beitrag zur Genesis der christlich-abendländischen Freiheitsidee. Göttingen 1930.

13 Hans Jonas: Gnosis und spätantiker Geist. Erster Teil. Die mythologische Gnosis. Göttingen 1934. Teil 2 erschien erst Göttingen 1954.

14 Jonas: Erinnerungen. S. 104.

15 Aufschluss darüber geben in einer umfangreichen Studie für die in die USA emigrierten Wissenschaftler Stephan Duggan / Betty Drury: The Rescue of Science and Learning. The Story of the Emergency Committee in Aid of Displaced Foreign Scholars. New York 1948.

16 Hans Jonas: Husserl und das Problem der Ontologie (hebräisch). In: Mosnajim 7 (1938). S. 581–589.

17 Beilage zum Antrag von Hans Jonas auf Grund des Bundesergänzungsgesetzes zur Entschädigung der Opfer der nationalsozialistischen Verfolgung (BEG) vom 18.9.1953, datiert vom 22.9. 1956. Kartei-Nr. 226.102, Bezirksregierung Düsseldorf, Dezernat 15, Akte Hans Jonas, geb. am 10.05.1903.

18 Beilage zum Antrag Hans Jonas vom 11. Januar 1957. Ebd.

19 Comité International der la Croix-Rouge an den Oberstadtdirektor, Amt für Wiedergutmachung Mönchen-Gladbach vom 19. Februar 1958. Kartei-Nr. Ebd.

20 Ebd. S. 294ff.

21 Ebd. S. 226f.

22 Ebd. S. 221.

23 Ebd. S. 227f.

24 Ebd. S. 236.

25 Karl Jaspers: Philosophische Autobiographie. In: Ders.: Philosophische Aufsätze, Frankfurt am Main 1967. S. 204f. Zu Jaspers' Verhältnis zu Heidegger vgl. Karl Jaspers: Notizen zu Martin Heidegger. Hg. v. Hans Saner. München 1989 (Vorwort).

26 Jonas: Erinnerungen, S. 299ff. Heidegger hat seinen alten jüdischen Lehrer Edmund Husserl nach 1933 gesellschaftlich gemieden und schikaniert. Vgl. etwa: Georges-Arthur Goldschmidt: Heideggers »Engagement«. Eine Erinnerung. In: Die Zeit Nr. 6 vom 30.01.2014.

27 Jonas: Erinnerungen. S. 309.

28 Hans Jonas: The Phenomenon of Life. Toward a Philosophical Biology, New York 1966. | Vgl. auch die Laudatio von Robert Spaemann anlässlich der Verleihung des Friedenspreises des deutschen Buchhandels an Hans Jonas 1987. https://www.friedenspreis-des-deutschen-buchhandels.de/sixcms/media.php/1290/1987_jonas.pdf (25.06.2018). | Siehe auch Helmuth Plessner: Die Stufen des Organischen und der Mensch, Berlin 1928 und Nicolai Hartmann: Philosophie der Natur, Berlin 1950.

29 Jonas: Erinnerungen. S. 317.

30 Jonas: Das Prinzip Verantwortung. S. 36.

31 Jonas: Erinnerungen. S. 344. | Siehe auch Hans Jonas: Der Gottesbegriff nach Auschwitz. Eine jüdische Stimme, Frankfurt am Main 1987.

32 Jonas: Erinnerungen, S. 346.

33 Ebd. S. 132.

Toni Meyerfeld

geboren am 31. Januar 1877

Eine Biografie von Juliane Bardenberg

Die Schiffsreise von Liverpool nach New York ist im Jahr 1867 lang und beschwerlich. Dennoch nimmt der 24-jährige Tuchgroßhändler Louis Goldschmidt sie gerne in Kauf, um sich das Geschäft mit Tuchen in Amerika näher anzusehen. Er möchte Erfahrungen sammeln, die ihm helfen sollen, sein eigenes Geschäft weiter zu etablieren. Zusammen mit seinem Bruder, Moritz, betreibt Louis in der Wilhelmstraße 80 bis 82 in Aachen die Tuchgroßhandlung L. & M. Goldschmidt. Das Geschäft ist ein sehr erfolgreiches Familienunternehmen, ist in der ganzen Stadt bekannt und stets gut besucht. Louis und seine Frau Sofie, geborene Herzbach, haben einen gemeinsamen Sohn, Otto, der im April 1875 auf die Welt kommt. Bis zum Jahr 1877 reicht die Geschichte des Geschäfts in der Wilhelmstraße zurück. Im selben Jahr, am 31. Januar, kommt die Tochter des Ehepaars Goldschmidt auf die Welt.[1]

Meyerfeld und Herz

Antonie Goldschmidt, genannt Toni, heiratet im Alter von 22 Jahren, am 9. Dezember 1899, den aufstrebenden Tuchfabrikanten Otto Meyerfeld. Der acht Jahre ältere Otto und sie haben einen ähnlichen familiären Hintergrund; beide stammen aus angesehenen Tuchfabrikantenfamilien und haben die Produktion von Tuchen in die Wiege gelegt bekommen. Ottos Vater Max Meyerfeld betreibt zusammen mit seinem Partner Julius Levy ebenfalls eine Tuchgroßhandlung. Meyerfeld & Levy wird bereits im Adressbuch des Jahres 1868 in der Bahnhofstraße 12 erwähnt und nachweislich ab 1877 in der als Eigentum erworbenen Wilhelmstraße 62 fortgeführt. Am 13. Juli 1901 kommt ihr erstes Kind, Hans Ludwig, auf die Welt. Zwei Jahre später, am 19. Januar 1903, folgt eine Tochter: Lilli. Bald darauf bauen Toni und Otto ein erstes eigenes Wohnhaus in der neu erschlossenen Herzogstraße 16.[2]

Toni hat keinen Beruf erlernt, sie ist Hausfrau und kümmert sich ausschließlich um die Organisation des Haushalts und die Beaufsichtigung des Dienstpersonals. Otto ist zeitlich sehr in die Tuchfabrikation eingespannt. Zwei Jahre bevor er Toni heiratet, gründet Otto am 4. März 1897 zusammen mit Louis Herz die Tuchfabrik Meyerfeld & Herz, die als Handelsgesellschaft ins Handelsregister des Amtsgerichts Aachen eingetragen wird. Später, im Jahr 1920, tritt der jüdische Fabrikant Rudolf Wolf als Gesellschafter der Firma bei. Ihren Sitz hat die Firma bis 1908 im Kirberichshofer Weg 6a, später in der Roermonderstraße 7 bzw. 19. Zwei Mal wird die Fabrik nach ihrer Verlegung in die Roermonderstraße ausgebaut: Ende 1910 gibt die Gewerbe-Inspektion Aachen erstmals der Erweiterung des Fabrikgebäudes statt und 1927 folgt eine zweite Erweiterung mit dem Bau einer neuen Halle. Die Tuchfabrik besitzt nun drei große Shedhallen, in denen die Spinnmaschinen und Webstühle zur Tuchproduktion untergebracht sind. Zeugenaussagen in der entsprechenden Entschädigungsakte belegen, dass Meyerfeld und Herz zu den bekanntesten und angesehensten der Branche gehörte. Otto Meyerfeld zählt bereits 1910 zu den jüdischen Höchstbesteuerten mit einem Betrag von 1520 Reichsmark Einkommenssteuer.[3]

Stadtnah und repräsentativ

Im Jahr 1911 baut die Familie Meyerfeld eine größere Stadtvilla in der Rolandstraße 26 im Herzen von Aachen und folgt damit dem »damaligen Trend zum stadtnahen und repräsentativen Wohnen«[4]. Das herrschaftliche Anwesen liegt in unmittelbarer Nachbarschaft zum Geschäftspartner Louis Herz und seiner Familie, die ein Haus in der Rolandstraße 32 bezogen haben. Die Gärten beider Familien liegen nur einen Steinwurf entfernt vom Stadtgarten und dem Kur- bzw. Thermalbereich des wenige Jahre später eröffneten Quellenhofes, der noch heute fester Bestandteil des Aachener Stadtbilds ist.[5]

Toni liebt die Natur und schätzt an der neuen Wohnlage besonders die Nähe zum Lousberg. Gerne und oft geht sie hier mit ihrer Nichte Anne-Marie, der Tochter ihres Bruders Otto, spazieren. Anne-Marie genießt die regelmäßigen Spaziergänge mit ihrer »Lieblingstante«[6], die gleichzeitig ihre Patentante ist. Mit 94 Jahren sind ihr die Erinnerungen an Toni wieder so präsent, dass sie kurz vor ihrem Tod noch ihren Kindern von Toni erzählt.

Lilli Meyerfeld mit ihrem Cousin Franz-Ludwig und ihrer Cousine Anne-Marie
Privatbesitz der Familie Sterman/Taylor

Ein bürgerliches Hobby

Eine besondere Leidenschaft des Ehepaars Meyerfeld ist das Wandern. Im Jahr 1908 treten Toni und Otto dem Deutschen Alpenverein in der Sektion Aachen bei und bereisen zwei Jahre später die Ostalpen bis in das Gebiet des Großglockners. Die beiden nehmen weite Anfahrtswege in Kauf, um ihrem Hobby nachzugehen, bestreiten zahlreiche Gipfelbesteigungen und Wanderungen in der Schweiz, Österreich und Bayern. Gemeinsam bereisen sie auch Städte und Ferienorte wie Bad Gastein – einen Kurort mit Thermen in Salzburg, den schon Kaiser Wilhelm I. und viele andere prominente Gäste besuchten.[7]

Nachdem die Sektion Aachen des Alpenvereins Ende 1910 bereits 163 Mitglieder zählt und die Zahl immer weiter steigt, werden im Sommer Überlegungen angestellt, wie sich das Vereinsleben noch attraktiver und lebendiger gestalten lässt. Eine erste Sektionswanderung findet im November 1911 statt und wird von nun an regelmäßig alle sechs Monate veranstaltet. Die gemeinsamen Wanderungen erfreuen sich großer Beliebtheit und bleiben bis zum Beginn des Ersten Weltkrieges fester Bestandteil des Wandervereins. Auch Toni und Otto sind bei der dritten großen Sektionswanderung im Herbst 1912 mit von der Partie. 1909 tritt Tonis großer Bruder Otto, mittlerweile Hals-Nasen-Ohren-Facharzt in Aachen, dem Verein bei. Der begeisterte Wanderer nimmt an drei der fünf großen Sektionswanderungen teil.[8]

Lilli Meyerfeld Trude Außricht, Greta Goldschmidt, Hans Meyerfeld, Otto Goldschmidt, Toni Meyerfeld, Fritz Außricht (v. l. n. r.)
Privatbesitz der Familie Sterman/Taylor

Am 24. September 1936 werden neue Satzungen für das kommende Vereinsjahr beschlossen. In Anlehnung an die Bestimmungen des Deut-

schen Reichsbundes für Leibesübungen[9] heißt es darin: »Mitglieder der
Sektion müssen die Voraussetzungen erfüllen, die für den Erwerb des
Reichsbürgerrechts durch einen deutschen Staatsangehörigen reichsge-
setzlich bestimmt sind.« Diese Bestimmung beziehungsweise der sogenannte Arierparagraph betrifft ab diesem Zeitpunkt nicht nur Neuein-
tritte in den Verein, sondern jedes Vereinsmitglied, ohne Rücksicht auf
die Dauer der Sektionszugehörigkeit oder Vereinsmitgliedschaft. Es ist
keine Angabe darüber zu finden, wie lange Toni aktives Mitglied mit
Teilnahmen an Wanderungen im Deutschen Alpenverein ist. Sollte sie
1936 noch Mitglied gewesen sein, wäre sie in diesem Jahr aufgrund
ihrer jüdischen Herkunft aus dem Verein ausgeschlossen worden.

Schwierige Jahre

Am 11. November 1934 stirbt Otto unerwartet im Alter von 65 Jahren. In der Entschädigungsakte seines Schwiegersohnes Bernhard
Tisch findet sich ein von Bernhard selbst verfasster Eintrag: »Im Laufe
der Jahre bekam ich mehr und mehr Einfluss auf die technische Leitung des Betriebes besonders nach einem Unfall meines Schwiegerva-
ters, der ihn in seiner Tätigkeit sehr behinderte und an dessen Folgen
er im Jahre 1934 starb, wonach ich die technische Leitung alleine in
Händen hatte«[10]. Otto hinterlässt seine Ehefrau Toni und seine beiden
Kinder Hans und Lilli. Beerdigt wird er auf dem jüdischen Friedhof in
der Lütticher Straße in Aachen. Noch heute ist dort sein Grabstein mit
einer Widmung für Toni und den gemeinsamen Sohn Hans zu finden.
Nachfahren der Familie Meyerfeld und Tisch, die heute in England
leben, haben die Widmung angebracht.[11]

Toni erbt Ottos Anteile an der Tuchfabrik, mit Wirkung zum 1. Januar 1935 wird sie als Gesellschafterin in die Firma aufgenommen. Ein
entsprechender Vermerk ist im Handelsregister Aachen zu finden. Seit
der Machtübernahme Hitlers 1933 werden der Firma sämtliche öffentliche und staatliche Aufträge verweigert; außerdem wird ein Verbot der
Zulassung zur Fabrikation von Uniformstoffen erteilt. Die angeordnete
Boykottbewegung, von jüdischen Fabrikanten keine Ware zu kaufen,

versetzt die Gesellschafter in eine schwierige Lage: Meyerfeld & Herz muss erhebliche Rückgänge der Einnahmen und schließlich ab 1936 Verluste verbuchen. Aufgrund der finanziellen Situation und den erschwerten Bedingungen für jüdische Fabrikanten, muss im Laufe der Jahre wiederholt Material eingekauft werden, das nicht in den Rahmen der Fabrikation der Firma passt und dementsprechend minderwertige Ware erzeugt. Diese lässt sich nicht oder nur mit Verlusten wieder veräußern. Zudem ist es Toni und den drei anderen Teilhabern, unter anderem ihrem Schwiegersohn Bernhard Tisch, verboten, die mehr als 200-köpfige Belegschaft durch Kündigungen zu verkleinern.[12]

Schließlich, am 31. Mai 1938, wird die Firma auf Druck der Nationalsozialisten ›arisiert‹. Meyerfeld und Herz wird weit unter Wert an neue, ›arisch reinrassige‹ Eigentümer verkauft. Diese Eigentümer sind die Brüder Karl und Wilhelm Rummeny aus Aachen, die durch den Kauf der Firma ihre eigene Tuchfabrikation erweitern können. Unter anderen Umständen wäre das Familienunternehmen durch die Nachkommen der Familien Meyerfeld, Herz und Wolf weitergeführt worden. Aus der jüdischen Firma Meyerfeld & Herz wird die Tuchfabrik Gebrüder Rummeny vorm. Meyerfeld & Herz.[13]

Neuer Lebensabschnitt

Toni bewohnt noch vier Jahre nach dem Tod ihres Ehemannes das gemeinsame Haus in der Rolandstraße 26. Mehr als zwei Jahrzehnte lang hat sie hier mit Otto und ihren Kindern Hans und Lilli gelebt. Trotz der finanziellen Verluste beginnen Anfang des Jahres 1937 die Bauarbeiten zu einem neuen Eigenheim an der Raerener Straße 83, der heutigen Monschauer Straße, die sich bis Anfang 1938 fortsetzen. Im Juni dieses Jahres bezieht Toni den Neubau, bei dem es sich allen Umständen zum Trotz um ein herrschaftliches Anwesen handelt. Der Einzug soll einen neuen Lebensabschnitt der nun verwitweten Toni markieren.

Das Haus bietet mit seinen drei Etagen reich Platz für Toni, ihren Sohn Hans und dessen Pflegerin. Hans ist schwerkrank und arbeitsunfähig, benötigt Betreuung rund um die Uhr. Das Haus ist reich ausgestattet mit mehreren Perserteppichen, einem Steinway-Flügel, teuren Möbelstücken, Silberbestecken und teurer Tischwäsche. Sogar einen echten Sealskin-Damenpelzmantel kann Toni ihr Eigen nennen. Tonis Tochter Lilli beschreibt die Einrichtung in den Akten als »in jeder Beziehung reichlich und in erstklassiger Ausführung«[14]. Toni besitzt ebenfalls sehr wertvolle Gemälde bekannter Künstler, die Otto, der ein großer Kunstliebhaber und Sammler gewesen ist, der Familie hinterlassen hat.

Toni Meyerfeld 1935
Privatbesitz der Familie Sterman/Taylor

Der Haushalt Meyerfeld wird durch ein jüdisches Ehepaar geführt, den Metzger Arthur Wolff und dessen Frau Ruth. Arthur ist als Diener von 1938 bis März 1941 bei Toni angestellt, bis er selbst aufgrund seines jüdischen Glaubens in einem Arbeitslager in Walheim inhaftiert wird. Ruth Wolff, die geborene Christin ist und aus Protest zum Judentum konvertiert, arbeitet nachweislich bis zu ihrer Deportation für Toni.[15]

Zwangsräumung und Beschlagnahmung des Hauses

Im Frühjahr 1941 erfolgt die Räumung des Hauses in der Raerener Straße; die 64-jährige Toni und ihr 40-jährige Sohn Hans werden gezwungen, kurzfristig ihr Heim zu verlassen. Man nötigt Toni, die Villa weit unter Wert zu verkaufen. Günstige, zu ›arisierende‹ Immobilien sind zu dieser Zeit heiß begehrt und es verwundert daher nicht, dass sich sehr schnell neue ›arische‹ Eigentümer für die Villa finden. Aus den Akten geht jedoch hervor, dass die neuen Eigentümer, ein älteres Ehepaar, das Haus nie beziehen. Laut der Zeugenaussage einer ehemaligen Nachbarin Tonis wird die Villa vielmehr für Beamte der Regierung in Aachen bzw. der Geheimen Staatspolizei (kurz: Gestapo) beschlagnahmt.[16]

Zwangsüberstellung ins ›Judenhaus‹

Am 28. März 1941 folgt die Zwangsüberstellung von Hans und dessen Pflegerin in das jüdische Altenheim in der Horst-Wessel-Straße (Kalverbenden 87) nahe der Siegelallee. Dort bekommen sie insgesamt zwei Zimmer zugewiesen. Der Großteil der Gegenstände und Besitztümer aus ihrem Haus werden von der Gestapo beschlagnahmt und bleiben nach Ende des Krieges verschwunden. Toni selbst kann nur einen kleinen Teil ihrer Habe mit in ihre neue Unterkunft bringen und bekommt auch keine Möglichkeit, ihre Habseligkeiten einer dritten Person zur Aufsicht zu übergeben. Zudem ist eine Einziehungsverfügung des Regierungspräsidenten Aachen vom 25. Juli 1942 an Toni dokumentiert, in deren Folge ihr gesamtes Vermögen beschlagnahmt wird.

Toni Meyerfeld im Auto
Privatbesitz der Familie Sterman/Taylor

Wie alle Angehörigen der jüdischen Glaubensgemeinschaft ist auch Toni ab dem 19. September 1941 gezwungen, öffentlich den ›Judenstern‹ zu tragen. Der Stern muss deutlich sichtbar auf der linken Seite der Kleidung angebracht werden und kennzeichnet somit jeden, der rechtlich als ›Jude‹ und somit als Feind des NS-Regimes gilt. Warum Toni mit Hans in Aachen bleibt und keine Versuche unternimmt, Deutschland zu verlassen, ist heute nicht mehr nachzuvollziehen. Es bleibt die Frage, ob sie sich nicht ihrer Tochter Lilli, deren Ehemann, Bernhard Tisch, und der gemeinsamen kleinen Tochter Irene hätte anschließen können, die bereits Ende 1938 nach England ausgewandert waren. Ein möglicher Grund ist der Gesundheitszustand von Hans, der krankheitsbedingt oder aufgrund seiner geistigen Behinderung nicht reisefähig ist.[17]

Die ›Himmelsstraße‹

Toni und Hans bleiben nicht lange im jüdischen Altersheim: Am 22. April 1942 wird zunächst Hans nach Lublin, ins Ghetto Izbica, deportiert. Er gilt seither offiziell als verschollen. Sein Weg führt ihn mit an Sicherheit grenzender Wahrscheinlichkeit in den Tod; Izbica gilt als ›Durchgangsghetto‹, also als Zwischenstation für deportierte Juden auf dem Weg in die Vernichtungslager im Osten, vorwiegend Belzec und Sobibor. Bald darauf wird auch Toni deportiert. Mit dem Transport Nr. VIII2-118 bringt man sie am 25. Juli 1942 nach Theresienstadt. Diese Stadt selbst suggeriert den Ankommenden durch die Bezeichnung ›Ghetto‹ oder ›jüdischer Wohnbezirk‹ einen längeren Aufenthalt. Das Ghetto dient jedoch ebenfalls dem Zweck einer vorübergehenden Station auf dem Weg in die Konzentrations- und Vernichtungslager. Transporte von Theresienstadt führen ab Oktober 1942 nur noch in das Konzentrationslager Auschwitz-Birkenau.[18]

Nicht einmal zwei Monate bleibt Toni in Theresienstadt; am 21. September 1942 wird sie mit dem Transport Nr. Bp-1300 in das Vernichtungslager Treblinka deportiert. Der Transport mit insgesamt 2020 Menschen kommt am 23. September 1942 dort an. Die Anlage, die von den Nationalsozialisten im besetzten Polen betrieben wird, gilt als eines der grausamsten Vernichtungslager. Anders als beispielsweise bei Auschwitz, handelt es sich hier von Anfang an um ein Lager, das ausschließlich der Tötung dient. Der Ankunftsbereich des Lagers mit Gleis und Rampe gaukelt den Ankommenden eine kleine Bahnstation mit dem von der SS erfundenen Namen ›Obermajdan‹ vor. Die Menschen befinden sich in dem Glauben, ein Durchgangslager vor sich zu haben und später weiter in Arbeitslager transportiert zu werden. Von der SS zynisch ›Himmelsstraße‹ genannt, führt ein schmaler Weg vom Bahnsteig vorbei an den Entkleidungsbaracken für die Opfer und den Lagerräumen für ihre Habe direkt in die als Duschräume getarnten Gaskammern. Toni Meyerfeld wird am 9. Mai 1945 für tot erklärt.[19]

1   Adressbuch für Aachen und Burtscheid 1877/78, Stadtarchiv Aachen [künftig zitiert: STAA], Adressbücher. | Vgl. Andreas Lorenz: Der blinde Fleck. Zu Aachens jüdischem Tuchfabrikantentum. Aachen 2016. S. 128 [künftig zitiert: Lorenz: Der blinde Fleck]. | Vgl. Geburtsurkunde, Standesamt Aachen, Bezirksregierung Düsseldorf, Dezernat 15, Archiv, [künftig: BR Düsseldorf], ZK 437 554a.

2   Vgl. Heiratsurkunde, Standesamt Aachen, 15.9.1956, LAV NRW R, BR 3000 1138. | Vgl. Adressbuch für Aachen und Burtscheid 1877/78, STAA, Adressbücher. | Vgl. Geburtsurkunden Hans Ludwig Meyerfeld und Lilli Meyerfeld, Standesamt Aachen, 10.5.1949, LAV NRW R, BR 3000 1138. | Vgl. Lorenz: Der blinde Fleck. S. 129.

3   Vgl. Abschrift aus Handelsregister Aachen, 09.12.1954, BR Düsseldorf, ZK 432 605. | Vgl. Bauaufsichtsakte Roermonderstr. 7/19, 12143/1, STAA, Umbenennung der Hausnummer. | Vgl. Herbert Lepper: Von der Emanzipation zum Holocaust. Die Israelitische Synagogengemeinde zu Aachen 1801-1942. Bd. 2, Aachen 1994, S. 1502f.

4   Lorenz: Der blinde Fleck. S. 129.

5   Vgl. Adressbuch für Aachen und Umgebung 1936, STAA, Adressbücher.

6   Gespräch von Juliane Bardenberg mit Sheila Sterman, Tochter von Anne-Marie Goldschmidt und Großnichte von Toni Meyerfeld, 06.06.2018.

7   Vgl. Anton Ernst Lafenthaler: Geschichte Gasteins: Kurgäste Gasteins, https://gastein-im-bild.info/gegaest1.html (29.06.2018).

8   Vgl. o. A.: Die Sektion Aachen des Deutschen Alpenvereins: Im Wandel von acht Jahrzehnten. o. O. o. J., S. 10f., STAA, C154s. | Vgl. Ingbert Babst: Zwischen Kaiserstadt und Konzentrationslager. Jüdische Alpenvereinsmitglieder in der Sektion Aachen. Sonderveröffentlichung des Alpenvereins. Ausgabe Dezember 2008, https://www.dav-aachen.de/static/downloads/davon/davon-2015-2/zwischen-kaiserstadt-und-konzentrationslager.pdf (07.09.2018).

9   Vgl. Dachverband aller Turn- und Sportvereine im Deutschen Reich, http://www.lexikon-drittes-reich.de/Deutscher_Reichsbund_f%C3%BCr_Leibes%C3%BCbungen (29.06.2018).

10   BR Düsseldorf, ZK 432 605.

11   Vgl. Grabinschrift Otto Meyerfeld, Jüdischer Friedhof Aachen, Lütticher Straße.

12   Vgl. Schilderung des Schadens am wirtschaftlichen und sozialen Fortkommen, April 1954, BR Düsseldorf, ZK 432 605.

13   Vgl. Abschrift aus Handelsregister Aachen, 9.12.1954, ebd.

14   Zeugenaussage Lilli Tisch, 21.04.1954, LAV NRW R, BR 3000 1138.

15   Vgl. Manfred Bierganz u. Annelie Kreutz: Juden in Aachen. Aachen 1988. S. 140–145. | Vgl. Zeugenaussage Ruth Wolff, 23.08.1963, LAV NRW R, BR 3000 1138.

16   Vgl. Zeugenaussage Leni Helbig, 22.08.1963, LAV NRW R, BR 3000 1138.

17   Vgl. Angaben der Jüdischen Gemeinde Aachen, 20.05.1957, ebd. | Vgl. Schilderung des Verfolgungsvorganges, April 1954, S. 5, BR Düsseldorf, ZK 432 605.

18 Vgl. Bettina Offergeld: Gedenkbuchprojekt für die Opfer der Shoah aus Aachen e.V., Personensuche Meyerfeld. http://www.gedenkbuchprojekt.de/html/search-results.php (29.06.2018). | Vgl. Linde Apel: Das Ghetto Theresienstadt, Deutsches Historisches Museum, https://www.dhm.de/lemo/kapitel/der-zweite-weltkrieg/voelkermord/ghetto-theresienstadt.html. (29.06.2018).

19 Vgl. Liste aller Transporte aus Theresienstadt, http://katalog.terezinstudies.cz/deu/ITI/database/tr_out_to (29.06.2018). | Vgl. Jenny Oertle: Das Vernichtungslager Treblinka. Deutsches Historisches Museum. https://www.dhm.de/lemo/kapitel/der-zweite-weltkrieg/voelkermord/vernichtungslager-treblinka.html (29.06.2018).

Erich Voss

geboren am 21. Juni 1906

Eine Biografie von Milena Rößner

Sue manche leeve Wöschelter	So mancher lieber Würselener
wohnt lang at net mie hej	wohnt lange schon nicht mehr hier
Et Schicksal droch hem	Das Schicksal trug ihn
erjens hen;	irgendwo hin;
doch wür e leever heem.	Doch wäre er lieber zu Hause.
E drömt, dat her	Er träumt(e), dass er
sich objemaht;	sich aufgemacht;
könnt läve wie dervör	könnt' leben wie zuvor.
küem müsjensstell dann,	käm' mucksmäuschenstill dann
en de Naaht	in der Nacht,
söng vör de Mamm sing Dör.	säng' vor der Mutter Tür.[1]

Schon fast ein halbes Jahrhundert lebt Erich Voss in Brasilien, seine geliebte Heimat Würselen trägt er aber noch immer im Herzen.
1983 schreibt er in einem Brief an den Würselener Mundartsänger
Friedel Schwartz: »Als ich das erste mal das Würselner Heimatlied
auf der Platte hörte und die 5te Strofe kam ›Sue manche leeve Wö-
schelter wohnt lang at net mie hej‹ habe ich wie ein kleines Kind
geweint an meine Kindheit zurück gedacht und gesagt: Es gibt nur
ein Wöschele! Würselen die Stadt der Jungen Spiele, Würselen die
Stadt der Freunde.«[2]

Ein Junge aus ›de Röb‹

Als Sohn des Metzgermeisters Gottschalk Voss wird Erich in kleinbürgerlichen Verhältnissen aufwachsen. Gottschalk kommt in den
1850er-Jahren nach Bissen, heute ein Ortsteil der Stadt Würselen.
Nach Gesellenjahren und Meisterprüfung eröffnet Gottschalk, ebenso
wie sein Bruder Jakob und wie einst schon Vater Levy, eine eigene
Metzgerei. 1885 heiratet er Sophia Strauss; aus der Ehe gehen die
vier Kinder Selma, Leopold, Heinrich und Bertha hervor. Gottschalks
Familienglück wird nach neunzehn gemeinsamen Jahren mit seiner
Frau zerstört: Sophia verstirbt am 10. Juli 1904, nur ein Jahr darauf
trifft die Familie ein weiterer Schicksalsschlag, als Heinrich bei einem
Unfall ums Leben kommt.[3]

Kurze Zeit später heiratet Gottschalk erneut. Er ehelicht die 28 Jahre
jüngere Hilda Strauss. Als erstes Kind der neuen Ehe wird am 21. Juni
1906 der Sohn Erich geboren, rund vier Jahre danach folgt Erichs kleine Schwester Sibilla. Mit Gottschalks Kindern aus erster Ehe bilden sie
eine siebenköpfige Familie und führen ein Leben, in dem ihr jüdischer
Glaube und das Brauchtum ihrer Heimat gleichermaßen Platz finden:
Die Metzgerei des Vaters auf der Klosterstraße verkauft ausschließlich koscheres Fleisch, gleichzeitig feiert man das Weihnachtsfest.[4] Die
Familie bildet damit keine Ausnahme. Wie an vielen anderen Orten
auch, ist es in Würselen damals üblich, dass in den Häusern der Juden
zur Winterzeit sowohl neun Kerzen anlässlich des Chanukkafestes als
auch die Lichter des Weihnachtsbaums durch die Fenster scheinen.[5]

Die Gegend entlang der Klosterstraße, in der Erich viel Zeit verbringt,
ist im Volksmund als ›de Röb‹ (hochdeutsch Rübe) bekannt – eine
Namensgebung, die sich wahrscheinlich dem nahegelegenen Hof des
Bauern Kahlen verdankt. Den Bauernhof, die Umgebung, seine damaligen Spielgefährten und vieles mehr verbindet Erich mit seiner glücklichen Kindheit in ›de Röb‹: »Dann zieht in Gedanken, die Jugend,
das Elternhaus, die Freunde, Rhenania und die ganze Stadt mit ihren

Ecken und Kanten, die Schule, die Schwestern (Orden Franziskaner), Drucks Kino, de Röb (Kahlens) und alles Geliebte an einem vorbei.«[6]

Erich besucht zunächst die Volksschule. Seinen Schulalltag verbringt er dadurch größtenteils mit christlichen Kindern. Mit zehn Jahren wechselt er zur Mittelschule im nahegelegen Aachen. Kurz vor dem Wechsel zur Mittelschule, und nur wenige Tage vor Erichs zehntem Geburtstag, verstirbt sein Vater am 8. Juni 1916. Wie seine erste Frau Sophia wird Gottschalk Voss auf dem jüdischen Friedhof in Morsbach begraben. Der Erste Weltkrieg ist zu dieser Zeit in vollem Gange, doch Erich ist, anders als sein Halbbruder Leopold, noch zu jung, um als Soldat eingezogen zu werden. Leopold geht, wie bereits sein Onkel Jakob, an die Front. Gegen Ende des Ersten Weltkrieges ist Leopold bei Sancy stationiert. Am 8. September 1918 fällt er für das Deutsche Kaiserreich.[7]

Neuanfang mit der süßen Ecke

Irgendwie muss das Leben der Familie Voss nach dem Tod des Vaters weitergehen. Mutter Hilda steht vor der Frage, wie sie den Lebensunterhalt für sich und ihre Kinder aufbringen soll. Sie findet eine Antwort: Den Umstand, dass sich seit dem 19. Jahrhundert eine bedeutende Zigarrenindustrie in Würselen entwickelt hat, nutzt sie für einen Neuanfang. In den Räumen der Metzgerei eröffnet sie ein Geschäft für Tabakwaren, beliefert wird sie durch die befreundete Familie Speckgens. Schon bald ist das Geschäft im ganzen Ort als ›D'r söße Eck‹, die süße Ecke, bekannt – Hildas Idee, Tabak und Süßigkeiten zu verkaufen, hatte sich als goldrichtig erwiesen. Die Großzügigkeit der frischgebackenen Geschäftsfrau, gerne ein oder zwei Gratis-Bonbons mit in die Süßigkeitentüten zu packen, macht sie vor allem bei ihrer jungen Kundschaft beliebt.[8]

Auch Erich erlangt in Würselen eine gewisse Bekanntheit, als er der 1924 gegründeten Handballabteilung von S.V. Rhenania 05 beitritt. Obwohl die Mannschaft anfangs viele Niederlagen verkraften muss, bleibt der sportbegeisterte Erich bei der Sache; bis zu seiner Auswanderung ist er fester Bestandteil der Mannschaft. Die Kameradschaft zwischen Erich und seinen Mannschaftskollegen reicht bald über die Grenzen des Sportplatzes hinaus. Es entwickeln sich Freundschaften, die bis ins hohe Alter halten werden. Auch zu den Vereinsmitgliedern aus den Fußballmannschaften hat Erich ein gutes Verhältnis; neben anderen zählt der Fußballer Wilhelm Speckgens zu seinen Freunden.[9] Wenn die Handballer nicht gerade Seite an Seite auf dem Platz für den Sieg kämpfen, unternehmen die »Schwarz-Gelben vom Lindenplatz«[10] gerne Ausflüge mit ihren Fußballkollegen.

Ausflug mit dem Verein, Erich in der 1. Reihe, 2. v. l.
Kulturarchiv der Stadt Würselen

Lehre und Liebe

Bis zu seinem vierzehnten Lebensjahr besucht Erich die Mittelschule in Aachen. Obwohl er weiß, dass er ›d'r söße Eck‹ eines Tages übernehmen könnte, entscheidet sich Erich gegen die entsprechende Ausbildung zum Kaufmann und beschließt, in die Fußstapfen seines Vaters und Großvaters zu treten. Er absolviert seine Lehr- und Gesellenjahre als Metzger, 1929 legt er erfolgreich die Meisterprüfung ab. Weil er in den darauffolgenden Jahren keine Anstellung als Metzgermeister finden kann, muss Erich sein »Handwerk als Geselle in verschiedenen Städten des Rheinlands und Westfalens«[11] ausüben.

Zeugnis über Erichs erfolgreiche Meisterprüfung
LAV NRW R, BR 3000 1111

Seinem Beruf geht Erich sehr gewissenhaft nach, die erlernten Fertigkeiten setzt er geschickt ein. Seine Arbeitgeber beschreiben ihn in Zeugnissen als »ehrlich, treu und fleißig«[12]. Eine letzte Anstellung vor seiner Auswanderung findet er im Dezember 1934 in der Metzgerei des jüdischen Metzgermeisters Josef Levy auf dem Adalbertsteinweg 274 in Aachen. Wie für Gesellen üblich, zieht Erich mit ins Haus des Meisters und lernt so Louise Levy, die jüngste Schwester Josefs, kennen. Nach nicht einmal einem Jahr endet Erichs Zeit in der Metzgerei Levy unfreiwillig: Zu hoch sind die Umsatzeinbußen, die Josef Levy durch die immer stärker werdende Unterdrückung seitens der Nationalsozialisten erleiden muss, um Erich weiter beschäftigen zu können. Die kurze Zeit, die er auf dem Adalbertsteinweg verbringt, reicht allerdings dazu aus, dass er und Louise sich ineinander verlieben. Das Paar hat es alles andere als leicht: Erich findet keine neue Anstellung, auch gelingt es ihm nicht, sich selbstständig zu machen. Trotz der Umstände entscheiden sich Erich und

Louise für eine, wenn auch ungewisse, gemeinsame Zukunft. Am 25. August 1936 heiraten die beiden und Louise zieht zu ihm nach Würselen in sein Elternhaus.[13]

Steiniger Weg in die Fremde

Das junge Ehepaar erkennt, dass die Situation für Juden in Deutschland immer dramatischer wird. Sie beschließen auszuwandern, genau wie Hilda und Erichs drei Schwestern. Doch was wird aus der ›söße Eck‹? Die Familie Voss übergibt, sicherlich schweren Herzens, das Geschäft Wilhelm Speckgens Familie, um zu verhindern, dass es in die Hände der Nationalsozialisten fällt. Mit dem Verkauf des Geschäfts ist die Entscheidung endgültig: Sie geben ihre Existenzgrundlage auf und, mehr noch, sie lassen ihre Heimat zurück, um im fernen Brasilien ein neues Leben zu beginnen. Zuvor gilt es für Erich jedoch, noch einen großen Stein aus dem Weg zu räumen: Da Brasilien zu der Zeit, als er die Auswanderung vorbereitet, nur Visa an Landarbeiter vergibt, muss er mit einem Reisebüro in Rio de Janeiro Kontakt aufnehmen, das ihm für die hohe Summe von 400 Reichsmark einen Arbeitsvertrag bei einem Landwirt vor Ort beschafft. Dies erklärt Erichs Berufsbezeichnung auf seinem Führungszeugnis vom August 1936, welches angibt, dass er Landarbeiter ist.[14]

Erichs Führungszeugnis
LAV NRW R, BR 3000 1111

Als das Führungszeugnis ausgestellt wird, ist Erich Voss seit drei Tagen verheiratet. Das Foto auf dem Zeugnis zeigt ihn mit einem leichten Lächeln auf dem Gesicht. Er trägt schicke Kleidung: Hemd, Krawatte, Jackett, Einstecktuch. Man sieht ihm nicht an, dass er wahrscheinlich darunter leidet, bald seine Heimat verlassen zu müssen. Am 11. Oktober 1936 macht er sich mit Louise, seiner Schwester und deren Ehemann auf den Weg – in der Ungewissheit, ob sie je wieder zurückkehren können. Erich lässt sein Elternhaus, ›de Röb‹, die vertraute Sprache, seine Freunde, Rhenania und vieles andere zurück, was ihm in seiner Kindheit und Jugend ans Herz gewachsen ist. Zunächst reisen Erich und Louise ins belgische Antwerpen. Dort angekommen gehen sie an Bord des Schiffs Formosa; mit zwei Tickets für die dritte verbesserte Klasse treten sie eine fast einmonatige Reise nach Rio de Janeiro an. Am 8. November betreten sie das erste Mal brasilianischen Boden, den Boden des Landes, das sie von nun an ihre neue Heimat nennen sollen.[15]

Die ersten Jahre in Brasilien sind schwer, wie Erich sich später erinnern wird: »Es war nicht immer ein Meer von Rosen im Anfang. Wir haben viel schaffen und kämpfen müssen, bis wir uns gewöhnt hatten, an Land, Sitte und fremde Menschen. Es war nicht immer zum Lachen und das Weinen war näher, aber darum gings vorwärts.«[16] Erich, nun Erico genannt wird, hält sich mit mehreren Jobs über Wasser. Zunächst versucht er, seinem eigentlichen Handwerk nachzugehen und arbeitet in einer Wurstfabrik, erhält dort aber nur wenig Lohn. Als Louise 1938 schwanger wird und schließlich ein Mädchen zur Welt bringt, das sie Julia nennen, geht Erich erneut auf Stellensuche. In der Hoffnung auf besser bezahlte Arbeit zieht die kleine Familie aufs Land, doch dort bleibt Erich zunächst nichts anderes übrig, als der harten Arbeit eines Straßenarbeiters nachzugehen. 1940, zeitgleich mit der Geburt des zweiten Kindes Gilberto, geht es schließlich aufwärts: Erich gelingt es, eine Stellung in einem Großhandel in Rio zu erhalten und sich vom Lagerarbeiter bis zum Kaufmann hochzuarbeiten.[17] 1944 schreibt er in einem Brief an seinen Freund Rudi, der nach Amerika emigriert ist: »Habe mich prima umgestellt, einen großen Kundenkreis und beherrsch die Sprache sehr gut. Bin dort Geschäftsführer und am Geschäft prozentual beteiligt. Wir stehen [...] sehr gut, haben gutes Auskommen und sind zufrieden.

Wohne nur 5 Minuten vom Geschäft ab, was sehr bequem ist.«[18] Die schweren Anfangsjahre gehören der Vergangenheit an, die Familie Voss beginnt, ein finanziell abgesichertes und zufriedenstellendes Leben in Rio zu führen. In ihrer Freizeit erfreuen sie sich mit Erichs jüngster Schwester Billa und ihrer Familie an gemeinsamen Ausflügen in die Berge oder zum Strand. Sie schließen die vielfältige Stadt und die Kultur in ihr Herz. Brasilien wird nun wirklich zu ihrem neuen Zuhause.

Selma, Erich und Billa
Privatbesitz Fred Voss

Melodie der alten Heimat

Obwohl Erich in Brasilien angekommen ist, lässt ihn die deutsche Heimat nicht los. In einem Brief an Rudi fragt Erich, ob er wisse, wie es den Freunden in Würselen gehe.[19] Im November 1944 erhält er das erste Mal wieder Neuigkeiten aus der Kleinstadt. Erich liest die New York Times, ein Bild springt ihm ins Auge: Eine Seite der Zeitung zeigt sein Elternhaus unter der Überschrift »In a village on the western front where all's quiet«.[20] Die ihm so vertraute Straße zu sehen, bewegt Erich dazu, wieder Kontakt zu Freunden aus der Heimat aufzunehmen. Vor allem mit Heinz Wacker, einem Freund von Rhenania, schreibt er viel.[21]

In einem Päckchen, das Erich 1964 von seinem Rhenania-Freund Wilhelm Speckgens erhält, befinden sich zwei Schallplatten. Die Lieder auf diesen Platten, sind auf Würselener Platt gesungen. Erich antwortet Wilhelm, von ihm Willi genannt, auf das Päckchen mit einem Brief: »Das Päckchen mit den zwei Platten war angekommen, sofort wurden dieselben gespielt und [...] ich bekam Heimweh. Beim Refrain [...] wurden mir die Augen feucht. Zurück wurde man versetzt in die gute alte Zeit, schöne Erinnerungen kamen mir im Gedächtnis, Sehnsucht nach der alten Heimat.«[22] Eines der beiden Lieder ist das ›Heimatlied‹, das Sänger Friedel Schwartz zu Ehren Würselens komponiert und gesungen hat. Erich nimmt Briefkontakt zu Friedel Schwartz auf; dieser schickt ihm 1970 eine weitere Platte. Und Erich berichtet von seinem Leben in Brasilien und von seinen Kindern Julia und Gilberto, die inzwischen beide verheiratet sind und selbst jeweils zwei Kinder haben. Nah am Strand gelegen wohnen Erich und Louise in einem Eigentumsapartment – in einem der besten Viertel Rios: Flamengo. Wenn ihnen der Trubel der Großstadt zu viel wird, reisen sie zu ihrem Apartment in die Berge.

1979 hat Winand Speckgens, Sohn von Wilhelm Speckgens, beruflich in Rio zu tun. Dort besucht er das Ehepaar Voss. Erich und Louise berichten ihm, dass sie ihre alte Heimat Würselen gerne besuchen würden, ihnen die Reise aufgrund der Inflation in Brasilien finanziell aber unmöglich ist. Winand reagiert sofort nach seiner Rückkehr nach Deutschland: Mit seinem Vater Wilhelm, Heinrich Wacker und anderen ruft er einen Förderkreis ins Leben; die Bürger Würselens sammeln am Ende genug Geld, um Erich und Louise im Herbst 1981 einen zweiwöchigen Besuch ihrer alten Heimat zu ermöglichen.[23]

»Eine Bitte habe ich«

Nach über vier Jahrzehnten läuft Erich wieder durch die ihm so vertrauten Straßen. Die Straßen, die er in der Ungewissheit verlassen hat, ob er sie je wieder sehen wird. Selbst die lokalen Zeitungen berichten über den Besuch des Ehepaares: »Erich findet keine Worte des Dankes. Erst die Tränen in den Augen des 75-jährigen Mannes machen deutlich, wie sehr man sich diesen Besuch in der Heimat wünschte und wie dankbar das Ehepaar Voss den Würselnern für diese Einladung ist.«[24] In ihren zwei Wochen in Würselen werden Erich und Louise nicht nur von alten Freunden, sondern von der ganzen Stadt willkommen geheißen. Die Schützengesellschaft St. Sebastianus lädt beide zu einem Fest ein und die Stadt veranstaltet einen feierlichen Empfang im Rathaus, bei dem Erich das Würselener Stadtwappen überreicht wird. Ein Besuch in Würselen wäre aber nicht vollkommen, würde Erich nicht zu seinem alten Verein zurückkehren. Für das ehemalige Rhenania-Mitglied wird ein Fest im Vereinslokal am Lindenplatz ausgerichtet. Zu den Gästen zählen unter anderem auch ehemalige Hand- und Fußballer, die die Liebe zum Verein bis heute verbindet.[25]

Erichs Empfang bei Rhenania
(Erich links, in der Mitte Louise, rechts im Hintergrund Wilhelm Speckgens)
Aachener Nachrichten, 13.10.1981

In der Woche darauf verbringt das Ehepaar mit Freunden aus dem Förderkreis einen gemeinsamen Abend in der Alten Mühle. Dort erwartet die beiden eine große Überraschung: Friedel Schwartz tritt auf und singt unter anderem das von Erich so geliebte »Heimatlied«[26]. Erich behält den Besuch in Würselen in begeisterter Erinnerung. Zwei Jahre nach dem Aufenthalt in der alten Heimat schreibt er Friedel Schwartz: »Glauben Sie mir, man weiß erst was die Heimat ist, wenn man weit weg im Ausland wohnt.« Er appelliert: »Haltet das

Würselener Platt, lernt es Eure Kinder, vergesst nicht Eure Heimat, et jett nichts över Wöschele.«[27]

So, wie es Erich wichtig war, dass die Würselener Traditionen und Sprache nicht vergessen wird, ist es dem Arbeitskreis »Kein Vergessen« wichtig, dass die Zeit »Würselen[s] unterm Hakenkreuz«[28] aufgearbeitet und eine Erinnerungskultur geschaffen wird. Die Familie Voss aus der Klosterstraße zählt in Würselen zu einer der bekanntesten jüdischen Familien, die es geschafft haben, rechtzeitig auszuwandern. Der Arbeitskreis beschließt daher, dass an Erich und seine Schwester Selma[29] durch eine Gedenkplatte erinnert werden soll. An der Ecke Klosterstraße/Kaiserstraße ist heute vor der ehemaligen ›söße Eck‹ eine Bronzeplatte im Boden eingelassen.[30] Erich und die ›süße Ecke‹ werden der Stadt in Erinnerung bleiben.

Gedenkplatte Klosterstraße/Kaiserstraße

1   Heiner Wieting: Würselener Heimatlied. http://heimatverein-wuerselen.de/2016/11/17/wuerselener-heimatlied (30.06.2018) [Übersetzung durch Heinz Josef Küppers, E-Mail vom 15.06.2018].

2   Brief von Erich Voss an Friedel Schwartz, 12.01.1983, Kulturarchiv der Stadt Würselen.

3   Vgl. Eintrag Gottschalk Voss im ›Familienbuch Euregio‹. http://www.familienbuch-euregio.de (30.06.2018). | Iris Gedig u. Stefan Kahlen (Hg.): Far away from Würselen. Die deutsch-jüdische Familie Jakob und Emma Voss. Erftstadt 2013. S. 19 [künftig zitiert: Gedig/Kahlen: Far away].

4   Vgl. Fred Voss: Miracles, Milestones & Memoires. A 269-Year Reflection, 1735–2004. 6. Aufl. Ithaca, NY 2016. S. 29.

5   Vgl. Gedig/Kahlen: Far away. S. 19.

6   Brief von Erich Voss an Friedel Schwartz 1970, Kulturarchiv der Stadt Würselen.

7   Vgl. Eidesstatliche Versicherung, Erich Voss 16.02.1957, LAV NRW R, BR 3000 1111. | Vgl. Sterbeurkunde Gottschalk Voss, Gräberverzeichnis jüdischer Friedhof Morsbach, Sammlung Benzel, Kulturarchiv der Stadt Würselen. | Vgl. Eintrag Leopold Voss im ›Familienbuch Euregio‹. http://www.familienbuch-euregio.de (30.06.2018).

8   Vgl. Achim Großmann: Zigarren & Zigarillos aus Würselen. Die Geschichte der Würselener Zigarrenindustrie. Düren 2017. | Vgl. Die »Söße Eck« in Würselen: Wiedersehen nach 45 Jahren, Aachener Volkszeitung, 06.10.1981 | Vgl. Eintrag Erich Voss im ›Familienbuch Euregio‹. http://www.familienbuch-euregio.de (30.06.2018). | Vgl. »Kein Vergessen« von beliebten Familien, http://www.aachener-nachrichten.de/lokales/nordkreis/kein-vergessen-von-beliebten-familien-1.360008 (30.06.2018).

9   Vgl. 75 Jahre Sportverein Rhenania 05. e.V. Würselen, Festschrift, 1980, Kulturarchiv der Stadt Würselen | Vgl. Eintrag Erich Voss im ›Familienbuch Euregio‹. www.familienbuch-euregio.de. (30.06.2018). | Vgl. Gespräch mit Winand Speckgens, 24.06.2018.

10 »Rhenania« gewann alten Freund wieder, Aachener Nachrichten, 13.10.1981.

11 Eidesstatliche Versicherung, Erich Voss 16.02.1957, LAV NRW R, BR 3000 1111.

12 Arbeitszeugnis von Josef Levy für Erich Voss 01.09.1935, ebd.

13 Vgl. Eidesstatliche Versicherung, Erich Voss 16.02.1957, ebd. | Vgl. Heinz Josef Küppers E-Mail an Milena Rößner, 10.05.2018. | Vgl. Eintrag Erich Voss im ›Familienbuch Euregio‹. www.familienbuch-euregio.de (30.06.2018).

14 Vgl. Eintrag Erich Voss im Familienbuch Euregio. http://www.familienbuch-euregio.de (30.06.2018). | Vgl. Die »Söße Eck« in Würselen: Wiedersehen nach 45 Jahren, Aachener Volkszeitung, 06.10.1981. | Vgl. Eidesstatliche Versicherung, Erich Voss 16.02.1957, LAV NRW R, BR 3000 1111.

15 Vgl. Ebd. | Erich und Louise haben Glück, rechtzeitig den Entschluss zur Auswanderung gefasst zu haben. Doch nicht alle aus ihrer Familie schafften den Weg in eine neue Heimat. Vier von Louises Geschwistern, darunter auch Josef, werden nach Auschwitz und Dachau deportiert und dort umgebracht. Louises Vater bleibt trotz ihrer Suchanzeige verschollen. Vgl. Eintrag Samuel Levy im ›Familienbuch Euregio‹. http://www.familienbuch-euregio.de (30.06.2018).

16 Brief von Erich Voss an Friedel Schwartz 1970, Kulturarchiv der Stadt Würselen.

17 Vgl. Brief von Erich an Rudi Voss 23.08.1944. www.familienbuch-euregio.de. (30.06.2018).

18 Ebd.

19 Vgl. Brief von Erich an Rudi Voss 23.08.1944. www.familienbuch-euregio.de. (30.06.2018).

20 In a village on the western front where all's quiet, New York Times, 28.11.1944.

21 Vgl. Die »Söße Eck« in Würselen: Wiedersehen nach 45 Jahren, Aachener Volkszeitung, Aachen, 06.10.1981.

22 Brief von Erich Voss an Wilhelm Speckgens 1964, Kulturarchiv der Stadt Würselen.

23 Vgl. Die »Söße Eck« in Würselen: Wiedersehen nach 45 Jahren, Aachener Volkszeitung, Aachen, 06.10.1981.

24 Ebd.

25 Vgl. Eintrag Erich Voss im ›Familienbuch Euregio‹. http://www.familienbuch-euregio. de (30.06.2018).

26 Vgl. Rhenania gewann alten Freund wieder, Aachener Nachrichten, 13.10.1981.

27 Brief von Erich an Friedel Schwartz, 18.12.1983, Kulturarchiv der Stadt Würselen.

28 Arbeitskreis »Kein Vergessen« (Hrsg.): Würselen unterm Hakenkreuz – Dokumentation über die nationalsozialistische Herrschaft in Würselen. Über Formen des Widerstandes und über das Schicksal jüdischer Bürgerinnen und Bürger, Neuauflage 2014, Kulturarchiv Würselen.

29 Vgl. Selma hat bis zu ihrer Auswanderung nach Chile auch in der Klosterstraße gelebt. Vgl. Eintrag Selma Voss im ›Familienbuch Euregio‹. www.familienbuch-euregio.de. (30.06.2018).

30 Vgl. »Kein Vergessen« von beliebten Familien, http://www.aachener-nachrichten. de/lokales/nordkreis/kein-vergessen-von-beliebten-familien-1.360008 (30.06.2018).

Luise und Hermann Nathan

geboren am 3. Februar 1900
und am 1. Juli 1898

Eine Biografie von Friedhelm Ebbecke-Bückendorf [1]

Als Hermann Nathan verhaftet wurde, hat seine Frau geschrien. Sie schrie so laut, dass es die ganze Straße gehört hat, erzählt Luise Huppertz. Es war der Tag, an dem überall im Deutschen Reich die Synagogen brannten und die Läden jüdischer Kaufleute zertrümmert wurden, der 10. November 1938. Luise Huppertz war damals noch ein Kleinkind. Ihre Eltern haben es ihr später berichtet. Und wieder einige Jahre später waren die Nathans, der Pferdemetzger Hermann Nathan und seine Frau Luise, erneut ihre Nachbarn in der Kochsgasse in Eschweiler. Aber alles war anders. Der Krieg, in dem Millionen Menschen starben, war vorbei. Eschweiler war wie viele andere Städte zerbombt und zerschossen. Und Millionen Juden waren ermordet worden; auch alle Eschweiler Juden – bis auf jene, die weit genug hatten fliehen können und nun zerstreut in aller Welt lebten, in Palästina und den USA, in Australien, Rhodesien oder Chile.

Hermann und Luise Nathan hatten in einem Versteck in Belgien überlebt. Sie kamen zurück und versuchten, an das Leben vor der Nazi-Zeit anzuknüpfen. Sie eröffneten ihre Metzgerei wieder, erneuerten alte Bekanntschaften in der Nachbarschaft. »Sie waren so liebe Nachbarn ... Ja, liebenswürdig waren sie«, sagt Luise Huppertz. Tatsächlich aber waren die beiden Überlebenden krank von den Entbehrungen in den Arbeitslagern und in der Illegalität, krank auch von der Trauer um ihre Geschwister, die in Auschwitz und Izbica umgebracht worden waren. An der Jahreswende 1950/51 starben beide im Abstand von vier Wochen. Sie hatten keine Kinder.

Luise Nathan, geborene Kaufmann, stammte aus Drove. Der kleine Ort südlich von Düren hatte damals eine große jüdische Gemeinde und eine eigene Synagoge. Luise kam dort am 3. Februar 1900 als letztes von sechs Kindern der Familie Amalie und Hermann Kaufmann zur Welt. Die Familie ihres Vaters war seit etwa 1800 in Drove ansässig – schon ihr Urgroßvater, ihr Großvater und ihr Vater, der Kaufmann Hermann Kaufmann, waren dort geboren. Ihre Mutter Amalie, geborene Meyer, stammte aus dem nicht weit entfernten Gey in der Nordeifel, das heute zur Gemeinde Hürtgenwald gehört. Luise Nathans Eltern starben auch beide in Drove, ihr Vater 1911, als sie elf Jahre alt war, ihre Mutter 1939.

1927 heiratete Luise ihren Mann Hermann, der am 1. Juli 1898 in Düren als das erste von zehn Kindern einer Metzgerfamilie zur Welt gekommen war. Hermanns Vater Ludwig war aus Nippes bei Köln nach Düren gezogen, seine Mutter Jetta, geborene Klaber, stammte aus Hoven bei Zülpich. An den Geburtsorten von Hermanns jüngeren Geschwistern wird sichtbar, dass die Familie danach immer wieder wanderte: Düren, Heimbach in der Eifel, erneut Düren, wieder Heimbach und dann Eschweiler, wo die Familie Nathan von 1909 bis 1911 anderthalb Jahre lang im Haus An der Glocke 9 wohnte, bevor sie nach Aachen und später wieder nach Düren zog. In Düren starb Anfang 1928 Hermanns Mutter Jetta Nathan-Klaber – sie hat also die Hochzeit ihres ältesten Sohnes noch miterlebt. In der Todesanzeige wird sie als Witwe bezeichnet, Ludwig Nathan muss demzufolge vor 1928 gestorben sein.

Aus der Zeit, als Hermann Nathans Eltern in Eschweiler lebten, ist noch eine Zeitungsanzeige erhalten. Am 3. Februar 1910 inserierte Jetta Nathan im Eschweiler Boten an der Inde: »Verkaufe täglich frisches Rindfleisch zu 50, 55 und 60 Pfennig. Frau Ludwig Nathan, Glocke 9«.

Zeitungsanzeige vom 28. Dezember 1928
Friedhelm Ebbecke-Bückendorf

Eschweiler, wo Hermann Nathan sich nach seiner Heirat mit Luise Kaufmann niederließ, war ihm also schon aus seiner Jugendzeit bekannt. Er wird als damals Zwölfjähriger wahrscheinlich die Städtische Jüdische Schule am Langwahn besucht haben, nur wenige hundert Meter von der Wohnung seiner Eltern entfernt.

Während mehrere seiner Brüder Fuhrunternehmer wurden, lernte Hermann, der Älteste, wie sein Vater das Metzgerhandwerk. Kein ungefährlicher Beruf: Als 17-Jähriger traf ihn der Huf einer ausschlagenden Kuh im Gesicht; die tiefen Wunden mussten genäht werden.

Pferdemetzgereien sind und waren auch damals deutlich seltener als die üblichen Metzgereien, in denen vor allem Rind- und Schweinefleisch verkauft wird. In Eschweiler aber gab es ab Dezember 1928 sogar zwei Pferdemetzgereien, sie lagen in der gleichen Straße einander schräg gegenüber. Zeitungsanzeigen und Adressbücher aus jener Zeit lassen einen Familienzwist als Ursache ahnen.

Die ältere der beiden Metzgereien war jene von Heinrich Langohr, Kochsgasse 14. Ein traditioneller Familienbetrieb, schon Heinrichs Großvater Hermann Josef (1825–1899) wird in alten Unterlagen als »Metzger und Wirth«[2] aufgeführt. Heinrich Langohr, geboren 1867,

Pferdemetzger im Haus Kochsgasse 14, führte den Betrieb somit in der mindestens dritten Generation. Er hatte aber keine Nachkommen. Sein einziges Kind, ein Junge, war bereits im Kleinkindalter gestorben. Deshalb – so lässt sich mit einiger Sicherheit vermuten – sollte sein Neffe Christian Julius Hubert die Pferdemetzgerei übernehmen. Dieser Christian Langohr (1892–1984) erlernte das Metzger-Handwerk, er lebte auch im Haus Kochsgasse 14, heiratete 1926 und hatte – der Text einer Zeitungsanzeige vom 20. Dezember 1928 legt es nahe – den Familienbetrieb de facto bereits geführt.[3]

Kochsgasse 14 in Eschweiler im Jahr 1959; die Metzgerei befand sich rechts neben der Toreinfahrt (von der Straßenbahn verdeckt)
Frits v.d. Greyt/Bildarchiv Eschweiler Geschichtsverein

Was immer dann auch geschehen sein mag im Familienleben der Metzgerfamilie Langohr – das Ergebnis war, dass im Dezember 1928 der jüdische Metzger Hermann Nathan die Pferdemetzgerei Langohr übernahm, die nun Roßschlachterei Heinrich Langohr Nachfolger hieß. Die Nathans wohnten dort gemeinsam mit dem Hausbesitzer und nun Rentner Heinrich Langohr. Und Christian Langohr gründete gleichzeitig in einem angemieteten Haus schräg gegenüber, Kochsgasse 3, ein Konkurrenz-Unternehmen. Es existiert, geleitet von Norbert Bündgens, noch heute.[4]

Bei dem Pogrom am 10. November 1938 wurden zehn jüdische Geschäftsinhaber aus Eschweiler verhaftet, sie kamen nach Zwischenstationen im Eschweiler Gefängnis und in Aachen in Konzentrationslager. Hermann Nathan wurde nach Sachsenhausen gebracht. Dort wurde er geschlagen, wie er nach dem Ende der Nazi-Zeit berichtete.[5] Entlassen wurde er am 5. Dezember, nachdem er sich verpflichtet hatte, schnellstens aus Deutschland auszuwandern.

Wirtschaftlich stand er bei seiner Rückkehr vor dem Aus. Seine Pferdemetzgerei war geschlossen worden, der Viehhandel untersagt. »Auf Grund des § 5 Absatz 1 der Verordnung zur Ausschaltung der Juden aus der deutschen Wirtschaft vom 23.11.1938 ist der jüdische Roßschlächter Hermann Nathan, Eschweiler, Kochsgasse 14, zum 31.12.1938 von Amts wegen rechtskräftig aus der Handwerksrolle gelöscht worden«[6], bestätigte die Aachener Handwerkskammer im Januar 1939. Das Ehepaar Nathan entschloss sich, zu fliehen.

Während an Heiligabend 1938 überall in den Wohnzimmern die Weihnachtsbäume geschmückt und Geschenke verpackt wurden, schlich Hermann Nathan, begleitet von einem ortskundigen Führer, über die Grenze nach Belgien. Seine Frau folgte ihm später nach. Sie wohnten in Brüssel.[7] Ihr eigentliches Ziel aber war Chile, berichtete 1961 Willy Seeger aus Düren, ein Bekannter der Familie. Die USA erteilten damals nur sehr zögerlich Visa, lateinamerikanische Staaten hingegen galten 1938/39 »unter Vorbehalten«[8] noch als aufnahmebereit. Die Nathans buchten eine Überfahrt 3. Klasse auf der MS Caribia, die im Januar 1939 nach Mittelamerika fuhr. Doch als das Schiff in Antwerpen ablegte, waren sie nicht an Bord. Das Bett sei zurückgenommen worden, schrieb das Schifffahrtsbüro. Wahrscheinlich war die Passage überbucht. Die Caribia fuhr – ohne sie – zunächst nach Trinidad. Dort wurden die jüdischen Passagiere abgewiesen. 85 landeten schließlich in Venezuela, sie durften dort mit einer Ausnahmegenehmigung des venezolanischen Präsidenten an Land.[9] Chile hätten die Nathans wohl nie erreicht. Ohnehin fanden sie nun keine weitere Möglichkeit mehr, Europa zu verlassen.

Am 10. Mai 1940 marschierte die deutsche Wehrmacht in Belgien ein. Die belgische Polizei verhaftete in den folgenden Tagen jeden deutschen Juden, der auf der Straße oder in seiner Wohnung angetroffen wurde. Es könnte sich ja, so der Verdacht, um deutsche Spione handeln. Hermann Nathan war unter den etwa 5000 bis 8000 Verhafteten, die mit Zügen in das französische Konzentrationslager Saint-Cyprien gebracht wurden. 18 Tage dauerte die Fahrt. Unterwegs wurden ihnen alle Wertgegenstände abgenommen. Seine Frau versteckte sich in Brüssel und lebte dort nun illegal.[10]

Das Lager am Strand des südfranzösischen Ortes nahe der spanischen Grenze bestand bereits seit Februar 1939, dort waren spanische Bürgerkriegs-Flüchtlinge interniert, Zehntausende. Die Zustände sollen katastrophal gewesen sein. Der Maler Felix Nussbaum, der ebenfalls in Brüssel lebte und mit Nathan in das Lager Saint-Cyprien gebracht wurde, hat die dortigen Zustände in eindrucksvollen Bildern dokumentiert. Wie Hermann Nathan gelang es auch Nussbaum, zu fliehen und nach Brüssel zurückzukehren; später jedoch wurde der Maler denunziert, erneut verhaftet und im Vernichtungslager Auschwitz umgebracht.

Felix Nussbaum: ›Im Lager‹, 1940.
Deutsches Historisches Museum, Berlin, Inv.-Nr.: 1987/149.
https://www.dhm.de/lemo/bestand/objekt/g0000009

Hermann Nathan floh im August 1940 aus Saint-Cyprien. Wie er es bis in das von den Deutschen besetzte Paris schaffte, ist nicht überliefert, aber am 28. August bescheinigte ihm dort ein »Beauftragter für Flüchtlingsfragen«, dass seine Rückkehr nach Brüssel »gemäß den Bestimmungen über Flüchtlingsrückführung zulässig ist«. Darunter ein Stempel mit deutschem Adler, Hakenkreuz und Feldpostnummer. Nathan erreichte Belgien und lebte dort mit seiner Frau in der zu Brüssel gehörenden Gemeinde St. Gilles in der Illegalität. Das bestätigte nach der Nazi-Zeit der ebenfalls in Brüssel überlebende Eschweiler Jude Leopold Meyer: »Mir ist dies bekannt, da ich selber in dieser Zeit in St. Gilles wohnte und einer der wenigen war, die seine Adresse kannten.« Die Adresse war Rue de Hollande 82.

Am 1. Juli 1942 wurde Hermann Nathan erneut verhaftet. Wahrscheinlich erwischte man ihn auf der Straße, denn seine Frau blieb unbehelligt. Hermann kam in das Zwangsarbeitslager Danne in den Vogesen. Der Ort an der Grenze zum Elsass, eigentlich zwei winzige Dörfer, heißt Danne-et-Quatre-Vents, auf Deutsch Dann und Vierwinden. Nathan und seine Mitgefangenen wurden dort zum Straßenbau gezwungen.

Nach zweieinhalb Monaten gelang dem Metzger aus Eschweiler erneut die Flucht. Immer in Lebensgefahr schlug er sich bis Brüssel durch. In der Rue de Hollande zu bleiben wurde den Nathans nun aber wohl zu riskant. Sie suchten ein neues Versteck und fanden es bei der Witwe Schouwbroek in der Rue Jean Francois Debecker 19. Die liegt in der ebenfalls zur belgischen Hauptstadt Brüssel gehörenden Gemeinde Woluwe-Saint-Lambert.

Im September 1944 lebten Luise und Hermann Nathan in Charleroi, 60 Kilometer südlich von Brüssel. Möglicherweise waren sie dorthin geflohen, um einer Schlacht um die belgische Hauptstadt zu entgehen. Am 30. September 1944 – Brüssel war bereits befreit – stellte die belgische Widerstandsbewegung Comité de Defense de Juifs (CDJ) dem Ehepaar eine Art Ersatz-Ausweis aus, denn es wollte wieder nach Brüssel und hatte keine Ausweispapiere mehr. Die CDJ war jene Organisation, der es gelungen war, in der Nazi-Zeit 3000 jüdische Kinder bei Familien auf dem Land oder in Klöstern zu verstecken und dadurch zu retten.

Mit diesen Ersatzpapieren gelangten Luise und Hermann Nathan zurück nach Brüssel. Sie wohnten weiter im Haus der Witwe Schouwbroek, bis zum 28. Juli 1946. Wovon sie in den Kriegs- und Hungerjahren gelebt haben und ob sie in der Zeit nach dem Kriegsende arbeiteten, ist nicht bekannt. Nach dem Krieg stellte der Bürgermeister der Gemeinde Woluwe-St.-Lambert dem nun nicht mehr illegal, sondern ganz offiziell dort wohnenden Hermann Nathan ein Zeugnis aus: Er sei »deutscher Nationalität, aber kein Feind« und auch sonst unbescholten.

Im Sommer 1946 entschloss sich das Ehepaar, nach Eschweiler zurückzukehren. Am 1. Oktober des Jahres eröffnete Hermann Nathan erneut die Pferdemetzgerei an der Kochsgasse 14 und meldete den Handel mit Nutz- und Zuchtvieh sowie Pferden an.

Ihnen blieben nur noch wenige Lebensjahre. Hermann Nathan war während der Haft in Saint-Cyprien an Typhus erkrankt, auch ein Lungenemphysem und eine Herzerkrankung führten Ärzte auf die Haft- und Verfolgungszeit zurück. Luise Nathan war ebenfalls herzkrank und litt an einer Nierenschrumpfung. Hinzu kam die Trauer um die toten Brüder und Schwestern. Von Luise Nathans fünf Geschwistern waren Johanna und Elsa in der Nazi-Zeit umgebracht worden. Von Hermann Nathans Geschwistern wurden Norbert und Frieda mitsamt ihren Ehepartnern und Kindern in Auschwitz ermordet.

Am 11. Dezember 1950 starb »nach langer schwerer Krankheit«[11] Luise Nathan, geborene Kaufmann, gerade einmal 50 Jahre alt. Ihr Mann überlebte sie nur kurz. »Vier Wochen nach dem Tod seiner lieben Frau, nach langem schweren Leiden«, so steht es in seiner Todesanzeige, starb am 9. Januar 1951 Hermann Nathan im Alter von 52 Jahren. Das Grab der beiden befindet sich auf dem jüdischen Friedhof in Düren.

Bis an ihr Lebensende hatten Luise und Hermann Nathan darum gekämpft, dass die gesundheitlichen Folgen ihrer Zeit in der Illegalität
anerkannt werden. Ärzte hatten Luise Nathan eine Minderung der
Erwerbsfähigkeit um 50 Prozent, ihrem Mann eine von 60 Prozent
bescheinigt. Amtlich zugebilligt wurde beiden eine Beschädigtenrente
von jeweils 30 Prozent, weil ihre Krankheiten dann doch nicht so
schlimm seien. Beide legten gegen diese Rentenbescheide Widerspruch ein.

Am 29. Juni 1951 teilte die ›Sonderabteilung für die Opfer des nationalsozialistischen Terrors‹ beim Landes-Arbeitsministerium schriftlich
dem Kreis Aachen mit, dass die Einsprüche von Hermann und Luise
Nathan abgelehnt wurden. Es bleibe bei 30 Prozent. Man könne diese
Ablehnung aber nicht zustellen, da beide verstorben seien und man
die Erben nicht kenne.[12]

1   Dieser Beitrag ist die gekürzte Fassung eines Kapitels aus dem noch unveröffentlichten Buch ›Nachrichten von den Juden in Eschweiler‹ des Autors.

2   Alle Daten zur Familie Langohr nach: »Beziehungstafel und Nachfahrenbericht der Familie Langohr‹, erstellt nach Urkunden des Eschweiler Standesamtes durch Claudia Niederhäuser (Eschweiler Geschichtsverein).

3   »Geschäftsverlegung. Meiner geehrten Kundschaft zur gefl. Kenntnis, daß meine Pferdemetzgerei, bisher Kochsgasse 14, sich ab Freitag den 21. Dezember Kochsgasse 3 befindet« (›Bote an der Inde‹, 20.12.1928).

4   vgl. Zeitungsanzeige im »Boten an der Inde« vom 21.12.1928. | Adressbuch Eschweiler 1929.

5   vgl. Akte ZK 40002 des Amtes für Wiedergutmachung Kreis Aachen (künftig zitiert: WG-Akte).

6   Brief vom 25.01.1939 an die Bezirksregierung Aachen, WG-Akte.

7   Alle Angaben zur Emigrationszeit 12/1938 bis 6/1946, soweit nicht anders vermerkt, aus Dokumenten der WG-Akte.

8   Wolfgang Benz (Hg.): Die Juden in Deutschland 1933–1945. München 1993. S. 490.

9   Wikipedia-Eintrag »Caribia (Schiff)‹. https://de.wikipedia.org/wiki/Caribia_ (Schiff) (18.06.2018).

10 vgl. Eintrag ›Saint-Cyprien‹. https://www.gedenkbuch-wuppertal.de/de/ort/saint-cyprien (19.06.2018).

11 Todesanzeige vom 12.12.1950 im ›Boten an der Inde‹.

12 Der makabre Brief befindet sich ebenfalls in der WG-Akte von Hermann Nathan.

Leo Stiel

geboren am 20. September 1884

Eine Biografie von Ina Thomas

Die Erinnerung an das Ferienhaus seines Bruders Albert in Le Zoute ist verblasst. Mehr als einmal konnten Leos Kinder ihre Sommerferien dort, im nördlichsten Stadtteil von Knokke-Heist in Belgien, verbringen. Oft genug spielte das Wetter nicht mit, doch dann lud die Umgebung noch immer zu langen Strandspaziergängen ein. Schon damals beliebt bei den Touristen, war hier immer etwas geboten. Nicht zuletzt dank des bekannten Casinos galt der Badeort als besonders mondän, gleichzeitig bildete er den perfekten Gegensatz zum Leben in der Stadt.[1]

Traditionelles Leben in Eschweiler

Leo Stiel wird am 20. September 1884 in Eschweiler geboren und verbringt seine Kindheit im elterlichen Haus in der Judenstraße 15. Bereits sein Großvater Moises Stiel hatte hier gelebt. Leos Eltern Marcus (Marx) Stiel und Friederika Stiel, geborene Lion, sind religiöse Juden. Insgesamt haben sie sieben Kinder: Sibilla, auch Bella genannt, Albert, Fernanda, Julius, Alex, Berta und Leo. Alle Kinder sind in der Zeit nach dem im Jahr 1869 verabschiedeten »Gesetz betreffend der Gleichberechtigung der Konfessionen in bürgerlicher und staatsbürgerlicher Beziehung« geboren. Somit sind sie in einem Land aufgewachsen, in dem Juden rechtlich gesehen gleichwertige deutsche Staatsbürger waren.[2]

211

Leo folgt der Familientradition und erlernt den Beruf des Metzgers. Bereits seit seinem Ururgroßvater Marx Stiel, geboren 1745, gibt es in jeder Generation jemanden, der die Familientradition fortführt. Am 1. Januar 1919 übernimmt Leo den Familienbetrieb von seinem Vater, dreieinhalb Jahre später legt er die Meisterprüfung bei der Handwerkskammer Aachen ab. Die Metzgerei liegt im Erdgeschoss des Wohnhauses an der Ecke Judenstraße/Neustraße. Mit ihrem Betrieb kann die Familie Stiel ein glückliches kleinbürgerliches Leben führen. Tradition und Heimat spielen für sie eine große Rolle: Bereits vier Generationen der Familie haben vor Leo in dem Haus in Eschweiler gelebt. Im Ersten Weltkrieg hat Leo als deutscher Soldat gedient, die gesamte Familie ist religiös und patriotisch. An ihrem Heimatland, besonders ihrer Heimatstadt Eschweiler, liegt ihnen viel, ihre Einstellung zum Judentum ist liberal.[3]

Noch bevor er sich selbstständig macht, lernt Leo die Jüdin Regina Marchand, geboren am 1. Januar 1888, aus Ringenberg bei Hamminkeln kennen. 1920 heiraten beide in Ringenberg,[4] Reginas Eltern übernehmen die Kosten für die Feier. Aus der Ehe gehen zwei Kinder hervor: Friederika, genannt Friedel, wird am 3. Juli 1921 in Eschweiler geboren, ihr jüngerer Bruder Heinz kommt am 17. September 1926 zur Welt. Friederika ist nach ihrer Großmutter väterlicherseits benannt; der Name stammt von Friedrich oder Fritz ab – ein klassisch-deutscher Name, ebenso wie Leo und Heinz.

Klassenausflug 1931 der Sextanerinnen der Liebfrauenschule
Eschweiler in den Aachener Stadtwald (Friedel mit Pfeil markiert)
Armin Gille: Eschweilers verschwundene Straßen. Bd. 3. Eschweiler 2015. S. 139.

Der Familienvater wird nicht nur selbständiger Metzger, er verkauft nebenbei auch noch Butter und handelt mit Vieh. Vor allem der Handel mit verschiedenen Nutztieren wirkt sich positiv auf das Geschäft aus. Und auch sonst kann sich die Familie Stiel nicht beklagen: Bis zum Jahr 1932 läuft der Betrieb ausnahmslos gut und die Familie lebt in wohlhabenden Verhältnissen. Das Haus in der Judenstraße bewohnen die Stiels ganz allein, es ist vom Keller bis zum Speicher gut ausgestattet. Die fünf großzügigen Zimmer wie auch die Geschäftsräume sind allesamt hochwertig möbliert. Zusätzlich zu ihrem Wohnhaus besitzt die Familie noch weitere Häuser in der Uferstraße 13 und 15. Diese gehörten vorher Leos Vater Marx. Da er nicht der einzige Metzger namens Stiel in der Innenstadt ist, wird seine Metzgerei in Eschweiler ›Stiel an de Brück‹ genannt. Der Name ist passend: Das Eckhaus mit verziertem Erker steht direkt in Richtung Indebrücke.[5]

Haus in der Judenstraße
Armin Gille: Eschweilers verschwundene Straßen. Bd. 3. Eschweiler 2015. S. 138.

Leos Bruder Albert und seine Frau Berta besitzen vor dem Zweiten Weltkrieg ein Ferienhaus in Le Zoute an der belgischen Küste. Die Sommerferien verbringen Friedel und Heinz gemeinsam mit Bertas Neffen Fred Voss und ihrer Enkeltochter Sonja im Haus am Meer. Sonja, Fred und Friedel sind in etwa gleich alt. Vor allem Fred und Friederika mögen einander. Er bezeichnet sie später als ein »wirklich bildschönes Mädchen«[6]. Zur Familie Voss hat die gesamte Familie Stiel zu dieser Zeit engen Kontakt: Leos Schwester Bella ist mit Leopold Voss verheiratet, Berta Voss in zweiter Ehe mit Leos Bruder Albert. Dessen Bruder Julius führt eine Ehe mit Estelle, der Tochter von Berta und ihrem ersten Mann. Estelle ist auch die Mutter von Sonja, der Ferienfreundin von Friedel und Heinz.[7]

Zusammenbruch des alten Lebens

Im Jahr 1933 wird die Lage für Leos Familie zunehmend schwieriger: Nach der Ernennung Adolf Hitlers zum Reichskanzler gehen die Umsätze seines Geschäfts zurück. Am 1. April des Jahres beginnt der reichsweite Geschäftsboykott. Mit Parolen wie »Deutsche! Wehrt euch! Kauft nicht bei Juden!«[8] hetzen die Nazis gegen die Selbstständigkeit jüdischer Einzelhändler, Rechtsanwälte und Ärzte. Auch dagegen, dass Juden die Möglichkeit haben, Schulen und Universitäten zu besuchen, wird agitiert. Leos Kunden werden vor der Tür des Geschäfts aufgehalten und befragt, warum sie bei ihm einkaufen wollen. Seine Kinder lässt er aus Angst nicht mehr draußen spielen. Ab 1935 dürfen Friedel und Heinz nicht mehr in die öffentliche Schule gehen. Einige ältere Angehörige der jüdischen Gemeinde finden das unzumutbar; sie bemühen sich, die Kinder an einer anderen Schule unterzubringen und haben damit tatsächlich Erfolg: Das Geschwisterpaar erhält die Möglichkeit, eine jüdische Privatschule in Aachen zu besuchen. Dreimal die Woche fahren Friedel und Heinz nun mit dem Zug von Eschweiler zum Unterricht und wieder zurück.[9]

1936 muss die Familie einen schweren Schicksalsschlag verkraften: Am 21. Dezember verstirbt Regina Stiel im St.-Antonius-Hospital in

Eschweiler. Anderthalb Jahre später, am 27. April 1938, heiratet Leo Stiel seine zweite Ehefrau Betty Rothschild, geboren am 31. Mai 1895 in Alsfeld. Ihre Eltern sind der Kaufmann Löb Rothschild und Dorothea Rothschild, geborene Seligmann. Im Januar 1929 zieht Betty zunächst nach Mannheim, im März 1938 nach Stolberg. Dort lernt sie ihren Ehemann Leo kennen. Betty fühlt sich der Familie schnell zugehörig, kümmert sich um ihre Stiefkinder, als wären es ihre eigenen. Die Familie freut sich über das neue Glück, aber um den Betrieb steht es immer schlechter: Der Ertrag der Metzgerei nimmt kontinuierlich ab, Leo muss das Geschäft endgültig schließen, da er als Jude nicht mehr mit Ware beliefert wird. Später eröffnet in dem Gebäude das Schuhgeschäft Vöcking, geführt von ›arischen Bürgern‹.[10]

Schuhhaus Vöcking, früher Metzgerei Stiel
Armin Gille: Eschweilers verschwundene Straßen. Bd. 3. Eschweiler 2015. S. 140.

Die Nationalsozialisten in Eschweiler vertreiben alle Juden aus der Judenstraße, die Stiels ziehen am 27. Mai 1938 in ihr Haus in der Uferstraße 15.[11] Die Synagoge in der Moltkestraße wird zerstört. Im Anschluss an die »Reichskristallnacht«[12] vom 9. November 1938 stürmen einen Tag später drei bis vier Gestapo-Beamte das Haus der Stiels. Ein Großteil ihrer Besitztümer wird zerstört, Leo wird gewaltsam verhaftet und zunächst im Gefängnis hinter dem Amtsgericht Eschweiler inhaftiert.

Am 12. November bringt man die Verhafteten dann in die Turnhalle einer jüdischen Schule im Oligsbendenweg in Aachen. Drei Tage später werden sie von dort in Konzentrationslager deportiert. Leo wird, wie auch neun andere Männer aus Eschweiler, in das KZ Sachsenhausen gebracht. Unter der Bedingung, dass er das Land umgehend verlässt, erfolgt am 5. Dezember die vorläufige Entlassung. Die Transportkosten zum Konzentrationslager muss Leo selbst übernehmen.[13]

Flucht ohne Tochter

In der Zwischenzeit hat Friedel den jüdischen Schneider Herbert Plaat aus Holten bei Oberhausen geheiratet. Herbert ist 1920 geboren und aufgewachsen bei seinen Eltern Louis Plaat und Rosa Marchand, die genau wie Friedels Mutter aus Ringenberg stammt. Friedel ist eine clevere junge Frau und möchte gerne studieren; angesichts der immer bedrohlich werdenden Situation für Juden in Deutschland hat ihr Vater allerdings Bedenken. Mit Hilfe von Bekannten kann er seiner Tochter schließlich ein Studium in den Niederlanden ermöglichen. Am 19. Januar 1939 melden sich Friedel und Herbert beim Einwohnermeldeamt der Stadt Eschweiler gemeinsam nach Leiden in den Niederlanden ab. Zu diesem Zeitpunkt ist Friedel 17 Jahre alt und hält sich mit der Arbeit als Hausangestellte über Wasser.[14]

Für Leo gibt es in Deutschland keine Zukunft mehr, im Mai 1939 will er mit seiner Familie das Land verlassen. Das Ziel: Rhodesien, Afrika. Er, Betty und Heinz reisen zuerst zu Friederika, Leo hat auch für sie ein Visum organisiert. Doch Friedel hat sich anders entschieden: Sie besteht darauf, ihr Studium in den Niederlanden zu beenden und erst dann nachzukommen. Alles Flehen hilft nicht; ihre Eltern und ihr Bruder müssen sich von Friedel verabschieden und sich ohne sie auf den Weg machen. Von Leiden geht es am 14. Mai zum Hafen in Rotterdam. Dort legt das Schiff mit dem Namen Wangoni ab. Das Schiff gehört dem deutschen Staat; an Bord müssen die Stiels und andere jüdische Passagiere bei jedem Wort überlegen, bevor sie es aussprechen. Als sie nach zweiwöchiger Reise in Beira, Mosambik, ankommen, ist die Reise noch nicht beendet. Mit dem Zug fahren sie nach Livingstone in Nordrhodesien, sieben Tage später geht es weiter nach Lusaka. Rhodesien ist zu dieser Zeit eine britische Kolonie, unterteilt in Nord- und Südrhodesien – heute Sambia und Simbabwe.[15]

Im gleichen Jahr werden Friedel und ihr Mann Herbert in das Internierungslager im niederländischen Westerbork gebracht. Friedel wird von dort am 26. September 1942 nach Auschwitz deportiert. Genauere Informationen zu ihrem Schicksal sind nicht bekannt. Schon zuvor, Anfang August 1942, wurde ihr Mann in Auschwitz ermordet.[16]

Neuanfang in Rhodesien

In Lusaka angekommen, werden die Stiels und die vier weiteren jüdischen Familien, die mit ihnen gereist sind, herzlich von der lokalen jüdischen Gemeinde empfangen. Diese hat ca. 15 Kilometer außerhalb von Lusaka eine Farm für die Flüchtlinge gemietet, auf der sie sich von nun an weitestgehend selbst versorgen können. Sie halten Hühner und Milchkühe, bauen Gemüse an. Heinz und vier weitere Jungen seines Alters wohnen unter der Woche bei jüdischen Gastfamilien in der Innenstadt. Hier können sie zur Schule gehen und Englisch lernen. Heinz ist fleißig und bringt gute Noten mit nach Hause.[17]

Trotz des erleichterten Einstiegs in ihr neues Leben sind Leo, Betty und Sohn Heinz völlig mittellos. Lediglich einige Kleinigkeiten wie Wäsche, Lampen oder Küchengeräte haben sie mitnehmen können. Leo ist bei der Ankunft bereits 55 Jahre alt und kommt mit der neuen Sprache und der vollkommen anderen Lebensweise nicht gut zurecht. Nach einigem Suchen erhält Leo einen Aushilfsjob in einer Bäckerei. Daraufhin kann er ein kleines Haus mieten und mit der Familie die Farm verlassen. Die Anstellung bei der Bäckerei wird er jedoch im Jahr 1944 wieder verlieren.[18]

Heinz, inzwischen ein junger Mann, beschließt, zum Militär zu gehen. Der Briefkontakt zu seiner älteren Schwester ist vorher abgebrochen, der letzte Brief von ihr war von den Deutschen komplett zensiert worden. Dies bestärkt ihn in seiner Entscheidung, sich der britischen Armee anzuschließen und Friedel zu finden. Bei der Bewerbung macht er sich ein Jahr älter, als er tatsächlich ist, im Jahre 1942 kann er seinen Dienst antreten. Er beginnt seine Ausbildung in Nairobi, Kenia. In dieser Zeit sieht er viel von Afrika und der Wildnis. In den folgenden Jahren gelangt er mit der britischen Armee bis nach Burma, dem heutigen Myanmar.[19] Die Eltern ziehen im Dezember 1948 nach Luanshya, Nordrhodesien. Betty leidet schon länger unter Augenbeschwerden und muss sich deshalb einer schwierigen Augenoperation unterziehen, die sie glücklicherweise gut übersteht.[20]

Die Familie hat zwischenzeitlich die britische Staatsangehörigkeit erhalten und sich weitgehend eingelebt. Durch neue Freunde erhält Leo 1950 eine Stelle in einer Metzgerei.[21] Er ist glücklich, überhaupt einen Arbeitsplatz gefunden zu haben, aber auch, seinen erlernten Beruf wieder ausüben zu können. Ansonsten führt die Familie vom Zeitpunkt ihrer Flucht an ein sehr einfaches Leben. Ausflüge oder gar Urlaube können sie sich nicht mehr leisten. Zu ihren finanziellen Problemen kommen im höheren Alter auch gesundheitliche. Das tropische Klima, die Strapazen der Flucht und die Verletzungen im Konzentrationslager setzen Leo körperlich zu. Im März 1955 gibt er seine Metzgerstelle im Alter von 72 Jahren auf, danach ziehen er und Betty nach Salisbury, Südrhodesien. Am 1. September 1957 stirbt Leo Stiel im Alter von 74 Jahren. Er wird auf dem Pioneer Cemetry Harare in Salisbury beigesetzt. Betty Stiel verstirbt fünfeinhalb Jahre später am 27. Januar 1963. Auch sie ist in Salisbury beerdigt. Ihr Sohn Heinz lebt heute mit seiner Frau und seiner Tochter in den USA.[22]

1 Vgl. http://www.knokke-heist.be (01.05.2018).

2 Vgl. Geburtsurkunde, 17.09.1956, LAV NRW R, BR 3000 1126. | Vgl. Eintrag Moises Stiel im ›Familienbuch Euregio‹. http://www.familienbuch-euregio.de (01.05.2018). | Eintrag Gesetz betreffend die Gleichberechtigung der Konfessionen in bürgerlicher und staatsbürgerlicher Beziehung. In: Verfassungen der Welt. http://www.verfassungen.de/de/de67-18/religionen69.htm (01.05.2018).

3 Vgl. Eintrag Mortgen Veith im ›Familienbuch Euregio‹. http://www.familien-buch-euregio.de (01.05.2018). | Vgl. Schreiben der Handwerkskammer Aachen, 16.02.1957, LAV NRW R, BR 3000 1126. | E-Mail von Heinz Stiel an Ina Thomas, 29.05.2018.

4 Vgl. Eintrag: Regina Marchand im ›Familienbuch Euregio‹. http://www.familien-buch-euregio.de (01.05.2018).

5 Vgl. Schilderung des Verfolgungsvorganges und Erläuterung der Schadensfälle, 16.09.1954, LAV NRW R, BR 3000 1126. | Vgl. Adressbuch der Stadt Eschweiler von 1925, S. 88, hinterlegt beim Eschweiler Geschichtsverein e.V. | Gespräch mit Friedhelm Ebbecke-Bückendorf, 12.06.2018. | Armin Gille: Eschweilers verschwundene Straßen. Band 3. Eschweiler 2015. S. 138 [künftig zitiert: Gille: Straßen].

6 Fred Voss: Miracles, Milestones and Memories. A 269-Year Reflection, 1735–2004. 2. Aufl. Ithaca, NY 2009. Memorial Page [künftig zitiert: Voss: Miracles].

7 Vgl. ebd. 37ff.

8 Burkhard Asmuss: Der Geschäftsboykott am 1. April 1933. https://www.dhm.de/lemo/kapitel/ns-regime/ausgrenzung-und-verfolgung/geschaeftsboykott-1933.html (01.05.2018).

9 Vgl. Chronologie des Holocaust. http://www.holocaust-chronologie.de/chronologie/uebersicht/kurzfassung.html (01.05.2018). | Vgl. Voss: Miracles. S. 65. | E-Mail von Heinz Stiel an Ina Thomas, 29.05.2018.

10 Vgl. Friedhelm Ebbecke-Bückendorf: Eintrag Regina Marchand. http://eschweiler-juden.de (01.05.2018). | Vgl. Heiratsurkunde, 08.10.1957, LAV NRW R, BR 3000 1126. | Vgl. Friedhelm Ebbecke-Bückendorf: Eintrag Betty Rothschild. http://eschweiler-juden.de (01.05.2018). | Vgl. Gille: Straßen. S. 140.

11 Vgl. Gespräch mit Friedhelm Ebbecke-Bückendorf, 12.06.2018.

12 Heinz Stiel bevorzugt diesen Begriff. Er soll nicht der Verharmlosung dienen.

13 Vgl. Gespräch mit Friedhelm Ebbecke-Bückendorf, 12.06.2018. | E-Mail von Heinz Stiel an Ina Thomas, 05.06.2018. | Vgl. Schilderung des Verfolgungsvorganges und Erläuterung der Schadensfälle, 16.09.1954, LAV NRW R, BR 3000 1126.

14 Vgl. Eintrag Herbart Plaat unter Yad Vashem. https://yvng.yadvashem.org (01.05.2018). | E-Mail von Heinz Stiel an Ina Thomas, 30.05.2018. | Vgl. Bestätigungsschreiben der Kreisverwaltung Aachen, 22.10.1954, LAV NRW R, BR 3000 1126.

15 Vgl. E-Mail von Heinz Stiel an Ina Thomas, 29. und 30.05.2018.

16 Vgl. Eintrag: Herbert Plaat im ›Familienbuch Euregio‹. http://www.familien-buch-euregio.de (01.05.2018).

17 Vgl. E-Mail von Heinz Stiel an Ina Thomas, 30.05.2018.

18 Vgl. Schilderung des Verfolgungsvorganges und Erläuterung der Schadensfälle, 16.09.1954, LAV NRW R, BR 3000 1126.

19 Vgl. E-Mail von Heinz Stiel an Ina Thomas, 30.05.2018.

20 Vgl. Schilderung des Verfolgungsvorganges und Erläuterung der Schadensfälle, 16.09.1954, LAV NRW R, BR 3000 1126.

21 Vgl. ebd.

22 Vgl. E-Mail von Heinz Stiel an Ina Thomas, 30.05.2018.

Leo Cytron

geboren am 17. Januar 1889

Eine Biografie von Anna Conrads

Leo Cytron ist in seinem jüdischen Glauben fest verankert. Und doch kommt er der Bitte seiner Zukünftigen gerne nach, zum christlichen Glauben zu konvertieren. Die Taufe erlaubt es ihm, seine Sibilla zu heiraten, erlaubt es ihm, mit ihr zusammen zu sein und ein Leben voller Liebe aufzubauen. Doch dann zerstört das nationalsozialistische Verbrechensregime diese Liebesbeziehung: Leo wird im Konzentrationslager Mauthausen, Nebenlager KZ Ebensee/Österreich, ermordet, seine Familie hingegen kann durch die Selbstlosigkeit des Pfarrers von Herzogenrath-Straß, Joseph Buchkremer, überleben.[1]

Ungewöhnliche Liebe

Nach 1918 zieht Sibilla Hamacher gemeinsam mit ihren Eltern Johann Christian und Margaretha Hamacher vom Industriestandort Eschweiler in die Herzogenrather Straße 7 nach Alsdorf. Mit der Arbeit in der nahegelegenen Grube Anna II kann der Vater die Existenz der Familie sichern. Sibilla, geboren am 16. Juli 1899, wächst in behüteten Verhältnissen zu einer jungen Frau heran. Ihr späterer Ehemann Leo Cytron kommt am 17. Januar 1889 in Chęciny, einer jüdischen Stadtgemeinde in Kongresspolen, zur Welt. Im Ersten Weltkrieg kämpft Leo als Soldat, auch nach dem Krieg hält es ihn im Westen Deutschlands.[2]

Leo Cytron in den 1920er-Jahren
Privatbesitz Andrea Kever

In den Jahren um 1920 lernen sich Sibilla und Leo kennen. Der aus dem heutigen Polen stammende Jude und die deutsche Katholikin verlieben sich ineinander – zu einer Zeit, die für beide nicht einfach ist. Nach dem Ersten Weltkrieg leidet das Rheinland unter der Besetzung durch die Franzosen und Belgier; große Teile der Bevölkerung haben Schwierigkeiten, Arbeit zu finden. Sibilla und Leo beschließen, auch unter solch schwierigen Bedingungen füreinander einzustehen und ihren Lebensweg gemeinsam zu beschreiten.

Glück einer Großfamilie

Von familiärer Seite erhält das Paar viel Zuspruch. Bei der standesamtlichen Hochzeit am 8. Dezember 1925 bekräftigt Brautvater Johann Christian als Trauzeuge die Ehe seiner Tochter; das Ehepaar Hamacher steht Tochter und Schwiegersohn immer zur Seite. Die Hamachers sind zu dieser Zeit bereits stolze Großeltern: Schon ein Jahr vor der Hochzeit, am 4. Januar 1924, hatte Sibilla die erste Tochter Marianne Hamacher-Cytron zur Welt gebracht. Bis 1944 bekommt das Ehepaar Hamacher dreizehn Enkelkinder geschenkt. Elf Kinder sehen sie aufwachsen, zwei versterben im Kindbett. Die Kinder werden katholisch getauft und erzogen. Unter Pfarrer Joseph Buchkremer sind sie als Messdiener und Sänger im Kirchenchor in der Gemeinde St. Josef in Herzogenrath-Straß aktiv. Die Eltern Leo und Sibilla legen großen Wert darauf, dass auch der jüdische Glaube Platz in der Erziehung der Kinder findet. Trotz seiner Konversion hält Leo den Kontakt zur Synagogengemeinde in Aachen und folgt auch im eigenen Haus der jüdischen Tradition: Über Generationen hinweg ruht die Familie am Sabbat und isst an hohen Feiertagen nur Rindfleisch. Auch die späteren Enkelkinder werden mit diesen Bräuchen aufwachsen.[3]

Leo und Sibilla leben nach der Hochzeit zunächst im Dachgeschoss eines Neubaus in der Annastraße 357 in Alsdorf. Das Haus ist ein Gasthaus mit dem Namen Eschweiler und Stammlokal der dort ansässigen NSDAP. Nur ein paar Häuser entfernt findet Leo zunächst als Geselle Arbeit bei Schneidermeister Dohms; schließlich fasst er den Entschluss, eine eigene Schneiderwerkstatt aufzubauen. Deshalb, aber auch weil die Familie immer größer wird, verlegen er und Sibilla den Wohnort nach Herzogenrath-Straß. Die Familie lebt hier in einer Wohnung in der Josefstraße 48.[4]

Die Josefstraße in Herzogenrath-Straß
Privatbesitz Andrea Kever

Die eigene Schneiderei in Herzogenrath entwickelt sich gut. Wegen der grenznahen Lage erhält Leo viele Aufträge von Zöllnern und Bergarbeitern. 1930 wird er in die Handwerkerrolle eingetragen und kann zur Unterstützung zwei Gesellen einstellen. Die älteste Tochter, Marianne, absolviert bei ihrem Vater eine Ausbildung, später wird sie das Geschäft mit ihm zusammen führen.[5]

Zuhause kümmert sich Sibilla, unterstützt von einer Haushaltsgehilfin, um die Kinder. Sibilla ist eine liebevolle Mutter und genießt ihre Tätigkeiten als Hausfrau und das Zusammensein mit der Familie. Die mütterliche Liebe überträgt sie auf ihre Kinder, die später zu ebenso liebevollen Müttern und Vätern werden. Lebensmittelpunkt der kleinbürgerlichen Familie ist die Küche, in der alle gerne zusammenkommen. Die lebensfrohe und menschenbezogene Sibilla erfreut sich an dem meist vollen Haus: Nachbarn und Freunde ihrer Kinder werden immer herzlich willkommen geheißen, mit Hingabe kümmert sie sich um ihre Gäste.[6]

Der Lebensretter Pfarrer Joseph Buchkremer

Ein häufiger Gast der Familie ist Seelsorger Pfarrer Joseph Buchkremer. 1937 wird er Pfarrer von Herzogenrath-Straß, seine Kirche liegt in direkter Nähe zum Wohnhaus der Cytrons. Als Seelsorger setzt er sich auch zur Zeit des NS-Regimes für jeden in seiner Gemeinde ein, wird für viele zum Lebensretter. Bestens informiert, versucht er, den Schriften und Gesetzen der Nationalsozialisten etwas entgegenzusetzen, selbst unter Lebensgefahr. Als er in Straß Werbung für die Waffen-SS entdeckt, informiert er umgehend die Familien über die Gefahr.[7]

»Menschlichkeit im konkreten Tun für die Menschen erfahrbar zu machen«[8], ist das Ziel, das der Pfarrer auch unter den widrigsten Bedingungen immer mit größtem Einsatz verfolgt. Auch Familie Cytron leistet Pfarrer Joseph Buchkremer besondere Dienste. Nachdem Nationalsozialisten die Hauswände der Familie beschmiert haben, ruft er Jugendliche aus der Gemeinde zusammen, die helfen, die Wände zu reinigen. Als es nicht mehr bei Schmierereien bleibt und die Situation für jüdische Bürger immer aussichtsloser scheint, hilft er der Familie, die zwischenzeitlich in das Judenlager Hergelsmühle eingewiesen worden ist, dieses wieder zu verlassen. Indem er die Familie im Kirchenkeller versteckt, rettet er Sibilla und die Kinder vor der Deportation. Ohne ihn, so urteilt eine Nachfahrin der Cytrons, wäre ein Überleben der Familie in der NS-Zeit nicht denkbar gewesen.[9]

Joseph Buchkremer selbst wird schließlich am 20. März 1942 in das Konzentrationslager Dachau deportiert und muss dort unter unmenschlichen Bedingungen leben. Seine treue Gemeinde in Straß tut nach der Verhaftung alles, um den Kontakt zu ihm zu halten, versorgt ihn mit Lebensmittelpaketen. Zum Ende des Krieges wird er mit einigen anderen Insassen aus dem Konzentrationslager befreit. Er kommt nach Aachen zurück und wird 1961 zum Weihbischof geweiht.[10]

Der Leidensweg

Wie Pfarrer Buchkremer ist auch Leo Cytron direkt von den Verbrechen der Nationalsozialisten betroffen, wird von seiner Familie getrennt und deportiert. Anders als der Pfarrer wird Leo das Konzentrationslager jedoch nicht überleben. Leos Leidensweg beginnt wie für viele spätestens 1935 mit der Verabschiedung der Nürnberger Gesetze: Fortan sind Juden keine Reichsbürger mehr, Ehen mit Juden werden verboten. In Herzogenrath beschädigt man das Haus der Cytrons, Eltern und Kinder werden beschimpft und geschlagen. 1938 wird Leo aus der Handwerkerrolle gestrichen und aus seinem Beruf verdrängt. Ab dem 19. September 1941 muss er den ›Judenstern‹ tragen.[11]

Leo und Sibilla halten dem Druck der Nationalsozialisten zunächst stand. Zusammen mit ihren neun Kinder werden sie in das Judenlager Hergelsmühle bei Aachen-Haaren eingewiesen. Vom 25. Juli 1941 bis zum 27. August 1941 lebt die Familie »unter schwierigsten Bedingungen« und wohnt »mit 12 Personen in einem Raum«[12]. Während dieser Zeit wird die Wand des Wohnhauses in Herzogenrath-Straß mit Ölfarbe beschmiert und die Fenster werden eingeschlagen. Die Schneiderei wird geplündert und demoliert, sodass nun Nähmaschinen, Bügelkissen und ein Bügelofen fehlen. Der Betrieb ist nicht mehr ordentlich fortzuführen. Auch die berufliche Zukunft der Kinder ist ungewiss, sie können keine Ausbildung beginnen. Sohn Josef wird die Aufnahme an einer Hochseeschule für Handelsschifffahrt in Kiel unmöglich gemacht, Tochter Christine muss ihre Lehre bei der örtlichen Drogerie Klein abbrechen. Auf dem Höhepunkt der Repressionen versichert Sibilla schließlich der Gestapo, die Scheidung einzureichen, damit sie und ihre Kinder dafür das Lager verlassen können. Nur so kann sie sich, zum Schutz ihrer Kinder, dem Leben dort entziehen. Tatsächlich wird Sibilla sich nie von ihrem Mann scheiden lassen.[13]

Leo bleibt im Lager zurück. Fortan arbeitet er tagsüber in einer Gießerei. Seinen widerständigen Geist können die Nationalsozialisten nicht brechen: Entgegen seiner Auflagen hält er den Kontakt zu seiner Familie, weigert sich, den Davidstern zu tragen. Über die Weihnachtstage wird er deshalb im Aachener Gestapo-Keller am Theaterplatz 14, heute Sitz des Instituts für Katholische Theologie der RWTH Aachen, festgesetzt und gefoltert.[14] Allen Verboten und Repressionen zum Trotz kehrt Leo jeden Abend heimlich nach Herzogenrath zurück. Nachts arbeitet er weiter als Schneider und bewahrt seine Familie damit vor dem finanziellen Ruin. In seiner sogenannten Wiedergutmachungsakte heißt es: »Auch [...] den Lohn, den er in Aachen verdiente[, brachte er] voll und ganz seiner Ehefrau.«[15] Am 11. Januar 1944 wird Leo mit einem der letzten Züge in das Konzentrationslager Mauthausen deportiert. Am 16. März 1945 kommt er im KZ Ebensee ums Leben, nur zwei Monate, bevor das Lager von der US Army befreit wird.[16]

Zusammenhalt in allen Lebenslagen

Einen Monat nach Leos Deportation bringt Sibilla am 25. Februar 1944 die jüngste Tochter Gisela zur Welt. Sie ist der Beweis für die grenzenlose Liebe zwischen Sibilla und Leo.[17] Die Großfamilie steht nach der Befreiung 1945 vor dem finanziellen Ruin. Das Auskommen ist so gering, dass Sibilla »nicht in der Lage [ist], die notwendig werdenden

Anschaffungen an Wäsche und Bekleidung für sich und ihre Kinder zu tätigen.«[18] Um das Sakrament der Kommunion ihrer jüngsten Tochter Gisela Anfang der 1950er-Jahre finanzieren zu können, muss sie bei der Fürsorge eine finanzielle Beihilfe beantragen. Die wirtschaftlichen Probleme halten die Familie nicht davon ab, für alle das Beste zu erstreben und sich gegenseitig zu unterstützen. Wird eines der Kinder krank, empfinden die anderen es als Pflicht, ihre Brüder beziehungsweise Schwestern zu pflegen. Eine Nachfahrin berichtet: »Der Bruder Leo wurde 1944-1945 krank und starb kurz vor Kriegsende, sein Bruder Hubert[, der ihn pflegte,] erkrankte an der gleichen Krankheit, konnte aber aufgrund des Kriegsendes ärztlich versorgt werden und überlebte.«[19]

Im Wissen, dass nicht die ganze Bevölkerung Herzogenraths Schuld für das Leiden ihrer Familie hat, und in Erinnerung an den aufopferungsvollen Pfarrer Joseph Buchkremer ist Sibilla nach dem Krieg nicht verbittert. Als gläubige Christin setzt sie sich selbstlos für ihre Mitmenschen ein. Die Herzogenrather bitten Sibilla sogar, das Amt der Bürgermeisterin zu übernehmen. Und noch eine weitere Art Wiedergutmachungsangebot macht die Bevölkerung der Familie: Der älteste Sohn Josef, inzwischen Haupternährer der Familie, kann mit 19 Jahren keinen Beruf mehr erlernen. So bietet man ihm einen Milchhandel an: Mit einem Karren soll er durch Herzogenrath ziehen und Milch verkaufen. Das Geschäft gibt die Familie allerdings nach kurzer Zeit wieder auf. Eine Aufmerksamkeit erregende Tätigkeit wie diese können sie sich nicht länger vorstellen. Die Cytrons haben immer möglichst bescheiden im Rückhalt der Familie zu leben versucht. Die arbeitstätigen Kinder bestreiten den Unterhalt der Familie.[20]

Die Familie hat Herzogenrath nach der Befreiung nicht verlassen. Ihre Wurzeln sind nach dem Krieg weitergewachsen und wachsen noch. Enkelkinder von Leo und Sibilla arbeiten heute für die Gemeinde, ihre Heimat ist Herzogenrath-Straß. Im Jahr 2008 verlegt die Stadt Herzogenrath auf der Josefstraße zwei Stolpersteine: einen zum Gedenken an Joseph Buchkremer, einen für Leo Cytron. Beide Männer haben gezeigt, dass es in Krisensituationen Solidarität und Zusammenhalt sind, die Leben erhalten.[21]

Stolpersteine auf der Josefstraße
Privatbesitz Anna Conrads

1 Vgl. Gespräch zwischen Andrea Kever und Anna Conrads, 14.06.2018.

2 Vgl. E-Mail von Karl-Bernd Gishlain und Eberhard Malecha (Genealogen und Archivare des Alsdorfer Geschichtsvereins e.V.) an Anna Conrads, 19.05.2018. | Vgl. Gespräch zwischen Andrea Kever und Anna Conrads, 14.06.2018. | Vgl. Heiratsurkunde, Bezirksregierung Düsseldorf, Dezernat 15, Archiv [künftig zitiert: BR Düsseldorf], ZK 41542. | Vgl. Internetseite der Stadt Chęciny, http://www.checiny.pl/asp/de_start.asp?typ=14&menu=229&strona=1 (29.06.2018).

3 Vgl. E-Mail von Karl-Bernd Gishlain und Eberhard Malecha an Anna Conrads, 19.05.2018. | Vgl. Karl Bernd Gishlain: Familienblatt für Leon/Leo CYTRON und Sibilla HAMACHER, 17.05.2018, Privatbesitz Karl Bernd Gishlain. | Vgl. Antrag auf Grund des Bundesgesetzes zur Entschädigung für Opfer der nationalsozialistischen Verfolgung (Bundesentschädigungsgesetz – BEG) vom 29. Juni 1956 (BGBl S.559), Marianne Tetz, geb. Cytron, BR Düsseldorf, ZK 41542. | Vgl. Antrag auf Bewilligung einer Rente für Hinterbliebene von anerkannt politisch, religiös oder rassisch Verfolgten gem. Erlass des Herrn Sozialministers des Landes Nordrhein-Westfalen vom 29.01.1946 – Vw/54 – Tgb. Nr. V – 486 | Vgl. Stolberger Schwarzbuch: Gegen das Vergessen. Menschen aus Stolberg. Verschleppt, zur Zwangsarbeit gezwungen, ermordet. 2010. http://www.stolberger-buendnis.de/media/schwarzbuch/12%20Cytron%20Leo.pdf (22.06.2018). | Vgl. Propst Joseph Buchkremer an den Herrn Oberkreisdirektor, BR Düsseldorf, ZK 41542. | Vgl. Gespräch zwischen Andrea Kever und Anna Conrads, 14.06.2018.

4 Vgl. E-Mail von Karl-Bernd Gishlain und Eberhard Malecha an Anna Conrads, 19.05.2018.

5 Vgl. Bericht der Handwerkskammer Aachen in der Sache der Wiedergutmachung nach dem Bundesentschädigungsgesetz (BEG) in der Fassung vom 29.06.1957; hier: Entschädigungssache der Erbgemeinschaft Zytron, Herzogenrath, nach dem am 16.03.1945 in dem Kl.-Mauthausen verstorbenen Ehemann und Vater Leo Zytron, BR Düsseldorf, ZK 41542. | Vgl. Öffentliche Sitzung des Amtsgerichts, ebd.

6 Vgl. Gespräch zwischen Andrea Kever und Anna Conrads, 14.06.2018.

7 Vgl. Wege gegen das Vergessen. http://www.wgdv.de/wege/buchkremer (22.06.2018).

8 Kurth Willibert: Rede zur Aufstellung des Denkmals für Joseph Buchkremer am 70. Jahrestag der Reichspogromnacht. Straß, 09.11.2008, Privatbesitz: Andrea Kever.

9 Vgl. ebd.

10 Vgl. ebd. | Gespräch zwischen Andrea Kever und Anna Conrads, 14.06.2018.

11 Vgl. Verfolgungsvorgang Sibilla Cytron, BR Düsseldorf, ZK 41542. | Vgl. Bericht der Handwerkskammer Aachen in der Sache der Wiedergutmachung nach dem Bundesentschädigungsgesetz (BEG) in der Fassung vom 29.06.1957; hier: Entschädigungssache der Erbgemeinschaft Zytron, Herzogenrath, nach dem am 16.03.1945 in dem Kl.-Mauthausen verstorbenen Ehemann und Vater Leo Zytron, ebd.

12 Schilderung des Verfolgungsvorgangs von Josef Cytron, BR Düsseldorf, ZK 41635.

13 Vgl. An die Vertriebenen- und Wiedergutmachungsstelle des Landkreises Aachen, BR Düsseldorf, ZK 41542. | Vgl. Kreisverwaltung – Aachen Amt für Wiedergutmachung: Betrifft: ihr Schreiben, BR Düsseldorf, ZK 41635. | Vgl. Gespräch zwi-

schen Andrea Kever und Anna Conrads, 14.06.2018. | Vgl. An den Herrn Landrat – Bezirksfürsorgeverband – in Kornelimünster, BR Düsseldorf, ZK 41542.

14 Vgl. An den Oberbürgermeister – Amt für Wiedergutmachung – in Aachen, BR Düsseldorf, ZK 41542. | Vgl. Arbeitskreis ›Wege des Vergessens‹: Gedenkblätter für die verfolgten jüdischen Mitbürger Herzogenraths. September 2012. S. 7.

15 Vgl. An den Oberbürgermeister – Amt für Wiedergutmachung – in Aachen, BR Düsseldorf, ZK 41542.

16 Vgl. Abschrift (Sonderstandesamt Arolsen, Kreis Waldeck, Abt. M Nr. 3501/1952), ebd. | Vgl. Internetseite der Gedenkstätte Mauthausen.https://www.mauthausen-memorial.org/de/Wissen/Das-Konzentrationslager-Mauthausen-1938-1945/ Die-Befreiung (29.06.2018).

17 Vgl. An den Herrn Landrat – Bezirksfürsorgeverband – in Kornelimünster, BR Düsseldorf, ZK 41542.

18 An den Herrn Regierungspräsidenten Aachen: Betreuung der politisch, rassisch und religiös Verfolgten - Antrag auf Gewährung einer Sonderbeihilfe, ebd.

19 E-Mail von Andrea Kever an Anna Conrads, 27.06.2018.

20 Vgl. Gespräch zwischen Andrea Kever und Anna Conrads, 14.06.2018.

21 Vgl. Internetseite der Aachener Zeitung. http://www.aachener-zeitung.de/lokales/ nordkreis/stolpersteine-erinnern-auf-beiden-seiten-der-strasse-1.287765 (22.06.18).

Die Familie von Ida und Max Leib

Eine Biografie von Christian Bremen[1]
In Gedenken an Anna Weitzenkorn, geborene Leib,
geboren am 24. März 1891

Das Gedenkbuch für die jüdischen Opfer der Verfolgung während der nationalsozialistischen Gewaltherrschaft in Deutschland, 1933–1945, bearbeitet vom Bundesarchiv in Koblenz und dem Internationalen Suchdienst in Arolsen, führt auf, dass die Aachenerin Anna Weitzenkorn, geborene Leib, im Juni 1942 nach Sobibor deportiert worden ist. Die zentrale Datenbank für die Opfer der Shoah in Yad Vaschem ergänzt diesen Eintrag mit der Information über ihre Ermordung. Anna Weitzenkorn ist wahrscheinlich durch Abgase von Motoren erstickt und anschließend in einer Grube verscharrt worden. Noch im Sommer 1942 ließ die Lagerverwaltung die Leichen der Ermordeten exhumieren und verbrennen. Die Täter wollten keine Spuren hinterlassen, so vernichteten sie auch sämtliche schriftlichen Unterlagen. Seit wenigen Jahrzehnten erinnern ein Mahnmal und Gedenktafeln an die bis zu 250.000 geschätzten Opfer am Ort des Verbrechens. Eine Gedenkallee folgt ihrem Weg von der Eisenbahnrampe bis in die Gaskammer.[2]

Elternhaus – eine bürgerliche Herkunft

Annas Lebensweg schien schon bei ihrer Geburt am 24. März 1891 in Aachen vorgegeben zu sein. Anna oder Aenne – wie sie sich später selber nannte und auch von all ihren Lieben, Freunden und Bekannten genannt wurde – war die Erstgeborene des Herrenschneiders Markus Max Leib, geboren am 18. Dezember 1855, und seiner Gattin Ida, geborene Dreyfus, geboren am 26. Februar 1867. Max Leib wanderte Anfang der 1880er-Jahre in die alte Kaiserstadt ein und übernahm das Geschäft für Herrengarderobe von Christian Schiffers am Friedrich-Wilhelm-Platz Nr. 5. Dieser hatte das Geschäft erst wenige Jahre zuvor von Johann Irlweck übernommen, der in den 1860er-Jahren als selbständiger Zuschneider in der Ursulinenstraße 15 begann und schon bald als Marchand-Tailleur am Damengraben 2 sein Unternehmen erfolgreich ausbaute, um es dann im Jahr 1878 an Schiffer zu verkaufen. Nach der Leib'schen Familienüberlieferung wanderten die Vorfahren schon in römischer Zeit aus Italien ins Moseltal ein, wo sie Weinanbau und -handel betrieben. Max brach mit dieser Tradition; er erlernte das Handwerk des Schneiders und wurde Kaufmann. Den Geburtsort Neumagen an der Mosel verließ er. Seine Frau Ida stammte aus Weilburg an der Lahn.[3]

Die Standortwahl für das Leib'sche Geschäftsvorhaben war wohlüberlegt: Aachen war mit seinen enormen wirtschaftlichen Wachstumsraten als Tuch- und Modestadt im In- und Ausland bekannt und schuf damit beste Voraussetzungen für die Eröffnung eines Geschäfts für Männerbekleidung. Seit Jahrhunderten bildete die Tuchmacherei das Rückgrat der Aachener Wirtschaft, obwohl die Stadt wegen ihrer Randlage, fern von den großen Handelswegen, nie eine Kaufmannsstadt war, wie beispielsweise das nahegelegene Köln oder Frankfurt am Main oder Nürnberg. Vielmehr war die Stadt ihrem Habitus nach eine Fabrikstadt: Im Jahr 1893 gab es in Aachen und Burtscheid 416 Fabriken mit insgesamt 21.722 Beschäftigten. An der Grenze zu Belgien und den Niederlanden gelegen, Einfallstor der westlichen Nachbarn und damit Durchgangsort für den Verkehr dieser Länder mit dem Deutschen Reich, galt die Stadt als ein bedeutender Standort der Tuchindustrie, der Kratzenherstellung, der Maschinenproduktion, der Nadelherstellung, der Hüttenindustrie, der Metallverarbeitung und der Tabakindustrie.[4] Durch die Übernahme eines alteingesessenen Herrenausstatters sicherte sich Leib dessen Kundenstamm, den es zunächst zu pflegen und dann auszubauen galt. Auch dafür waren die Aussichten gut: Die potenziellen Käuferschichten lebten zu Tausenden in Aachen und kamen zudem aus den umliegenden Städten und Gemeinden.

Die Leibs arbeiteten und wohnten in einer der besten Lagen, in der Nähe des Stadtzentrums, gegenüber Kurpark und Elisenbrunnen. Schon Mitte der 1880er-Jahre erweiterten sie ihr Herren-Schneidergeschäft um eine Tuchhandlung im gleichen Haus, die in- und ausländische Ware anbot. Im Jahr 1891 trennte die junge Familie Wohn- und Arbeitsplatz voneinander und zog in den Kapuzinergraben 14/2. Um die Jahrhundertwende war Leib der bedeutendste und größte Herrenschneider der Stadt mit einem Kundenstamm, der weit über die deutsche Grenze hinausreichte. Er beschäftigte einen Prokuristen, mehrere Zuschneider und weitere dreißig Angestellte.

Nach ökonomischen Maßstäben waren die Leibs mit ihrer großen Verkaufsfläche, ihren zahlreichen Beschäftigten und dem erheblich gesteigerten Umsatz keine Kleinhändler und Kleinbürger mehr. Sie waren wohlhabende Ladenbesitzer geworden, die ihr Geschäft in einer innerstädtischen Einkaufsstraße betrieben. Ob die veränderte Geschäftsgrundlage bei ihnen zu einem mentalen Wandel und zu einer anderen Selbsteinschätzung geführt hat, ist nicht bekannt. So liegen keine Informationen dazu vor, wie sie sich in die städtische Kultur, in die Gesellschaften, die Männergesangs-, Turn- und Schützenvereine, bei den Festen und Umzügen einbrachten. Als Geschäftsleute konnten sie sich den lokalen Traditionen sicherlich nicht verschließen und haben vermutlich zumindest an Festtagen gespendet und ihr Geschäft geschmückt sowie zum Kaisergeburtstag ihr Haus beflaggt. Allerdings ließ sich ihre Mitgliedschaft in kleinbürgerlichen Vereinen bisher genauso wenig nachweisen wie eine spätere, mit wachsendem Wohlstand denkbare Aufnahme in einen der städtischen Bürgervereine. Gleiches gilt für die Ende des 19. Jahrhunderts entstehenden Berufsverbände. Vielleicht hat sich ihre soziale Welt in der Familie, im Haus und im Laden erschöpft. Auch zu anderen kulturellen Praktiken, Büchern, Musik und Kunst, fehlen gesicherte Kenntnisse. Sie hinterließen ihren Kindern großbürgerliches Mobiliar, wie Bilder, Teppiche,

Möbel, handgeschliffene Trinkgläser aus Kristall sowie ein Ess-, Kaffee-
und Teeservice aus Porzellan für achtzehn Personen. Die Esszimmer-
einrichtung bestand aus handgeschnitzten schweren Eichenmöbeln.[5]

Gemein ist allen Kindern ein großes Interesse an Kunst und Literatur
sowie ihre Verbundenheit mit ihren jüdischen Glaubensbrüdern und
-schwestern gewesen. Es ist anzunehmen, dass Max Leib nach seiner Ankunft in Aachen Kontakt mit der Synagogengemeinde in der
Roonstraße aufnahm. Max und Ida waren Juden, die ihre Kinder nach
den Grundsätzen ihres Glaubens erzogen. Damit unterschieden sie
sich in Theologie, Frömmigkeitskultur und Ethik von ihrer katholischen Umwelt und ihren protestantischen Mitbürgern.[6]

Die jüdische Gemeinde in Aachen war jung. Nach ihrer Ausweisung
im Jahr 1629 ließen sich die ersten Juden erst wieder in der Napoleo-
nischen Zeit in Aachen nieder. Die Industriestadt mit ihrer zentralörtli-
chen Bedeutung zog zahlreiche Juden aus dem Rheinland, aus Hessen
und Westfalen an, die in der Regel im Handel ihr Auskommen suchten.
Damit wies die jüdische Zuwanderung im wirtschaftlichen Bereich die
gleiche Tendenz auf wie die protestantische Migration. Im Jahr 1905
lag der Anteil der zahlenmäßig kleinen jüdischen Gemeinde in Aachen
bei 1,16 Prozent der Gesamtbevölkerung, die allerdings 7,79 Prozent
der gesamten städtischen Einkommensteuer aufbrachte – ein deut-
licher Hinweis für ihren Reichtum und ihre Leistungsfähigkeit. Die
bürgerlichen Berufe, insbesondere die Unternehmer beherrschten das
Bild der Gemeinde. Die jüdischen Selbständigen besaßen eine wichtige Stellung in Aachens bedeutendstem Wirtschaftszweig – der Textilindustrie –, wo zahlreiche Mitglieder in der Tuchproduktion und
im Tuchgroßhandel tätig waren. Viele Einzelhandelsbekleidungs- und
Schuhgeschäfte sowie die beiden Warenhäuser der Stadt waren in jüdischem Besitz.[7]

Der Wohlstand der jüdischen Bewohner prägte deren Lebensstil. Sie
hatten ihren Wohnsitz in den neuerrichteten Vierteln im Südwes-
ten der Stadt, vermehrt im Bereich der Synagoge und der eigenen
schulischen und sozialen Einrichtungen. Die Aachener Synagogenge-

meinde, die nicht nur das Stadtgebiet, sondern auch große Teile des Landkreises umfasste, zählte zum liberalen deutschen Judentum und praktizierte ihren Kult überwiegend in deutscher Sprache. Sie schien in der deutschen Kultur aufgegangen zu sein. Das jüdische Vereinswesen war ein wesentliches Element für das Zusammenleben und für den Zusammenhalt der Gemeinde.[8]

Die jüdischen Bürger waren im wirtschaftlichen und gesellschaftlichen Leben integriert. Dennoch gab es vereinzelt antijüdisches Verhalten im Wirtschaftsleben und Vorbehalte im privaten Umgang miteinander. Zudem blieb eine offenbar von Generation zu Generation weitergegebene antijüdische Grundhaltung, die sich im alltäglichen Umgang in Schimpfwörtern, Drangsalierungen und Vorurteilen ausdrückte. Die beiden führenden Bürgervereine und die Freimaurerloge nahmen um die Jahrhundertwende keine jüdischen Bürger auf und einige Kaufleute warben mit der Bezeichnung »christliche Geschäfte«[9]. Die jüdischen Bürger gelangten nicht in Spitzenpositionen der städtischen Verwaltung, faktisch blieben sie aus der höheren Beamten- und universitären Wissenschaftslaufbahn ausgegrenzt. In der Schule, im Beruf, in der Kommunalpolitik, in Vereinen und Verbänden konnten soziale Kontakte und Freundschaften gepflegt werden. Politisch gehörten die jüdischen Bürger Aachens dem liberalen Lager an; sie waren kaisertreu und patriotisch gesinnt.[10]

Annas erste Lebenseindrücke waren wohl von der elterlichen Arbeitswelt geprägt. Das zunächst mit der Wohnung verbundene Geschäft bildete ihre Welt: Die unterschiedlichen, aus Deutschland und England stammenden verschiedenfarbigen Tuche und Stoffe, aus denen Hosen, Hemden und Jacken bestanden, besaßen einen eindringlichen Geruch. Die Geschäftsräume eines Textilgeschäfts hatten, wie eine Bäckerei oder ein Kolonialwarengeschäft, einen unverwechselbaren Duft. Die Herrengarderobe sowie die Stoffe waren in Vitrinen und Regalen nach Größe und Farbe geordnet. Vater und Mutter arbeiteten gemeinsam im Betrieb, als Kind und Jugendliche hat Anna ihnen sicherlich geholfen und dadurch früh Einblicke in die Welt des elterlichen Unternehmens erhalten.

Gleiches galt für ihre Geschwister: Martha, geboren am 5. Januar 1895, Gertrud, geboren am 16. Juni 1898, und Walter Bernhard, geboren am 9. April 1901. Schwester Louise, geboren am 14. Februar 1893, starb nach fünf Monaten am 15. Juli 1893.[11] Sie fand ihre letzte Ruhestätte auf dem jüdischen Friedhof in der Lütticher Straße. Die Kinder wurden von ihren Eltern weltoffen erzogen. So profitierte Walter in seiner Entwicklung von Familien der verschiedenen Milieus und Kultusgemeinschaften in Aachen, die in der Religion kein Hindernis oder gar trennendes Element für zwischenmenschliche private Kontakte sahen. Auf dieser Basis konnte er Schulkameradschaften zu Freundschaften entwickeln. Ein Leben lang verband ihn eine innige Freundschaft mit Kurt Pfeiffer, dessen Eltern ein Bekleidungsgeschäft in der Großkölnstraße führten.

Die Familie Leib um 1903
Privatbesitz der Familie Leib

Auch die Vornamen der Kinder geben Hinweise auf religiöse und politische Einstellungen der Eltern und damit auf den von ihnen vermittelten Wertekanon: Anna war in jener Zeit einer der beliebtesten Vornamen überhaupt und stammt nicht aus der Bibel, wohingegen Martha als hebräisch denotiert, aber längst schon als zu christianisiert galt. Gertrud erscheint nicht zuletzt durch Richard Wagners Lohengrin als ein auffällig deutschtümelnder Name, ebenso wie Bernhard und – wenn auch nicht so hyperassimiliert – der Rufname Walter. Louise und der Vorname des Vaters Max (Maximilian) sind dynastisch konnotiert. Die Vornamen sind Indikatoren für ein akkulturatives Verhalten, nicht so sehr in Richtung einer schleichenden Abkehr von der eigenen jüdischen Identität, wohl aber im Sinne eines liberal verstandenen Glaubens. Deutsch- und Jüdischsein waren demzufolge in einem sich nach Wilhelm II. christlich verstehenden Staatsverständnis kein Widerspruch, sondern zwei Seiten ein und derselben Medaille. Durch diese Namensgebung verliehen die Eheleute Leib ihrem Deutschsein Ausdruck.[12]

Die Kinder wuchsen in wohlhabenden und geordneten Verhältnissen auf. Die erste große Zäsur in ihrem Leben bildete der frühe Tod ihrer Mutter am 31. Mai 1906, die im Alter von 39 Jahren an Tuberkulose verstarb und auf dem jüdischen Friedhof in der Lütticher Straße beigesetzt wurde. Vater Max heiratete nicht wieder. Es ist sehr wahrscheinlich, dass die Bedeutung von Anna für die Familie wuchs und sie für ihre jüngeren Geschwister eine Bezugsperson war – womöglich ein Mutterersatz. Diese Rolle musste sie auf jeden Fall wenige Jahre später einnehmen, als ihr Vater am 3. April 1911 im Alter von 55 Jahren an einem Herzinfarkt verstarb und ihre Geschwister wie auch sie selbst mit ihren 20 Jahren noch nicht mündig waren. Vater Max hatte vor seinem Tod kluge und vorausschauende Geschäftsentscheidungen getroffen und der Großvater mütterlicherseits, der selber Kaufmann war, stand den Kindern helfend zur Seite. Auch die Schwester von Mutter Ida, Tante Frederika, half und kümmerte sich um die Waisen. Vormund für die Kinder wurde ein Freund der Familie: der Tuchgroßhändler Louis Rosenberg. Auf diese Weise konnte der wirtschaftliche Niedergang des führenden Herrenschneidergeschäfts der Stadt vermieden und damit der finanzielle Ruin der Familie abgewendet werden.[13]

Die Geschwister – Vollwaisen

Die Eigentumsverhältnisse veränderten sich nicht; Schneiderei und Tuchhandlung wurden nunmehr von zwei Prokuristen fortgeführt.

Anna hatte das Lyzeum besucht, anschließend eine kaufmännische Lehre absolviert und arbeitete vermutlich in einer Firma. Die gleiche Ausbildung erhielt ihre Schwester Gertrud. Sie besuchte die Viktoriaschule bis zur zehnten Klasse und belegte anschließend einen Kurs an der privaten Handelsschule für Mädchen ›Martha Cudell‹. Martha ließ sich nach dem Ende ihrer Schulzeit zur Erzieherin ausbilden und besuchte Ende der 1920er-Jahre das Städtische Fröbel-Seminar. Sie absolvierte erfolgreich den einjährigen Jugendleiterinnenlehrgang im März 1930. Walter hingegen besuchte das Realgymnasium. Die Schule in der Jesuitenstraße war offensichtlich mit Bedacht ausgewählt. Das Realgymnasium bereitete praxisnah auf die Berufswelt vor und legte deshalb den Fokus auf die Fächer Mathematik, Naturwissenschaften und Neuere Sprachen. Zahlreiche Unternehmer schickten ihre Söhne in diese Schule, deren Erziehungsziel allerdings wie an allen deutschen Schulen nationalistisch war.

In den Schulgeschichtsbüchern wurde das Wilhelminische Reich in einen Wirkungszusammenhang zum mittelalterlichen Kaisertum gestellt und damit eine Traditionslinie aufgebaut. Die Hohenzollern verstanden sich als die Vollender der deutschen Geschichte, in der Wilhelm I. als neuerstandener Barbarossa galt. Ein übersteigertes nationales Denken war der Ausgangspunkt für die Auffassung von der Überlegenheit und der Weltmachtrolle der Deutschen. Das preußisch geführte protestantische Kaiserreich galt nach borussischer Geschichtsauffassung als Erfüllung der Weltgeschichte und Gegenentwurf zur westlichen Zivilisation. Walter war sehr musikalisch. Er erhielt Klavierunterricht und sang in einem Kinderchor, der auch im Stadttheater auftrat. Vermutlich spielten alle Geschwister ein Instrument.[14]

Noch im Jahr 1918 meldete sich Walter, nachdem er das Notabitur bestanden hatte, als Kriegsfreiwilliger zum Heer. Sein Handeln zeugt von einer patriotischen Gesinnung. In seiner Schulzeit lernte er als Unterprimaner den deutlich älteren Kurt Pfeiffer kennen. Der aus einer calvinistischen Kaufmannsfamilie stammende Pfeiffer hatte sich zu Beginn des Großen Krieges freiwillig zu den Gardekürassieren nach Potsdam gemeldet; ihm blieb aber wegen eines Herzleidens eine aktive Kriegsteilnahme verwehrt. Daraufhin nutzte er die gesetzlichen Möglichkeiten und holte als 24-Jähriger sein Abitur nach. Was verband das ungleiche Paar? Vermutlich eine Kriegsbegeisterung und Übereinstimmung mit der deutschen Kriegszielpolitik, sicherlich ein gemeinsames Interesse an Politik, gewiss ihre Liebe zu Kunst, Literatur und Musik und offenbar ihre Sensibilität, die sich allerdings unterschiedlich äußerte. Walter galt als ein feinfühliger Mensch, während Kurt willensstark war und mit der Zeit zusehends verinnerlichte.[15]

Die Geschwister verband ihr gesamtes Leben lang ein inniges Verhältnis. Sie blieben nach dem Tod ihres Vaters zusammen und bezogen gemeinsam eine kleinere Wohnung. Ihre Eltern waren vor dem Hintergrund der immer größer werdenden Familie im Jahr 1895 vom Kapuzinergraben in die Gottfriedstraße 6 gezogen. Nunmehr richteten sich die Kinder eine Wohnung in der Kupferstraße 17 ein. Im Aachener Adressbuch schalteten die Geschwister eine Imageanzeige, wie es jahrelang zuvor schon ihr Vater getan hatte: »Max Leib, Herren-Schneidergeschäft u. Tuchhandlung, Friedrich Wilhelmplatz 5, Lager 1. Etage, Tel. 444«[16]. Die Annonce änderte sich im Jahr 1912 in: »Max Leib, Schneidergeschäft für feinste Herrengarderobe, Lager in u. ausländischer Modestoffe, Friedrich Wilhelm-Platz 5, Tel. 444«. Zusätzlich und unabhängig von der Anzeige fand sich im Adressbuch der Eintrag, »Leib, Geschwister, Maria-Theresia-Allee 30, Tel.: 1663«[17]. Auf diese Weise zeigte die Familie gleichzeitig ihre neue Wohnanschrift an.

Das Jahr 1914 bildete eine weitere Zäsur für die Geschwister. Anna heiratete am 1. Mai den Farb- und Materialwarenhändler Leo Weitzenkorn aus Gießen und zog mit ihm in seine Heimatstadt.[18] Die übrigen Geschwister blieben zusammen und wechselten auch nicht die Wohnung. Eine Änderung zeigte sich allerdings in der Geschäftsanzeige im Aachener Adressbuch ein Jahr später: Die Prokuristen E. Jacobs und A. Listmann wurden namentlich aufgeführt, was vermutlich ihrem wachsenden Einfluss in der Firma Rechnung trug. Das Lager für Modestoffe aus dem In- und Ausland fand keine Erwähnung mehr. Englische Stoffe konnten nicht mehr angeboten werden. Deutschland befand sich im Krieg mit dem Vereinigten Königreich.

In der Heberolle der Aachener Synagogengemeinde für das Jahr 1916 erscheint neben Max Leib für die Firma nunmehr Gertrud Leib als Beitragspflichtige. Die Geschwister hielten den Kontakt zur Gemeinde und praktizierten ihren Glauben. Anna heiratete einen jüdischen Partner. Die Eheleute gehörten der liberalen jüdischen Gemeinde in Gießen an.[19] Im Ersten Weltkrieg blieben die Geschwister von Hunger und Entbehrung, Krankheit und Trauer um einen im Feld gefallenen Familienangehörigen verschont. Die Umstellung von der Friedensindustrie auf die Kriegswirtschaft schmälerte offenbar nicht die Geschäftsaktivitäten der Schneiderei, obwohl die Textilproduktion einbrach – der Verkauf von Militäruniformen war vermutlich ein lohnendes Geschäft gewesen. Zwischenzeitlich hatten die Geschwister allerdings einen Wohnungswechsel vorgenommen und waren in die Mozartstraße 16 gezogen. Nach dem Wegzug von Anna waren die alten Wohnverhältnisse möglicherweise zu groß gewesen. In Gießen brachte Anna schon ein Jahr nach ihrer Heirat, am 15. Oktober 1915, ein Mädchen zur Welt, das das junge Paar Irmgard nannte.

Die politische und wirtschaftliche Krise nach dem Großen Krieg führte zu einer weiteren Zäsur im Familienleben der Leibs. Die Kinder verloren ein Großteil ihres Vermögens. Ihr Vormund Rosenberg hatte in Kriegsanleihen investiert und war damit eine Wette eingegangen; die Kriegsniederlage hatte den Verlust des eingesetzten Geldes zur Folge. Die Regierungen der Weimarer Republik setzten zunächst die Finanzpolitik des Kaiserreiches fort und finanzierten ihre Staatshaushalte durch Verschuldung. Die Geldentwertung führte zum Ausverkauf Aachens und brachte den Einzelhandel in eine existenzgefährdende Krise. Benachbarte Niederländer und Belgier nutzten ihre harte Währung zum günstigen Einkauf, die Einheimischen hatten das Nachsehen. Hunger und Not herrschten in der Bevölkerung. Zu beiden Seiten der Grenze erlebte der Schmuggel eine Hochblüte. Grundnahrungsmittel wurden nach Westen verschoben. Kaffee und Zigaretten fanden auf diese Weise ihren Weg nach Aachen. Mit den Tauschgeschäften verlor die Währung ihre ökonomische Funktion als Recheneinheit.[20]

Die erste Hungersnot im Sommer 1920 schien zunächst nur eine Episode zu sein. Denn den meisten Industriebetrieben gelang die Umstellung auf die Friedensproduktion und die erfolgreiche Rückkehr auf ihre Märkte im unbesetzten Teil Deutschlands. Im darauffolgenden Jahr veränderte die Errichtung einer Binnenzollgrenze am Rhein die Konkurrenzfähigkeit der Aachener Unternehmen. Die Zolltarife verteuerten ihre Produkte. Die Öffnung der Westgrenze durch die Besatzungsmächte bildete keinen Ausgleich, vielmehr verschärfte sie die sozialen Probleme in der Stadt. Güter des täglichen Bedarfs flossen zum Nachsehen der Bevölkerung – legal durch den günstigen Wechselkurs und illegal durch Schmuggel – nach Belgien und in die Niederlande. Im Herbst 1921 gingen die Aachener auf die Straße und demonstrierten gegen die Lebensmittelknappheit. Die Hungerunruhen zwischen 1920 und 1923 waren von Streikwellen der Arbeiterschaft in Industrie und Handel für mehr Lohn durchmischt.[21]

Im Zuge dieser langanhaltenden Wirtschaftskrise verkauften die Leibs ihren Betrieb an die Firma Peter Debüser im Jahr 1922, die Geschäfte für Herren-Maßbekleidung in Düsseldorf und Köln unterhielt. Das einstmals führende Schneidergeschäft der Stadt war nunmehr ein Filialbetrieb. Der Verlust des ererbten elterlichen Vermögens hatte zunächst für Walter weitreichende Folgen: Nach Kriegsende musste er sein begonnenes Studium der Nationalökonomie aufgeben und begann eine dreijährige kaufmännische und technische Ausbildung in der Tuchfabrik von Josef Königsberger mit einer in seiner Freizeit absolvierten Fachausbildung zum Dessinateur in der Textilfachschule Mockel in Vaals/Niederlande.

Annas Rückkehr nach Aachen

Am 19. August 1925 ließen sich Anna und Leo Weitzenkorn scheiden. Auch Leo war ein Opfer der Wirtschaftskrise; schon im April

1923 mussten die Weitzenkorns ihr Geschäft schließen. Der Grund für die Trennung bleibt unklar; er muss allerdings schwerwiegend gewesen sein, weil ansonsten eine Scheidung nach jüdischem Recht nicht möglich ist. Die gemeinsame Tochter blieb beim Vater, wuchs bei ihm in Gießen auf und besuchte dort das Lyzeum in der Schillerstraße, während Anna noch im gleichen Jahr nach Aachen zurückkehrte und wieder bei ihren Geschwistern wohnte, was möglicherweise zur Folge hatte, dass sie gemeinsam in die Mozartstraße 30 umzogen.[22]

Bis 1930 waren die Geschwister unter dieser Anschrift angemeldet. Im Aachener Adressbuch ließ sich Anna gesondert unter ihrer Berufsbezeichnung aufführen, was die Vermutung zulässt, dass sie eine Anstellung als kaufmännische Angestellte suchte und schließlich auch fand. Der Neffe ihres Vormundes, Hans Rosenberg, bot ihr eine Stelle als Chefsekretärin in der Tuchgroßhandlung ›Aachener Kammgarn Feintuch Kommanditgesellschaft Jakobi & Co.‹, Bahnhofstraße 24/26, an. Ende Januar 1930 zog sie ohne ihre Geschwister in die Bahnhofstraße 29 und damit in die Nähe ihres Arbeitsplatzes. Ob sie einen neuen Lebensgefährten hatte, ist unbekannt. Nach Angabe ihrer Tochter war sie alleinstehend.

Die Familien der Rosenbergs scheinen wichtige Bezugs- und Bindungspunkte in ihrem Leben gewesen zu sein. Wenn ihre Tochter sie in den Schulferien besuchte, wohnte Irmgard bei der Familie Rosenberg. Ihre eigene Wohnung war zu klein. Sie wohnte zur Untermiete und verfügte über ein Wohn- und ein Schlafzimmer. Über ihr soziales Leben ist wenig bekannt. Ihre Tochter zählte Jahrzehnte später in einer eidesstattlichen Erklärung den Architekten Wilhelm Schmitz-Gilles sowie Terese Haas zum Bekanntenkreis ihrer Mutter. Beide gehörten zum Freundeskreis ihres Bruders. Richard Haas, der Bruder von Terese, ein Bänker, der später in Amsterdam lebte, zählte gar zu den engsten Freunden von Walter. Anna hatte Wilhelm im Jahr 1925 nach ihrer Rückkehr nach Aachen und Terese später bei Gesellschaften in der Wohnung von Walter kennengelernt. Weder Schmitz-Gilles noch Haas haben Anna näher gekannt.

Die Schwestern Martha und Gertrud – Berufsleben

Nach dem erfolgreichen Abschluss ihrer Ausbildung zur Jugendleiterin verließ Martha Aachen noch im Jahr 1930. Im November trat sie eine Stelle als Erzieherin und Hausdame bei einem alleinerziehenden Vater in Frankfurt am Main an. Ihren Beruf empfand Martha als Berufung. In ihrem Arbeitszeugnis vom 10. September 1933 heißt es, dass sie sich »mit aufopfernder Liebe und grösstem Verständnis des Kindes angenommen und [...] ihm mit ihrer Güte und ihrem Taktgefühl eine Mutter ersetzt« habe. Im Haushalt scheute sie »keinerlei Arbeit« und half stets mit, »wo es nottat«[23]. In ihrer spärlichen Freizeit las Martha viel, insbesondere deutsche Klassiker. Ihr eigentliches Interesse galt der Kunst.

Gertrud im Jahr 1933
Privatbesitz der Familie Leib

Im Jahr 1931 zog Gertrud in die Fastradastraße 7, während Walter in der Mozartstraße wohnen blieb. Beide Geschwister gaben im Adressbuch nunmehr auch ihre Berufsbezeichnungen an. Gertrud konnte sich den Auszug finanziell leisten. Sie blickte schon auf eine lange und erfolgreiche Berufskarriere zurück. Eine Anstellung bei den Deutschen Elektrizitätswerken zu Aachen – Garbe, Lahmeyer & Co. markierte noch während des Ersten Weltkriegs ihren Berufseinstieg. Seit 1920 war sie bei der Firma J. Reingenheim & Co. in Aachen, einem Tuchgroßhandel, als kaufmännische Angestellte mit Postprokura beschäftigt und rasch aufgestiegen. Buchhaltung, Korrespondenz und Rechnungsprüfung unterlagen ihrem Verantwortungsbereich. Sie war sehr tüchtig und erhielt ein überdurchschnittliches Gehalt. Gertrud war ein Familienmensch und pflegte einen engen Kontakt zu ihren Geschwistern, zeitlebens blieb sie ohne Partner. Sie interessierte sich für Kunst und las sehr gerne: Kunstbücher, Werke zur Kunstgeschichte und Klassiker der Literatur – darunter eine Gesamtausgabe Heinrich Heines – standen in ihren zahlreichen Bücherregalen. Wie alle Leibs praktizierte sie ihren Glauben.

Die jüdische Gemeinde in Aachen überstand die wirtschaftlichen Krisen der Weimarer Republik, weil ihre Mitglieder solidarisch miteinander umgingen. Ihr finanzielles Rückgrat bildeten nach wie vor die Fabrikanten, die – wie auch die selbständigen Kaufleute – das äußere Erscheinungsbild prägten. Die Synagogengemeinde bekannte sich öffentlich zur Demokratie und zum Weimarer Verfassungsstaat. Sie äußerte sich besorgt über den politisch immer stärker werdenden Nationalsozialismus und den damit verbundenen Antisemitismus, wobei sich die jüdischen Bürger in Aachen vor den Nazis sicher fühlten. Sie wussten von der den Antisemitismus ablehnenden Haltung der Katholiken und empfanden die starke Stellung ihrer politischen Vertretung, der Zentrumspartei, als geeigneten Schutz.[24]

Walter – der erfolgreiche Unternehmer

Walter hielt nach Auszug seiner Geschwister die große Wohnung, weil er zwischenzeitlich geheiratet hatte. Am 10. November 1929 schloss er die Ehe mit der neun Jahre jüngeren Berlinerin Marga Gleitzmann, die am 13. Juni 1910 in der Reichshauptstadt geboren worden war. Ihre Eltern führten in Berlin ein Engrosgeschäft für Strumpf- und Wirkwaren. Im Jahr 1927 hatten sich Marga und Walter beim Schwimmen während eines Urlaubs in Bad Gastein/Österreich kennengelernt. Zwei Jahre lang pflegten die beiden Verliebten einen regen Schriftverkehr zwischen Aachen und Berlin, bis ihre Eltern die Heirat mit Walter erlaubten. Marga war eine emanzipierte junge Frau, die sehr belesen und politisch interessiert war. Walter begeisterte sich für Musik und Technik, seinen ersten Radioempfänger baute er selbst. Zu seinen Hobbys zählte die Fotografie. Walter und Marga passten zueinander und führten eine harmonische Ehe, die auf gleichen Ansichten und Interessen beruhte. Sie hatten Humor, waren weltoffen und kontaktfreudig, schlossen und pflegten Freundschaften und luden gerne und oft zu sich nach Hause ein.

Walter und Marga nach ihrer Hochzeit in der Berliner
Synagoge am 10. November 1929
Privatbesitz der Familie Leib

Am 6. Februar 1931 kam Sohn Max Günther Arno zur Welt und zwei Jahre später, am 19. November 1933, Tochter Gabriele Ilse. Zu diesem Zeitpunkt konnte Walter schon auf ein sehr erfolgreiches Berufsleben zurückblicken, wenn auch mit Höhen und Tiefen. Nach Abschluss seiner Ausbildung übernahm ihn sein Lehrbetrieb, wo er in der Musterei solange arbeitete, bis die Tuchfabrik C. Delius ihm im Jahr 1926 eine leitende Stelle als Dessinateur anbot.

Nach den innerstädtischen Unruhen in der ersten Hälfte der 20er-Jahre blieb die soziale Lage eines großen Teils der Bevölkerung kritisch, obwohl sich die Arbeitsmarktsituation verbesserte und die wirtschaftliche Talfahrt zunächst überwunden schien. Insbesondere die für die Aachener Wirtschaft so wichtigen Tuchfabrikanten konnten teilweise ihre Unternehmen stabilisieren und Marktanteile wiedergewinnen. In der ersten Jahreshälfte 1928 brach der einer Hochkonjunktur ähnelnde Aufschwung ein. Deshalb knüpften die Aachener große Erwartungen an die noch im gleichen Jahr gegründete Toga Vereinigte Weber AG, ein reichsweiter Zusammenschluss großer tuchproduzierender Unternehmer, dem die beiden bedeutendsten Tuchfabrikanten der Stadt beitraten. Die kurze Zeit vorher vom Nordwolle Konzern übernommene Tuchfabrik Delius gehörte nunmehr auch zur Toga mit der Folge für Walter Leib, dass er zum Chefdessinateur und technischen Leiter für insgesamt fünf Tuchfabriken ernannt wurde. Die Weltwirtschaftskrise durchkreuzte die ehrgeizigen Pläne, die Toga löste sich auf und die ihr angehörenden Fabrikanten mussten ihre Betriebe stilllegen. Ende 1932 zählte die Aachener Tuchindustrie keine 6.000 Arbeitnehmer mehr.[25]

Walter wagte nach dem Konkurs des Nordwolle Konzerns im Jahr 1931 den Sprung in die Selbständigkeit und gründete die Musterei Nouveauté – Dessinateur, Walter Leib. Er entwarf Stoffmuster, legte ihre Machart fest, ließ die Muster herstellen und verkaufte diese zwecks Produktion dann samt Herstellungsanleitung an Tuchfabriken. Der Jungunternehmer arbeitete eng mit der Aachener Webschule zusammen, die die Schablonen webte. Leib war trotz des jungen Alters und der erst wenigen Berufsjahre ein international anerkannter Meister seines Fachs mit außergewöhnlichen künstlerischen Fähigkeiten und umfangreichen technischen Kenntnissen, der mehr ausländische – insbesondere europäische – als inländische Tuchfabrikanten zu seinen Kunden zählte. Von Anfang an hat der Jungunternehmer einen durchschlagenden Geschäftserfolg: Vier Mitarbeiter konnte er anstellen; sein Jahresverdienst bewegte sich zwischen 60.000 und 80.000 Reichsmark. Das Gehalt berechnete sich nach dem Jahresumsatz seines Unternehmens und dürfte etwa 10 Prozent betragen haben. Damit zählte er zu den Großverdienern der Stadt. Im Jahr 1933 mietete er Geschäftsräume in der Bachstraße 20 an.

Sein zur gleichen Zeit gegründetes zweites wirtschaftliches Standbein, einen Stoffversand, verkaufte er schon nach einem Jahr. Der große Erfolg seiner Musterei erforderte seinen vollen Einsatz. Die von ihm gegründete Aachener Kammgarn-Feintuch GmbH, die er an Matthias Oehl und August Horbach verkaufte, bestand bis 1959. Oehl war Prokurist und Horbach Lagerverwalter der Aachener Kammgarn Feintuch Kommanditgesellschaft Jakobi & Co., die den Gebrüdern Rosenberg gehörte, die wiederum seine Schwester Anna in ihrem Unternehmen beschäftigten.

Die Regierungsübergabe an die Nationalsozialisten löste große Ängste in ihm aus. Der kurze Zeit darauf organisierte Boykott jüdischer Geschäfte und Unternehmer schockierte ihn zutiefst; er sah das Wohl seiner Familie gefährdet. In seiner Heimat fühlte er sich nicht mehr sicher. Die Firma geriet in eine wirtschaftliche Schieflage, weil insbesondere die ausländischen Kunden keine Bestellungen mehr tätigten und bestehende Verträge kündigten.[26]

Seine Privatwohnung gab er auf Drängen seiner Frau noch im gleichen Jahr auf und verlegte den Wohnsitz nach Vaals. Dort bezog Walter Leib am 1. September 1933 eine Wohnung in der Maastrichterlaan 163, der Haupstraße der Stadt. Vornehmlich jüngere Mitglieder der jüdischen Gemeinde verließen nach der Regierungsübergabe an die Nazis und dem von ihnen ausgehenden Boykott jüdischer Geschäfte ihre Heimatstadt. Die meisten von ihnen wanderten in die Niederlande aus. In Vaals, einem kleinen Ort an der Stadt- und Staatsgrenze, lebten viele Aachener Juden, die noch eng mit ihrer Heimat verbunden waren.[27]

Das galt auch für Walter. Er setzte auf ein Ende der NS-Diktatur und hoffte auf eine Rückkehr nach Deutschland. Es war ihm offensichtlich schwergefallen, seine Heimat zu verlassen. Jahrelang pendelte er täglich nach Aachen und ging dort seiner Arbeit nach. Die Wohnung in Vaals war als Provisorium gedacht. Dies zeigt auch der Umstand, dass Marga Leib ihr Konto beim Bankhaus Hardy & Co. in Berlin nicht auflöste. Später musste sie die von den Nazis auferlegte sogenannte Judenvermögensabgabe entrichten.

Walter litt unter den alltäglichen Schikanen und Erniedrigungen in Hitlerdeutschland. Die Arbeitsaufenthalte in Deutschland empfand Walter immer mehr als eine unerträgliche physische und psychische Belastung; sein Körper reagierte mit psychosomatischen Krankheitsbildern. Ein Herzleiden stellte sich ein, das später Ursache für seinen frühen Tod sein sollte.

Walters Musterei in Aachen erholte sich nicht mehr vom Verlust der ausländischen Kundschaft. Neue Kunden konnten im Deutschen Reich nicht mehr gefunden werden, vielmehr schwand zusehends der noch verbliebene Kundenstamm. Noch im Jahr 1934 zog Walter seine Schlussfolgerung aus dieser Entwicklung und gründete eine Musterei in Vaals, die rasch an alte Geschäftserfolge anknüpfen konnte. Zahlreiche europäische Fabrikanten nahmen seine Dienstleistung wieder in Anspruch. Damit war die wirtschaftliche Existenz wieder gesichert. Walter Leib und seine Familie litten in ihrer neuen Wahlheimat unter keiner finanziellen Not.

Kurt Pfeiffer hatte seinem besten Freund empfohlen, schon nach den ersten antisemitischen Ausschreitungen der Nazis am 1. April 1933 nach Vaals zu ziehen. Noch im gleichen Jahr musste Pfeiffer den Vorsitz des Aachener Einzelhandelsverbandes niederlegen, als er sich weigerte, den Boykottaufruf gegen jüdische Geschäfte zu unterzeichnen.[28]

Der reichsweite Boykott stieß in Deutschland selten auf offenen Protest. Die Maßnahmen lösten aber vor allem in bürgerlich-katholischen Teilen der Bevölkerung persönliche Betroffenheit und Ärger aus. Diese führte in einigen Fällen zur Hilfe für befreundete und bekannte jüdische Bürger. In diesen Fällen konnte die ›Rassenpolitik‹ der Nazis nicht in die zwischenmenschlichen Beziehungen eingreifen. Diesen Eindruck hatte auch der jüdische Bürger Joseph Kaufmann, dem später die Flucht gelang.[29]

Für Rabbiner Davin Schönberger begann mit dem Boykott ein Prozess, der die Aachener Bevölkerung spaltete und entsolidarisierte. Schönberger überlebte die NS-Diktatur und erinnerte sich nach dem Zweiten Weltkrieg: »Nach 33 wurde das ausgezeichnete Verhältnis der Aachener Jüdischen Kultusgemeinde mit der christlichen Bevölkerung vollständig zerstört.«[30] Der nationalsozialistische Terror und die von den Nazis betriebene rechtliche und wirtschaftliche Ausgrenzung der jüdischen Bürger hinterließen tiefe Spuren in Aachen. Gleichwohl berichtete die ortsansässige Geheime Staatspolizei immer wieder von der ablehnenden Haltung der katholischen Bevölkerung gegenüber den antisemitischen Maßnahmen an das Staatspolizeiamt in Berlin.[31]

Die Diskriminierung und Ausgrenzung der jüdischen Bürger aus der Gesellschaft, ihre Stigmatisierung, Verfolgung und Vernichtung fanden Pfeiffers Missbilligung und stärkten offenbar seine Zivilcourage. Er ermutigte Kollegen und Freunde zur Ausreise und schließlich zur Flucht aus dem Deutschen Reich. Zahlreiche Freundschaften mit ehemaligen Aachener Bürgern konnte er nach dem Zweiten Weltkrieg wieder pflegen.[32]

Er bestärkte Leib bei seinem Vorhaben, von Vaals aus seine berufliche Tätigkeit als Dessinateur fortzuführen. Noch konnte die deutsch-niederländische Grenze ohne größere Schwierigkeit passiert werden. Jahrelang besuchte Pfeiffer seinen Freund in der neuen Heimat und genoss die »Atmosphere der Menschlichkeit und geistiger Freiheit«[33] im Haus der Familie Leib. Hier trafen sich bürgerlichen Werten verpflichtete und liberal denkende Menschen. Im Jahr 1934 machten beide Familien zusammen Urlaub in Italien und in den beiden Folgejahren ausgedehnte Europareisen.[34] Im August 1939 konnte Kurt Pfeiffer nach eigenen Angaben »noch eine jüdische Familie Julius Windesheim aus Aachen« zur Ausreise nach Argentinien »beeinflussen«[35]. Der aus Nieheim im Kreis Höxter stammende Kaufmann lebte mit seiner Frau Else und seinem Sohn Hans in der Frankenbergerstraße. Durch die »Verordnung zur Ausschaltung von Juden aus dem deutschen Wirtschaftsleben«[36] vom 1. Januar 1939 hatte er seine Existenzgrundlage verloren.

Walter Leib musste schon vorher seine Musterei in Aachen schließen. Die staatliche Webeschule, mit der er enge geschäftliche Beziehungen pflegte, kündigte die Zusammenarbeit. Sie durfte für jüdische Unternehmen nicht mehr arbeiten. Ab 1937 verwehrten die deutschen Zöllner ihm den Grenzübertritt, damit war es ihm nicht mehr möglich, seinen Betrieb vor Ort zu leiten. Zur gleichen Zeit verlor er seine letzten Kunden in Aachen. Daraufhin beauftragte er seine Mitarbeiter, die noch vorhandenen Auftragsverpflichtungen auszuführen und – ein Jahr später – seinen Betrieb aufzulösen. Im Jahr 1938 hatte er noch seine Geschäftsräume auf den Zweiweiherweg 3 verlegen lassen. Zum 31. Dezember 1938 stellte er seine unternehmerische Tätigkeit in Aachen ein.[37]

Sein neuer Wohnort schien von Anfang an nur ein Durchgangsort zu sein. Zunächst überwog die Hoffnung auf eine baldige Wiederkehr nach Aachen. Dementsprechend richteten sich Walter und Marga im neuen Wohnort ein. Sie schlossen neue Bekanntschaften und besuchten Konzerte im nahegelegenen Belgien und Holland. Mit der Familie des Vaalser Bürgermeisters gingen sie gar eine Freundschaft ein, die sie noch lange Jahre nach ihrer Ausreise aus Europa pflegten. Ihr Haus war auch ein Treffpunkt für Rat und Unterstützung suchende Aachener. Walter und Marga spendeten ihnen Trost, leisteten Hilfe und bewahrten Gegenstände für sie auf, die diese nach ihrer Flucht oder Abreise aus Deutschland wieder abholten. Zu den Gästen in Vaals zählte auch die Familie von Anneliese Marie Frank, mit der Martha Leib sehr befreundet war. Die Familienüberlieferung der Leibs weiß zu berichten, dass Anne Frank mit Gaby spielte, auch wenn damit nur gemeint ist, dass Anne das Baby auf ihren Schoß setzte. Vergeblich versuchte Walter in späterer Zeit, ihren Vater davon zu überzeugen, die Niederlande zu verlassen.

Walter pflegte Rituale. Nach jedem Arbeitstag überraschte er seine Lieben zu Hause mit einer Kleinigkeit, meist einer Spezialität oder Köstlichkeit aus der von ihm aus beruflichen Gründen besuchten Stadt – der Hauptkundenstamm des Vaalser Unternehmens stammte aus Belgien und den Niederlanden. Der Sonntag gehörte der Familie, mit der er oft und gerne spazieren ging. Die Kinder berichten im Nachhinein von einem glücklichen Familienleben in Vaals. Walter liebte das Weihnachtsfest, kaufte und schmückte den Tannenbaum. Obwohl er ein jüdisches Selbstverständnis besaß, praktizierten weder er noch seine Ehefrau ihren Glauben.

Die rechtlichen und wirtschaftlichen Maßnahmen gegen die in Hitler-deutschenland verbliebenen jüdischen Bürger, die Reichspogromnacht und die ständig wachsende Kriegsgefahr raubten Walter und Marga jegliche Hoffnung. Gaby erinnert sich, dass ihr Vater zahllose schlaflose Nächte verbrachte: Die politische Lage in Deutschland beunruhigte ihn sehr. Marga drängte zur Ausreise, es gab für sie in Europa keine Lebensperspektive mehr. Im Februar 1939 reiste Walter, ermutigt von seinem ehemaligen Schulfreund, von Vaals über Rotterdam nach Rio de Janeiro ein. Leib hatte das Land schon einmal im Jahr 1938 bereist. Nunmehr verfügte er über eine befristete Aufenthaltsgenehmigung. Der südamerikanische Staat hatte strenge Immigrationsvorschriften erlassen, die eine Einwanderung praktisch nur vermögenden Juden oder solchen mit verwandtschaftlichen Beziehungen im Land ermöglichten.[38] Geldsorgen hatte Walter nicht. »Tante Rika«[39], wie er die sehr reiche Schwester seiner Mutter nannte, eine wichtige Bezugsperson in seinem Leben, unterstützte sein Vorhaben mit Rat und Tat.

Leib rechnete offenbar mit einer baldigen Rückkehr nach Vaals, denn er meldete sich und seine Familie nicht bei der Stadtverwaltung ab. Oder war genau dies seine Absicht: Sollten die brasilianischen Zöllner und ihre Kollegen von der Einreisebehörde sowie die deutsche Geheime Staatspolizei, unter deren Beobachtung er seit Jahren stand, diesen Eindruck erhalten, damit er illegal untertauchen konnte? Walter reiste mit seiner Frau und seinen Kindern nach Brasilien.[40] Ihnen folgten Margas Mutter, Adele Sternberg, geborene Isler und verwitwete Gleitzmann, und ihr Stiefvater aus Berlin-Schmargendorf sowie ihr Bruder Siegbert.[41]

Walter, Marga, Arno und Gaby nach ihrer Ankunft in Brasilien
Privatbesitz der Familie Leib

Annas Ausgrenzung

Während des Zweiten Weltkrieges kümmerte sich Kurt Pfeiffer um die in Aachen verbliebene Schwester von Walter Leib, Anna Weitzenkorn, bis zu ihrer Deportation Richtung Osten. Als die Geheime Staatspolizei in Aachen das noch in Deutschland verbliebene väterliche Erbe von Leibs Ehefrau im Jahr 1941 beschlagnahmte, hatte Walter keine Möglichkeit mehr, seine Schwester direkt zu unterstützen. Auszahlungen aus diesem Konto an Anna waren nicht mehr möglich.

Anna hatte in den 1930er-Jahren in ihrem erlernten Beruf als kaufmännische Angestellte bei einem der größten Tuchgroßhändler in Aachen gearbeitet. Im Jahr 1934 wechselte sie ihre Wohnung und zog in die nur wenige Meter entfernte Bahnhofstraße 23 zur Untermiete. Sie spielte offensichtlich nicht mit dem Gedanken, Deutschland zu verlassen, und teilte offenbar die Haltung ihrer Gemeindevertreter, die noch nach den Nürnberger Gesetzen »auf ein erträgliches Verhältnis zwischen dem deutschen und dem jüdischen Volke«[42] setzten. Die Ausgrenzung der jüdischen Bevölkerung berührte noch nicht den wirtschaftlichen Bereich. Vergeblich bemühte sich deshalb ihr Bruder Walter, zu dem sie eine innige und liebevolle Verbindung pflegte, sie dazu zu bewegen, ins Ausland zu emigrieren.

Ein Jahr später bezog sie als Untermieterin zwei Zimmer in der Augustastraße 28, die nur wenige Meter von der Wohnung der Familie Rosenberg in der Friedrichstraße 34 entfernt war. Ihre Tochter erinnerte sich nach dem Zweiten Weltkrieg an die mit teuren Teppichen und Bildern fein eingerichteten Zimmer. Nach ihrem Eindruck lebte ihre Mutter in wohlhabenden Verhältnissen.

Das Jahr 1938 bildete auch in Annas Leben eine tiefe Zäsur. Die jüdischen Bürger wurden aus dem Wirtschaftsleben gedrängt, jüdische Unternehmer und Immobilienbesitzer mussten ihr Eigentum verkaufen. Anna verlor ihre Arbeitsstelle. Ihr Arbeitgeber musste alle jüdischen Mitarbeiter entlassen und selber sein Unternehmen verkaufen. Rosenberg zeigte sich großzügig und zahlte ihr – wie auch jedem anderen entlassenen Mitarbeiter – eine Abfindung in Höhe von 3.000 Reichsmark. Der Prokurist der Firma, Matthias Oehl, erstand das Unternehmen als Mitinhaber. Von ihm stammt eine Beschreibung von Anna im Rahmen des Entschädigungsverfahrens für ihre Tochter Ende der 1950er-Jahre: »Ich habe in Erinnerung, daß sie sehr nervös war und es schwierig war, mit ihr zusammenzuarbeiten. Sie hielt sich fast nur allein und hatte keinen Umgang mit anderen Beschäftigten der Firma.«[43] Anna empfand ihre Umwelt als bedrohlich. Sie zog sich nicht nur im privaten Bereich, sondern auch auf ihrer Arbeitsstelle zurück. Offenbar hatte ihr Chef zuvor schon veranlasst, sie vom Sekretariat in die Lagerabteilung zu versetzen, wo Anna als Kontoristin tätig war. Ihren Kollegen war sicherlich nicht bewusst, dass Aenne unter einem Waschzwang litt. Die Krankheit war womöglich eine Reaktion auf das Leid ihrer Mutter gewesen.

Trotz ihres zurückhaltenden Verhaltens gegenüber ihren Arbeitskollegen fand Anna schnell eine neue Anstellung. Dies bewahrte sie in späterer Zeit davor, Zwangsarbeit in Aachen leisten zu müssen. Die Synagogengemeinde beschäftigte sie als Stenotypistin, was einherging mit weniger Lohn. Die Anstellung weist auf eine enge Verbindung mit dem Vorstand der Gemeinde hin.[44] Als Gemeindesekretärin war Anna auch für die Vermögensverwaltung des jüdischen Altenheims zuständig. Die Oberin des Altenheims beschrieb Anna in einem Brief an den Oberstadtdirektor von Aachen im Jahr 1958 »als eine außenordentlich begabte Frau«[45], was sich mit einer Beobachtung von Oehl deckte, der meinte, »daß Frau Weitzenkorn eine sehr gute Schulbildung«[46] erfahren haben müsse. Anna fühlte sich offensichtlich auf ihrer neuen Arbeitsstelle wohl und setzte ihr Können und Wissen für den neuen Arbeitgeber ein. Der Vorsitzende der Gemeinde, Landgerichtsdirektor a. D. Adolf Rosenthal, belohnte ihren Einsatz, indem er ihr zusätzliche Arbeiten gegen Extrabezahlung übertrug.

Irmgard – Annas Tochter

Im gleichen Jahr, 1938, reiste ihre Tochter nach England aus. Anna hatte ihr Kind nur in den Schulferien sehen können. Im März 1933 verließ Irmgard mit der Oberprimarreife vorzeitig die Schule. Sie hatte den von den Nationalsozialisten geschürten Druck und die daraus resultierende Ausgrenzung nicht mehr ertragen können, obwohl sich ihr Schuldirektor schützend vor sie gestellt hatte. Sein Versprechen, Irmgard zum Abitur zu führen, konnte er jedoch nicht einhalten; wegen seiner regierungskritischen Einstellung wurde er entlassen. Mit dem vorzeitigen Schulabbruch zerplatzte Irmgards Lebenstraum. Sie wollte Chemikerin werden und in die Farbenfabrik ihres Vaters eintreten; stattdessen ließ sie sich nun zur Näherin ausbilden und besuchte Zuschneiderkurse. Eine Anstellung konnte sie wegen ihres Glaubens nicht finden. Irmgard übernahm Privataufträge, die sie im väterlichen Haus erledigte.

Auch Leo Weitzenkorn und seine geschäftlichen Aktivitäten litten unter den Anfeindungen der ortsansässigen Nazis. Er sah für sich und seine Familie – Leo hatte mittlerweile wieder geheiratet – keine Lebensperspektive mehr in Gießen und zog nach Krefeld. Am Niederrhein empfand er die diskriminierenden nationalsozialistischen Maßnahmen weniger bedrückend und geschäftsschädigend. In Krefeld betrieb er ebenfalls eine Farbenfabrik.

Für Irmgard änderten sich mit dem Wohnortwechsel nicht die beruflichen Perspektiven. Sie fand weiterhin keine Anstellung, besuchte weitere Zuschneidekurse, heiratete den Augenarzt Dr. Kurt Simon und betrieb seit Ende 1937 ihre Auswanderung nach England. Sie erhielt eine Aufenthaltsgenehmigung, als sie einen Arbeitsvertrag als Hausangestellte unterschrieb. Für mehrere Jahre arbeitete Irmgard als Dienstmädchen in London.

Mutter und Tochter standen sich offensichtlich nicht sehr nahe. Annas Emigration – möglicherweise zusammen mit Irmgard – war offenbar kein Thema. Irmgard verließ Deutschland in der Meinung, dass es ihrer Mutter in Aachen gutgehe.

Annas letzter Weg

Ende 1938 versuchte Irmgard, ihre Mutter noch einmal zu sehen. In der Weihnachtszeit wollten sie sich bei Walter Leib in Vaals treffen. Am verabredeten Tag entzog die Aachener Stadtverwaltung Anna ihren Ausweis. Vergeblich warteten Tochter und Bruder im nur wenige Kilometer entfernten niederländischen Grenzort. Der Briefwechsel mit ihrer Tochter wurde für Anna mit zunehmender Diskriminierung, Erniedrigung und Stigmatisierung in Hitlerdeutschland immer wichtiger. Nach Kriegsausbruch erreichten nur zwei Briefe der Mutter die damals in Nairobi/Kenia lebende Tochter.[47]

Anna lebte solange in der Augustastraße, bis sie am 24. März 1941 ins jüdische Altenheim in der Horst Wessel Straße 87 (heute: Kalverbenden 87) übersiedeln musste. Die Hausmeisterin wusste sich nach dem Zweiten Weltkrieg daran zu erinnern, dass Anna in einem möblierten Einzelzimmer gelebt habe und nicht wohlhabend gewesen sei. Sie habe kein eigenes Mobiliar mehr besessen, ihr Hausrat sei von der Geheimen Staatspolizei beschlagnahmt worden. Ab dem 19. September 1941 musste Anna den ›Judenstern‹ tragen.

Spätestens mit ihrem letzten Umzug setzte die Unterstützung durch Kurt Pfeiffer ein. Mag die Hilfsaktion für die todesbedrohte Jüdin auch noch so bescheiden gewesen sein, so bleibt sie doch angesichts der Bedeutung des Antisemitismus im Nationalsozialismus ein wesentliches humanitäres Zeichen.[48] Wie wichtig für Anna diese Verbindung war, zeigt ihr letztes noch erhaltenes Lebenszeichen, ein Brief an ihre Tochter und ihren Schwiegersohn vom 6. Mai 1942 mit den Worten: »Liebe Kinder! Seit Jahresanfang ohne jegliche Nachricht. Hoffentlich seid Ihr gesund. Ekzem sehr gebessert. Vermehrte Arbeit. Schreibt auch allmonatlich Rotenkreuzbrief. Alle guten Wünsche! Innigst Mutti«[49]. Anna lebte sehr zurückgezogen und litt unter den unregelmäßigen

Kontakten mit ihrer Tochter. Irmgard nutzte nicht die Möglichkeit, mit Hilfe des Roten Kreuzes monatlich mit ihr zu korrespondieren. Der Hinweis auf die Arbeitslast in der Synagoge, wo Anna als Sekretärin arbeitete, war möglicherweise eine Andeutung auf die bevorstehenden Deportationen.

Am 15. Juni 1942 erfolgte ihre eigene Deportation nach Izbica bei Lublin. Sie führte nach Vorgabe des Reichssicherheitshauptamtes in Berlin 50 Reichsmark und einen Koffer mit Bekleidung, Bettzeug, Verpflegung für zwei Wochen und einen Teller mit Löffel mit sich. Nach Angaben ihrer Tochter führte Annas Weg nach Theresienstadt, wo sie auch umgekommen sei. Ein Todesnachweis konnte nicht vorgelegt werden. Am 21. September 1950 erklärte auf Antrag des Schwiegersohns Kurt Simon das Amtsgericht Aachen Anna für tot. Seither gilt der 8. Mai 1945 als ihr Todestag.[50]

Die Geschwister Gertrud und Martha – Ausreise in letzter Minute

Eine Unterstützung von Martha und Gertrud durch Kurt Pfeiffer ist nicht überliefert, was möglicherweise ein gutes Zeichen ist. Gertrud war im Jahr 1934 von der Fastradastraße in die Hohenstaufenallee 42 gezogen, wo sie im Aachener Adressbuch bis 1937 nachweisbar ist. Aus dem »Verzeichnis der in Aachen lebenden Juden«[51] von Anfang August 1935 geht hervor, dass sie ledig war und als Kontoristin arbeitete. Offenbar viel früher als Anna musste sie eine Arbeitsstelle annehmen, die nicht ihrem erlernten und ursprünglich ausgeübten Beruf entsprach. Als Kontoristin erledigte sie einfache Büroarbeiten in einem Unternehmen.

Für Gertrud markierte das Jahr 1933 einen entscheidenden Einschnitt für ihren weiteren beruflichen Werdegang. Die Eigentümer der Firma J. Reingenheim lösten ihre Firma auf und wanderten bereits Ende Juni 1933 nach Palästina aus. Nie wieder sollte Gertrud eine so gut dotierte Anstellung finden. Erst einige Monate später gelang es ihr, eine neue Arbeitsstelle bei der Firma Deutsche Rotawerke GmbH in Aachen zu finden. Ihr Gehalt betrug noch nicht einmal die Hälfte im Vergleich zu ihrem vorherigen Lohn. So musste sie ihre Wohnung in der Fasadrastraße aufgeben und eine günstigere Unterkunft suchen. Zuletzt wohnte Gertrud in der Langemarckstraße 54, wenn auch nur für kurze Zeit. Zum 31. März 1939 verlor sie ihre Arbeit bei den Rotawerken wegen ihrer Religionszugehörigkeit. Ihre Tätigkeit hatte sie schon Ende Februar beendet, weil sich kurzfristig eine Möglichkeit ergab, Deutschland zu verlassen. Martha und sie hatten Anstellungen als Dienstmädchen in England gefunden. Innerhalb von 14 Tagen organisierten sie ihre Ausreise am 14. März 1939 über die Niederlande nach England, wobei sie ihren Hausrat zurücklassen und Gold- und Silbersachen an das Städtische Leihamt abliefern mussten.

Die beiden Schwestern hatten wohl erst nach der Ausgrenzung aus dem wirtschaftlichen Leben einen verstärkten Ausreisedruck verspürt und anders als Walter zunächst noch auf eine Besserung der Verhältnisse in Deutschland gesetzt. Erst die Reichspogromnacht führte sie zur Einsicht, dass sie in ihrer Heimat keine Zukunft mehr hatten.

Nach der Regierungsübergabe an die Nazis hatte auch Martha ihre Arbeitsstelle in Frankfurt am Main verloren und musste in der Folgezeit in wechselnden Anstellungen als Erzieherin in privaten Haushalten zu immer schlechter werdenden finanziellen Konditionen arbeiten, bis sie im April 1938 in der jüdischen Waisen- und Erziehungsanstalt Wilhelmspflege in Esslingen am Neckar als Wirtschaftslehrerin und Erzieherin eine Beschäftigung fand. Martha war bei den Kindern und ihren Kollegen sehr beliebt. Die Absicht der Heimleitung, ihr einen unbefristeten Arbeitsvertrag anzubieten, konnte nicht mehr verwirklicht werden. In der Reichspogromnacht erlebte Martha, wie die Nazis die Wilhelmspflege plünderten. An einen Wiederaufbau war nicht mehr zu denken. Als die Heimleitung ihren Arbeitsvertrag zum 1. Februar 1939 auflöste, kehrte Martha nach Aachen zurück und verließ wenige Wochen später mit ihrer Schwester Deutschland.

Sie hatten alles verloren – nur noch Kleidung und Wäsche führten sie mit sich.

Irmgards Ankunft in Afrika

Irmgard lebte zwei Jahre in London und arbeitete gegen geringe Bezahlung als Dienstmädchen, bis sich für sie und ihren Mann im Jahr 1939 die Weiterreise nach Nairobi/Kenia anbot, wo sie als Sekretärin eine Anstellung fand. Beide waren mittlerweile britische Staatsbürger geworden. Nach der Unabhängigkeit des Landes erschwerten sich die Lebensbedingungen für Engländer. Eine Tropenkrankheit zwang Irmgard schließlich im Jahr 1963 zur Rückkehr nach London. Dort verliert sich Ende der 1980er-Jahre ihre Spur.[52]

Walters neue Heimat – Rio de Janeiro

Anders verhält es sich mit Walter Leib: Es gelang ihm, die befristete Aufenthaltsgenehmigung für Brasilien zu verstetigen. Gleich nach Ankunft fand er eine Anstellung in der Tuchfabrik ›Ideal‹ in Rio de Janeiro. Es muss für ihn eine sehr deprimierende Erfahrung gewesen sein, dass er den Nazis auch in Brasilien nicht entrinnen konnte; Ideal war ein Tochterunternehmen der deutschen Firma Beck, Gies und Co. Die deutsche Botschaft zwang den Firmeninhaber, den Arbeitsvertrag aufzulösen. Nunmehr brauchte es mehrere Monate, bis Walter eine neue Stelle fand. Die Beschäftigung in einer untergeordneten Stellung in der Tuchfabrik Fabrica De Casimiras Finas S.A. betrachtete Leib zunächst nur als vorübergehenden Broterwerb bis zu einem besseren Arbeitsangebot. Walter verharrte bis 1944, weil er nach dem Kriegseintritt Brasiliens wegen seiner deutschen Herkunft diskriminierenden Einschränkungen unterlag. Zwar blieben er und seine Familie sowie die Schwiegereltern von einer Internierung in einem Lager verschont, wohl aber unterlag er arbeitsrechtlichen, wirtschaftlichen und finanziellen Beschränkungen. In dieser Phase kam Tochter Beatrice Monica Leib zur Welt.[53]

Walter und Monica 1951
Privatbesitz der Familie Leib

Ihre Geburt am 26. November 1941 dokumentiert den neuen Lebensmut der Familie und ihre Bereitschaft, die Herausforderung ihrer neuen Heimat und die schwierigen, aber nicht lebensbedrohenden Umstände anzunehmen. Von Rio de Janeiro aus unterstützte Leib Verwandte seiner Frau und seine beiden nach England geflohenen Schwestern. Im Jahr 1944 wechselte Walter zum Tuchhersteller Kosmos Textil Ltda. Das Unternehmen basierte auf seiner eigenen Idee. Doch wegen der gesetzlichen Bestimmungen konnte Walter weder als Firmengründer noch als Inhaber auftreten. Zwei Jahre lang war er als Angestellter in diesem Unternehmen tätig, bis er seine eigene Fabrik zur Herstellung von Herrenstoffen in Petrópolis eröffnen konnte. Die Wahl fiel auf die unweit von Rio de Janeiro liegende Stadt wegen des für die Tuchfabrikation notwendigen guten Wassers.

Die Geburt seines dritten Kindes, die Firmengründung und schließlich die Annahme der brasilianischen Staatsangehörigkeit zeugen davon, dass Walter und seine Familie eine neue Heimat gefunden hatten. Nach Ankunft erlernte die Familie die neue Sprache. Walter kaufte sich viele Schallplatten mit brasilianischer Musik, die er oft und gerne hörte. Im Jahr 1948 zogen seine beiden Schwestern von England zu ihm nach Petrópolis, wo er sein Unternehmen errichtet hatte. Eine

Rückkehr nach Vaals oder gar nach Aachen war für ihn keine Option mehr. Dennoch hielt Walter Kontakt zu seiner alten Heimat. Nach Kriegsende sendete er mit Hilfe des Roten Kreuzes zahlreiche Verpflegungskisten nach Deutschland. Auch die Pfeiffers aus Aachen erhielten Pakete mit Versorgungsgütern.

Nach dem Zweiten Weltkrieg kreuzten sich wieder die Lebenswege von Walter Leib und Kurt Pfeiffer, der als Textilkaufmann und Fabrikant weltweit unternehmerisch tätig war. Seine internationalen geschäftlichen Aktivitäten konzentrierten sich auf Brasilien, wo er mit seinem Jugendfreund zusammenarbeitete. Mehrmals weilte Pfeiffer in Südamerika.[54]

Ehepaare Pfeiffer und Leib im Jahr 1951
Privatbesitz der Familie Leib

Sogar nach Walters Tod stellte Pfeiffer der Familie Kapital und Darlehen in erheblicher Höhe zur Verfügung, die allesamt verloren gingen, als das Unternehmen in wirtschaftliche Schieflage geriet und schließen musste. Die Tuchfabrik war, wie zuvor schon die Musterei in Aachen, auf Walters Können und geschäftliches Geschick angewiesen. Sein Jahreseinkommen bewegte sich in den Dimensionen, die er bereits als Jungunternehmer in Aachen zum Ende der Weimarer Republik erzielt hatte. Ausdruck seines wirtschaftlichen Erfolgs war der Kauf der Nova Casa do Morin, eines herrschaftlichen Hauses am Stadtrand von Petrópolis.

Das zweistöckige freistehende Haus bot jedem Kind und den Tanten bei ihren Besuchen ein eigenes Zimmer. Eine große Bibliothek bewahrte den Bücherschatz der Mutter und im Musikzimmer stand das Klavier, auf dem Walter so gerne spielte.

Wohnzimmer der Casa do Morin 1952
Privatbesitz der Familie Leib

Im Wohnzimmer, dem Kommunikationsraum der Familie, standen zahlreiche Madonnenfiguren, die Kurt Pfeiffer bei einem seiner Besuche als Gastgeschenk mitgebracht hatte. Walter liebte barocke Kunst und schmückte deshalb sein Haus mit den Gipsfiguren. Es gab nur wenige Hinweise auf die Religion der Leibs. Hierzu zählte der siebenarmige Leuchter im Wohnzimmer. Das Haus lag am Waldrand und war umgeben von einem Garten mit vielen Blumen. Zahlreiche wertvolle Teppiche befanden sich in den verschiedenen Räumen und zeugten vom Wohlstand der Familie.

Gaby und Monica beschreiben ihren Vater als einen Genussmenschen, der gerne Zigarren rauchte und gute Weine trank. Er spielte gut und oft Klavier und sang dabei mit seiner Baritonstimme deutsches Liedgut. Zu seinen Lieblingskomponisten zählten Schubert, Beethoven, Tschaikowsky, Brahms und Bach. Seine Vorliebe für klassische Musik spiegelte auch die Schallplattensammlung wider. Walter besaß ein Auto und liebte es, am Steuer zu sitzen. Er wanderte und schwamm gerne. Obwohl er kein sportlicher Typ war, unterstützte er die sportlichen Aktivitäten seiner Kinder. Er galt als gesellig, humorvoll und liebte es, Feste zu feiern. Walter verstand es, Menschen miteinander in Kontakt zu bringen. Der sehr sensible Mann und liebevolle Vater war großzügig und schenkte gern. Nur die ältere Tochter kann davon berichten, dass er auch streng sein konnte. Das Nesthäkchen hat ihn nie so erlebt. In allen großen Angelegenheiten führte er die Familie, nur bei kleinen und unwichtigen Dingen konnte er schnell nervös werden.

Walter war sich seiner jüdischen Geschichte und Kultur bewusst. Er war allerdings kein religiöser Mensch und äußerte sich selten über religiöse Themen. Es war Marga, die den Kindern ihren Glauben vermittelte. Die Leibs verstanden sich auch in Brasilien als Deutsche. Sie haben nicht gehasst, wohl aber waren sie von Deutschland enttäuscht.

Walter genoss unter den Mitarbeitern seiner Fabrik eine große Wertschätzung. Seine warmherzige und hilfsbereite Art kam bei den Arbeitern gut an. Vielen half er, sich selbständig zu machen. Auf diese Weise konnte er zahlreiche Freundschaften mit Brasilianern schließen.

Auch dieses Mal war es ihm nur vergönnt, Aufbauarbeit zu leisten. Denn Leib war physisch schwer krank. Das tropische Klima in Brasilien verschärfte insbesondere sein Herzleiden. Im Jahr 1950 erlitt Walter einen Herzinfarkt, von dem er sich nie wieder erholen sollte. Zwei Jahre später, am 23. Dezember 1952, starb er in Petrópolis, seiner letzten Lebensstation, im Alter von nur 51 Jahren.

In dieser Situation unterstützte Kurt Pfeiffer die Familie, indem er Fachleute aus Deutschland nach Petrópolis schickte. Sie sollten die Tuchfabrik weiterführen und damit den Lebensstandard der Hinterbliebenen sichern. Jedoch scheiterten sie alle an den ihnen gestellten Aufgaben. Mit ihrer Geschäftsführung geriet die Tuchfabrik in eine finanzielle Schieflage. Der Vorgang zeigt einmal mehr Walters Bedeutung für den von ihm gegründeten Betrieb. Ein Wasserschaden konnte finanziell schließlich nicht mehr aufgefangen werden und bedeutete das Ende der Tuchfabrik.

Die Geschwister Gertrud und Martha – Ankunft in Brasilien

Im September 1948 reiste Gertrud mit ihrer Schwester Martha von England nach Brasilien ein. Die Schwestern waren unverheiratet und kinderlos geblieben, verfügten über eine unbegrenzte Aufenthaltsgenehmigung für Brasilien und trugen noch immer ›Sara‹ als zweiten Vornamen. Sie lebten fortan in Petrópolis, zunächst in einer Wohnung im Haus des Bruders und später in einem von Walter angemieteten Haus mit Garten. Nach seinem Tod zogen sie ins Zentrum der Stadt in eine Wohnung, die der Familie von Walter Leib gehörte.[55]

Ohne ihren Bruder wären ihre Jahre in England wohl noch schwerer gewesen. Ab dem 1. April 1939 hatten sie in York als Hausgehilfinnen gearbeitet. Die Arbeit war schwer und die Bezahlung unzureichend. Gertrud und Martha mussten krankheitsbedingt öfter die Arbeit im Haushalt ruhen lassen und verdienten in dieser Zeit überhaupt kein Geld. Eine angemessene medizinische Behandlung konnten sie sich nicht leisten. Später, im September 1941, erhielt Gertrud von den britischen Behörden die Erlaubnis, in einem Firmenbüro in untergeordneter Stellung eine Tätigkeit aufzunehmen. Auch dieses Mal reichte ihr Einkommen nicht, um ihren Lebensunterhalt zu verdienen. Es bedurfte der finanziellen Unterstützung ihres Bruders.

Nach erfolgreicher Firmengründung hatte Walter seine Schwestern nach Brasilien geholt und Gertrud als Buchhalterinnen in seinem Unternehmen beschäftigt. Martha konnte keine Arbeit mehr aufnehmen. Ihre Erwerbsfähigkeit war um 66 Prozent beeinträchtigt. Nach dem Niedergang der Tuchfabrik setzten bei Gertrud erhebliche körperliche Beschwerden ein, die eine weitere Beschäftigung nicht mehr zuließen. Martha und Gertrud lebten zusammen in einer Wohnung und waren auf die finanzielle Unterstützung ihrer Schwägerin angewiesen. In ihren Eigenschaften und ihrem Verhalten unterschieden sie sich sehr: Martha, die ein enges und liebevolles Verhältnis zu ihrem Neffen und ihren Nichten pflegte, sich oft mit Handarbeiten beschäftigte und gut und gerne kochte, war ein mütterlicher Typ. Gertrud sei, so ihre Nichte Monica, verbittert gewesen. Sie habe großen Wert auf ihr Äußeres gelegt. Trotz ihrer negativen Grundstimmung war Gertrud kontaktfreudig und baute sich in Brasilien schnell einen Freundeskreis auf. Beide Schwestern nahmen die brasilianische Staatsangehörigkeit an, reisten einmal gemeinsam nach Europa und verbrachten ihren Lebensabend in Petrópolis. Martha starb im Alter von 79 Jahren im Jahr 1974, Gertrud am 7. Dezember 1987. Sie wurde 89 Jahre alt.

Walters Kinder – Arno, Gaby und Monica

Die Kinder der Leibs wuchsen in Brasilien auf. Arno war noch in Vaals eingeschult worden und musste sein geliebtes Spielzeug zurücklassen, als die Familie auswanderte. Er hatte erst mit vier Jahren sprechen gelernt. Seine Kindheitserinnerungen prägten sein ganzes Leben. Selbst seine engsten Familienangehörigen empfanden den Umgang mit ihm als schwierig. Sein Interesse galt der Kunst. Er malte gerne und gut, doch reichte seine Begabung nicht zu einem sicheren Broterwerb aus. Der Versuch seiner Mutter, ihn in die Leitung der Fabrik einzubinden, scheiterte genauso wie seine Bemühungen, als Handelsvertreter ein Auskommen zu finden. Er war zeitlebens von der finanziellen Unterstützung seiner Eltern und später von seiner Schwester Gaby abhängig. Nach einem Krebsleiden verstarb er am 17. Juli 1998.

Gabriele kam im Louisenhospital zur Welt, obwohl ihre Eltern schon zu dieser Zeit in der niederländischen Grenzstadt lebten. Sie ist damit – wie ihr Bruder – ebenfalls eine gebürtige Aachenerin, während ihre Schwester Monica in Rio de Janeiro geboren wurde. Gaby hatte keine größeren Startschwierigkeiten in ihrer neuen Heimat. Sie besuchte die Klosterschule Colégio Sion in Petrópolis und begann anschließend eine Ausbildung zur Dolmetscherin in Zürich, bis sie nach dem Tod ihres Vaters der Bitte ihrer Mutter entsprach, in die Geschäftsleitung des Unternehmens einzutreten. Nach der Aufgabe der Fabrik studierte Gaby Philosophie an der katholischen Universität in Rio de Janeiro. Walters älteste Tochter liebte Musik und Kunst und sprach mehrere Sprachen; viel und gerne las sie Literatur in der Originalsprache. Gaby leitete jahrelang erfolgreich den örtlichen Kulturverein und verstand es, eigene Akzente zu setzen, indem sie namhafte Künstler in Petrópolis auftreten ließ. Anfang der 1960er-Jahre machte sie ihre Leidenschaft zum Beruf und gründete eine Künstler- und Konzertagentur in Rio de Janeiro, die sie einige Jahre später um eine Produktionsfirma erweiterte. Die Arbeit machte ihr sehr viel Spaß, sie liebte den Umgang mit den Künstlern, die aus der ganzen Welt kamen. Anlässlich ihres 70. Geburtstags drehte ihr Neffe Pablo ein Video über ihr Leben, in dem zahlreiche Wegbegleiter zu Wort kamen. Freunde, Künstler, Mitarbeiter und Geschäftspartner erinnerten sich gerne an ihren warmherzigen, freundlichen und verbindlichen Umgang und ihren künstlerischen und musikalischen Sachverstand. Sie war sehr beliebt. Ihre offene und verständnisvolle Art, mit Menschen umzugehen und sie für ihre Ideen und Projekte zu gewinnen, erinnert an ihren Vater.

Monica besuchte die gleiche Schule wie ihre Schwester in Petrópolis und studierte Psychologie in Rio de Janeiro und mit Hilfe eines Stipendiums in Lyon und Paris, wo sie auch ihre ersten Arbeitserfahrungen sammelte. Sie ist bis heute als Psychologin in Rio de Janeiro tätig. Aus der Verbindung mit dem Kinderarzt und Psychoanalytiker Carlos Cesar Castellar Pinto entstammt Pablo, der nach Ansicht von Monica seinem Großvater ähnelt. Ihr Sohn liebt auch Musik, sang im Kinderchor und interessiert sich für Fotografie. Sie selbst ist ebenfalls musikalisch, kocht gerne und findet Ruhe und Entspannung in ihrem Garten. Monica beschreibt sich selber als eine »assimilierte Jüdin«[56], die ihren Glauben nicht mehr praktiziere. Sie habe große Freude, anderen Menschen zu helfen. Aus diesem Grund sei sie Psychologin geworden und habe ihrem Ehemann in seiner Berufung selbstlos geholfen, die Psychoanalyse für alle gesellschaftlichen Schichten in Brasilien zugänglich zu machen.

Keines der Leib-Geschwister hat die deutsche Staatsangehörigkeit angenommen. Die Vergangenheit – die Shoah – und der noch immer vorhandene Antisemitismus in Deutschland, den sie auf ihren zahlreichen Aufenthalten in ihrer alten Heimat immer wieder erleben mussten, waren und sind für diese Haltung ausschlaggebend. Zu Lebzeiten ihrer Mutter, die am 17. April 1987 an einem Herzleiden verstarb, reisten sie oft nach Europa und verbrachten mehrere Wochen bei den Pfeiffers in Aachen. Die Beziehungen beider Familien waren durch gegenseitigen Respekt geprägt. Die freundschaftliche Verbindung setzte sich nach dem Tod von Kurt Pfeiffer im Jahre 1987 fort. Sein Sohn Jost stand wie sein Vater mit den Leibs in Verbindung. Seine älteste Tochter Irene schloss Freundschaft mit Monica und besuchte die Familie in Brasilien.

Pablo und seine Kinder – die Nachfahren von Ida und Max Leib

Pablo Leib Castellar wurde am 19. April 1976 in Rio de Janeiro (Stadt) geboren. Er studierte zunächst Komposition am Institut Villa Lobos an der Bundesuniversität von Rio de Janeiro UNI-RIO. Nach seinem Abschluss setzte er sein Kompositionsstudium an der Manhattan School of Music (MSM) in New York fort. In dieser Zeit belegte er Seminare zu Filmmusik an der NYU Tisch School (New York University). Nach seiner Rückkehr nach Brasilien absolvierte Pablo erfolgreich ein MBA-Studium in Kulturmanagement an der Universität Candido Mendes, an der er heute als Dozent tätig ist.

Als Kulturproduzent hat Pablo seither verschiedenste Projekte realisiert: Opern, Konzerte, CDs, DVDs, einen Spielfilm, nationale Tourneen und Veranstaltungen zur Verbreitung der brasilianischen Kultur im In- und Ausland. Neben der Produktion von Theater- und Musikfestivals, gibt er Seminare und Kurse in Kulturmanagement. Seit Juli 2011 ist Pablo künstlerischer Leiter des brasilianischen Sinfonieorchesters OSB – Orquestra Sinfônica Brasileira in Rio de Janeiro. Pablo heiratete vor einigen Jahren die Journalistin Ingrid Brack, geboren am

5. Juli 1976, mit der er zwei Kinder hat: Arthur kam 2013 zur Welt, seine Schwester Stella wurde zwei Jahre später geboren. Pablo und seine Kinder verfügen über die deutsche Staatsangehörigkeit. Das Bild zeigt die Kinder, den Enkel mit seiner Frau und die Urenkel von Marga und Walter Leib.

Gaby (hinten rechts), Monica (erste Reihe rechts), Pablo, Ingrid, Arthur und Stella im Jahr 2018

Privatbesitz der Familie Leib

1   Ich danke Gaby, Monica und Pablo Leib für ihre zahlreichen Auskünfte und die Übermittlung von Bildern und anderen Dokumenten. Die vorliegende Arbeit hätte ohne ihre Hilfe auf diese Weise nicht entstehen können. Mein Dank gilt auch Herrn Karl Zimmermann, Dezernent der Bezirksregierung Düsseldorf, der mir den Aktenzugang in seiner Behörde ermöglichte und mir viele wertvolle Ratschläge bei der Recherche gab. Ich danke zudem Herrn Marco Da Silva Nunes, Student am Institut für Katholische Theologie der RWTH Aachen, für seine Übersetzung meiner anfänglichen Korrespondenz mit der Familie Leib sowie eines Videos aus Brasilien. Alle Daten und Informationen ohne Hinweis beziehen sich auf Gesprächsaufzeichnungen der Telefonate zwischen Monica Leib und Christian Bremen, enthalten in den Emails von Christian Bremen an Gaby Leib, 10.01.2018, 15.01.2018, 17.01.2018, 25.01.2018 u. 01.03.2018, Privatarchiv Dr. Christian Bremen, ferner: Unterredung mit Dr. Jost Pfeiffer am 06. August 2009 von 11 bis 13 Uhr in seinem Privathaus, Lousbergstr., Aachen. Aufzeichnung von Dr. Christian Bremen aus dem Gedächtnis eine Stunde nach dem Gespräch. | Interview mit Dr. Jost Pfeiffer am 30. April 1999 von 11 bis 13 Uhr im Modehaus Pfeiffer, Aachen, Großkölnstr. Protokoll von Dr. Christian Bremen auf der Grundlage von Gesprächsnotizen sowie den nachfolgenden Quellen: Landesarchiv Nordrhein-Westfalen Duisburg [künftig zitiert: LAV NRW R], Gerichte Rep. 266 Nr. 9714. | LAV NRW R, BR 3000 1128 Teil 1. | LAV NRW R, BR 3000 1125. | Bezirksregierung Düsseldorf, Dezernat 15, Akte Aenne Weitzenkorn, geborene Leib, geb. 24.03.1891. | Staatsarchiv Ludwigsburg, Akte Martha Sara Leib, geb. 15.01.1895, EL350I Bü36550. | Bezirksregierung Düsseldorf, Dezernat 15, Akte Marga Leib, geborene Gleitzmann, geb. 13.06.1910. | Bezirksregierung Düsseldorf, Dezernat 15, Akte Irmgard Simon, geborene Weitzenkorn, geb. 12.10.1915. | Adressbücher für Aachen und Umgebung im 19. und 20. Jahrhundert, Stadtarchiv Aachen [STAA], Adressbücher. | Hausbuch 1765, 1771 u. 6972, ebd. | Pablo Leib Castellar: Video über Gaby anlässlich ihres 70sten Geburtstag, Privatarchiv Gaby Leib. | PabloCastellar.com (7.03.2018). | www.gabyleib.com.br (13.12.2017).

2   Vgl. htpp://www.bundesarchiv.de/gedenkbuch/directory.html.de (28.08.2017). | Vgl. htpp://www.yvng.yadvashem.org/nameDetails.html.de (23.08.2017). | Vgl. Barbara Distel. Sobibor. In: Der Ort des Terrors. Geschichte der nationalsozialistischen Konzentrationslager. Hg. v. Wolfgang Benz u. Barbara Distel. Bd. 8. München 2008. S. 375–404. | Vgl. htpp://www.sobibor.org (13.09.2017).

3   Vgl. Geburtsurkunde Nr. 991 vom 25. März 1891, STAA. | Über die Geschwister von Max ist nur wenig bekannt. Rosa konnte aus Hitlerdeutschland fliehen. Ihre Nachfahren leben heute in Kalifornien und Israel. Hermann überlebte auch die Verfolgung. Seine Nachfahren leben in Argentinien. Der Lebensweg von Albert ist unbekannt. Einer seiner Nachfahren, und zwar ein Enkel, lebte in Israel und war als Journalist tätig. Von Idas Geschwistern ist noch weniger bekannt. Über die Lebenswege von Louis und Otto gibt es überhaupt keine Informationen. Mit ihrer einzigen Schwester Frederika blieben die Leibs ein Leben lang innig verbunden.

4   Vgl. Curt Hoff: Die Industrieentwicklung im Bezirk Aachen an Hand der Berufsstatistik. Phil. Diss. Göttingen 1912. S. 57–71. | Vgl. Jürgen Herres: Städtische Gesellschaft und katholische Vereine im Rheinland 1849–1870. Essen 1996. S. 83–89 [künftig zitiert: Herres: Städtische Gesellschaft]. | Vgl. Wilhelm Schjerning: Aachen und seine Umgebung. Aachen 1895. S. 9. | Vgl. Dr. Goerres: Die wirtschaftliche Entwicklung und Bedeutung der Industrie- und Handelsstadt Aachen. In: Deutschlands Städtebau: Aachen. Berlin-Halensee 1928. S. 15–25 [künftig zitiert: Goerres: Industrie- und Handelsstadt]. | Vgl. Clemens Bruckner: Die wirtschaftsgeschichtlichen

und standortstheoretischen Grundlagen der industriellen Tätigkeit innerhalb des Regierungsbezirks Aachen. Aachen 1924. S. 48–50. | Vgl. Marianne Prümper: Aachen. Geographische Betrachtungen einer rheinischen Stadt. Aachen 1926. S. 53–60 (= Aachener Beiträge zur Heimatkunde. Bd. 1.) [künftig zitiert: Prümper: Aachen].

5 Vgl. Heinrich August Winkler: Mittelstand, Demokratie und Nationalsozialismus. Die politische Entwicklung von Handwerk und Kleinhandel in der Weimarer Republik. Köln u. Berlin 1972. S. 25f. u. 36. | Der Historiker Heinz-Gerhard Haupt weist darauf hin, dass gegen Ende des 19. Jahrhunderts die gesellschaftspolitischen Schnittmengen zwischen Groß- und Kleinbürgern gering waren (Vgl. Heinz-Gerhard Haupt: Kleine und große Bürger in Deutschland und Frankreich am Ende des 19. Jahrhunderts. In: Bürgertum im 19. Jahrhundert. Deutschland im europäischen Vergleich. Hg. v. Jürgen Kocka. Bd. 2. München 1988. S. 274. | Vgl. Ralf Zerback: Die wirtschaftliche Position als Konstituierungsfaktor des Bürgertums. In: Stadt und Bürgertum im Übergang von der traditionalen zur modernen Gesellschaft. Hg. v. Lothar Gall. München 1993. S. 219. | Zur Bedeutung der Bürgergesellschaften, der Männergesangvereine und den Schützengesellschaften als soziale Integrationsorte siehe: Hansjoachim Henning: Das westdeutsche Bürgertum in der Epoche der Hochindustrialisierung, 1860–1914. Teil 1. Wiesbaden 1972. S. 400–403. | Über den Organisierungsgrad der Kleinbürger in Aachen gibt es nur wenige Informationen. Die Forschung nimmt an, dass die Kleinbürger weniger stark organisiert waren als die Bürger (Vgl. Herres: Städtische Gesellschaft. S. 388). | Vgl. Alberto Mario Banti: Der Verein. In: Orte des Alltags. Miniaturen aus der europäischen Kulturgeschichte. Hg. v. Heinz-Gerhard Haupt. München 1994. S. 110. | Zu Recht weist der Soziologe Karl Martin Bolte darauf hin, dass die Berufsposition allein nicht für eine soziale Wertung ausreicht (Vgl. Karl Martin Bolte: Sozialer Aufstieg und Abstieg. Eine Untersuchung über Berufsprestige und Berufsmobilität. Stuttgart 1959. S. 98f.). | Die in Brasilien lebenden Enkelkinder von Max meinen, ihr Großvater sei Mitglied in der jüdischen Freimaurerloge in Aachen gewesen. Hierzu konnten keine weiteren Angaben gemacht und Hinweise gefunden werden.

6 Vgl. Tabelle Nr. 29: Die einkommensteuerpflichtigen Mitglieder der Synagogengemeinde 1895/96. In: Herbert Lepper: Von der Emanzipation zum Holocaust. Die Israelitische Synagogengemeinde zu Aachen 1801–1942. Bd. 2. Aachen 1994. S. 1507 [künftig zitiert: Lepper: Synagogengemeinde zu Aachen, Bd. 2].

7 Vgl. Herbert Lepper: Von der Emanzipation zum Holocaust. Die Israelitische Synagogengemeinde zu Aachen 1801–1942. Bd. 1. Aachen 1994. S. 9–54 [künftig zitiert: Lepper: Synagogengemeinde zu Aachen. Bd. 1]. | Vgl. Hans Weber: Die jüdische Bevölkerung im Regierungsbezirk Aachen. In: 150 Jahre Regierung und Regierungsbezirk Aachen. Beiträge zu ihrer Geschichte. Hg. v. d. Regierungspräsidenten in Aachen. Aachen 1967. S. 126 u. 129–131 [künftig zitiert: Weber: Jüdische Bevölkerung im Regierungsbezirk Aachen. S. 130f.]. | Vgl. Max Strauss: The Jewish community of Aachen half a century ago. In: Yivo annual of Jewish social science IV(1949). S. 115–117 [künftig zitiert: Strauss: Jewish community of Aachen]. | Vgl. Max Strauß: Eine westdeutsche jüdische Gemeinde um 1900. In: Verstaubte Liebe. Literarische Streifzüge durch Aachen. Hg. v. Gregor Ackermann u. Werner Jung. Aachen 1992. S. 163–166 [künftig zitiert: Strauß: Jüdische Gemeinde um 1900]. | Vgl. Heinrich Jaulus: Die Geschichte der Aachener Juden. In: Aachener Heimatgeschichte. Hg. v. Albert Huyskens. Aachen 1924. S. 215f. [künftig zitiert: Jaulus: Aachener Juden]. | Vgl. Manfred Bierganz u. Annelie Kreutz: Juden in Aachen. Aachen 1988. S. 13 u. 17 [künftig zitiert: Bierganz u. Kreutz: Juden in Aachen]. | Vgl. Arno Herzig: Die jüdische Minderheit Rheinland-Westfalens im Assimilationsprozeß (1780–1860).

In: Von der Reichsgründung bis zur Weimarer Republik. Hg. v. Kurt Düwell u. Wolfgang Köllmann. Wuppertal 1984. S. 80. | Vgl. Kurt Düwell: Die Rheingebiete in der Judenpolitik des Nationalsozialismus von 1942. Beitrag zu einer vergleichenden zeitgeschichtlichen Landeskunde. Bonn 1968. S. 75 [künftig zitiert: Düwell: Rheingebiete in der Judenpolitik]. | Vgl. Ludwig Baeck: Die jüdische Religionsgemeinschaft. In: Die Rheinprovinz, 1815–1915. Hundert Jahre preußische Herrschaft am Rhein. Hg. v. Joseph Hansen. Bd. 2. Bonn 1917. S. 246. | Vgl. Avraham Barkai: Jüdische Minderheit und Industrialisierung. Tübingen 1988. S. 117.

8 Vgl. Helga Raue: Der Aachener Sakralbau des 19. Jahrhunderts. In: ZAGV 94/95 (1987/88). S. 225–229. | Vgl. Strauß, Jüdische Gemeinde um 1900. S. 168–172. | Jaulus: Aachener Juden. S. 217f. | Einen Überblick über die jüdischen Vereine und Stiftungen geben: Bierganz u. Kreutz: Juden in Aachen. S. 24–26. | Vgl. Weber: Jüdische Bevölkerung im Regierungsbezirk Aachen. S. 126 u. 129. | Vgl. Werner Levano: Erinnerungen. In: Juden in Aachen. Bearb. v. Manfred Bierganz u. Annelie Kreutz. Aachen 1988. S. 125 [künftig zitiert: Levano: Erinnerungen].

9 Werner Jung: Kunst und Kultur in Aachen um 1910. In: Ludwig Strauß, 1892–1992. Beiträge zu seinem Leben und seinem Werk: Mit einer Bibliographie. Hg. v. Hans-Otto Horch. Tübingen 1995. S. 131.

10 Vgl. Wilhelm Ribhegge: Preußen im Westen. Kampf um den Parlamentarismus in Rheinland und Westfalen 1789–1947. Münster 2008. S. 112f. u. 122–124. | Vgl. Avraham Barkai: Die sozio-ökonomische Situation der Juden in Rheinland-Westfalen zur Zeit der Industrialisierung (1850-1919). In: Rheinland-Westfalen im Industriezeitalter. Hg. v. Kurt Düwell u. Wolfgang Köllmann. Bd. 2. Wuppertal 1983. S. 86–107. | Vgl. Bettina Klein: Spuren jüdischen Lebens in Aachen von 1850 bis 1938. Eine Anschauungsmappe. Aachen 1997. S. 15–17 [künftig zitiert: Klein: Spuren]. | Vgl. Ernst Elsbach: So war es vor 75 Jahren. Erinnerungen an die alte jüdische Gemeinde in Aachen. In: Klein: Spuren. S. A21. | Vgl. Richard Lichtheim: Rückkehr. Lebenserinnerungen aus der Frühzeit des deutschen Zionismus. Stuttgart 1970. S. 45. | Vgl. Eric Lucas: Die Herrschaft. Geschichte einer jüdischen Großfamilie im Kreis Aachen von der Mitte des 19. Jahrhunderts bis zum 2. Weltkrieg. In: Heimatblätter des Kreises Aachen 36 (1980) 1– 4. S. 21, 30f., 33, 46 u. 49.

11 Vgl. Geburtsurkunde Nr. 43 vom 5. Januar 1895, STAA, Geburtenregister. | Vgl. Geburtsurkunde Nr. 1899 vom 17. Juni 1898, ebd. | Vgl. Geburtsurkunde Nr. 1184 vom 12. April 1901, ebd. | Vgl. Sterbebuch der jüdischen Gemeinde Aachen, 1829-1974, STAA, Sammlung Juden Sterbebuch, Bl. 21. | Vgl. Dieter Peters: Jüdische Friedhöfe im Rheinland. Der jüdische Friedhof in Aachen. Lütticher Straße. Dokumentation und Auswertung des Beerdigungsregisters, 1829–2000. Bd. 1. Aachen 2001. S. 35 [künftig zitiert: Peters, Friedhof, Lütticher Straße].

12 Vgl. Michael Wolfsohn: Nomen est omen. Vornamenwahl als Indikator: Methoden und Möglichkeiten einer »historischen Demoskopie«. In: Name und Gesellschaft. Soziale und historische Aspekte der Namengebung und Namenentwicklung. Hg. v. Jürgen Eichhoff, Wilfried Seibicke u. Michael Wolffsohn. Bd. 2. Mannheim 2001. S. 9f. | Vgl. Thomas Brechenmacher: Zur Vornamengebung der Juden in Deutschland zwischen Emanzipation und Vernichtung. In: ebd. S. 36–39 u. 42–45. | Zu den Schwächen empirischer Akkulturationsforschung, die nur wenig über die Motive oder gar Identität Einzelner aussagen, siehe: Vgl. Thomas Brechenmacher u. Michał Szulz: Neuere deutsch-jüdische Geschichte. Konzepte-Narrative-Methoden. Stuttgart 2017. S. 128f. | Vgl. Die Reden Kaiser Wilhelms II. in den Jahren 1901 bis Ende 1905. Hg. v. Johannes Penzler. Bd. 3. Leipzig o. J. S. 96–102.

13 Vgl. Sterbebuch der jüdischen Gemeinde Aachen, 1829–1974, STAA, Sammlung Juden Sterbebuch, Bl. 37u. Bl. 95. | Vgl. Peters: Friedhof, Lütticher Straße, S. 35. | Aus Annas Heiratsurkunde aus dem Jahr 1914 geht hervor, dass der 79-jährige David Dreyfus Trauzeuge war. Der zweite Trauzeuge war der Aachener Kaufmann Louis Rosenberg (Vgl. Heiratsurkunde Nr. 303 vom 1. Mai 1914, STAA, Standesamtsregister).

14 Siehe auch: Klaus Ricking: Mens agitat molem. Der Geist bewegt die Materie. 125 Jahre Geschichte der RWTH Aachen. Mainz 1995. S. 91. | Peter Lundgreen: Die Schule. In: Orte des Alltags. Miniaturen aus der europäischen Kulturgeschichte. Hg. v. Heinz-Gerhard Haupt. München 1994. S. 215f. | J. Neuss: Festschrift zur Gedenkfeier des 75jährigen Bestehens der Anstalt. Städtisches Realgymnasium mit höherer Handelsschule zu Aachen [Aachen 1910], o. S. | Ernst Weymar: Das Selbstverständnis der Deutschen. Ein Bericht über den Geist der höheren Schulen im 19. Jahrhundert. Stuttgart 1961. S. 156f, u. 186. | Camilla C. Kaul: Friedrich Barbarossa im Kyffhäuser. Bilder eines nationalen Mythos im 19. Jahrhundert. Textband. Köln, Weimar u. Wien 2000. S. 455–457. | Horst Schallenberger: Untersuchungen zum Geschichtsbild der Wilhelminischen Ära und der Weimarer Zeit. Eine vergleichende Schulbuchanalyse deutscher Schulgeschichtsbücher aus der Zeit von 1888 bis 1933. Ratingen bei Düsseldorf 1964. S. 127, 129 u. 137. | Edgar Wolfrum: Geschichte als Waffe. Vom Kaiserreich bis zur Wiedervereinigung. 2. Aufl. Göttingen 2002 S. 13f. | Norman Davies: Europe. A History. Oxford 1998. S. 19ff.

15 Siehe auch: Notreifeprüfung, Kurt Pfeiffer, 28. September 1917, Archiv des Rhein-Maas-Gymnasiums Aachen, keine Signatur.

16 Adressbuch für Aachen und Umgebung 1906, STAA, Adressbücher.

17 Adressbuch für Aachen und Umgebung 1912, ebd.

18 Vgl. Heiratsurkunde Nr. 303 vom 1. Mai 1914, STAA, Standesamtsregister. | Vgl. Hanno Müller: Juden in Gießen 1788–1942. Gießen 2012. S. 694 [künftig zitiert: Müller, Gießen].

19 Vgl. Tabelle Nr. 31: Heberolle der Synagogengemeinde zu Aachen 1916. In: Lepper: Synagogengemeinde zu Aachen. Bd. 2. S. 1528. | Vgl. Heiratsurkunde Nr. 303 vom 1. Mai 1914, STAA, Standesamtsregister. | Vgl. Müller: Gießen. S. 694.

20 Siehe auch: Hans-Ulrich Wehler: Deutsche Gesellschaftsgeschichte. Vom Beginn des Ersten Weltkriegs bis zur Gründung der beiden deutschen Staaten 1914–1949. Bonn 2009. S. 74 [künftig zitiert: Wehler: Deutsche Gesellschaftsgeschichte, 1914–1949]. | Hermann Weinberg: Die wirtschaftliche Entwicklung der Stadt Aachen von der Einführung der Gewerbefreiheit (1789) bis zur Gegenwart. Aachen 1931. S. 71.

21 Vgl. Wehler: Deutsche Gesellschaftsgeschichte, 1914–1949. S. 64–68. | Vgl. Bericht über die Verwaltung und den Stand der Gemeindeangelegenheiten in Aachen im Rechnungsjahre 1918, 1919, 1920 u. 1921, STAA, Verwaltungsberichte 1908–1921. | Vgl. Oberbürgermeister Dr. Rombach, Zukunftsmöglichkeiten der Entwicklung Aachen. In: 40 Jahre Aachener Post vom 01.12.1930. | Vgl. Prümper: Aachen. S. 39. | Vgl. Maximilian Kremer: Die Stadt Aachen in den Jahren der Besetzung (Aachen 1929). S. 7f. u. 23, STAA, Sammlung Besatzungszeit 80. | Vgl. Will Hermanns: Stadt in Ketten. Geschichte der Besatzungs- und Separatistenzeit 1918–1929 in und um Aachen. Aachen 1933. S. 123–127, 141f. u. 146. | Vgl. Wolfgang Trees: Schmuggler, Zöllner und die Kaffeepanzer. Die wilden Nachkriegsjahre an der deutschen Westgrenze. Aachen 2002. S. 24–37. | Vgl. Günter

Plum: Gesellschaftsstruktur und politisches Bewußtsein in einer katholischen Region 1928–1933. Untersuchungen am Beispiel des Regierungsbezirks Aachen. Stuttgart 1972. S. 42–46.

22 Vgl. Handschriftlicher Vermerk auf der Heiratsurkunde Nr. 303 vom 1. Mai 1914, STAA, Standesamtsregister. | Vgl. Müller: Gießen. S. 694. | Vgl. Monika u. Udo Tworuschka: Die Welt der Religionen. Geschichte, Glaubenssätze, Gegenwart. München 2006. S. 133. | Vgl. www.rhs-giessen.de/data/liste.depschueler. pdf. (13.09.2018).

23 Paul Schopflocher, Zeugnis für Frl. Martha Leib, 10.09.1933, Staatsarchiv Ludwigsburg, Akte Martha Sara Leib, geb. 15.01.1895, EL350IBü36550.

24 Vgl. Annelie Kreutz: Die Verfolgung der Juden im Dritten Reich in Aachen. Vorgelegt zur 1. Staatsprüfung für das Lehramt an er Grund- und Hauptschule. Aachen 1976. S. 25 [künftig zitiert: Kreutz, Verfolgung der Juden]. | Vgl. Gemeindeblatt für den Bezirk der Synagogengemeinde Aachen vom 16. August 1929 u. 5. November 1929, STAA. | Vgl. Jaulus: Aachener Juden. S. 218.

25 Siehe auch: Oberbürgermeister an den Reichsarbeitsminister, 18.02.1925, o. Bl.nr., STAA, OBR 44-1c-IV. | Anton Bruckner: Aachen und seine Tuchindustrie, Horb a. Neckar 1949. S. 46f. u. 69–71.

26 Auf die Frage eines städtischen Beamten, weshalb gerade ausländische Kunden das Leib'sche Unternehmen mieden, erklärte der einst engste Mitarbeiter im Unternehmen, Josef Linzenich, laut Aktenvermerk: »Ab 1934 sei das Geschäft unerträglich schlecht gewesen. Gerade die ausländischen Kunden aus Spanien, Polen und England, seien deshalb abgesprungen, weil Herr Leib Jude gewesen sei. Auf den Vorhalt, daß dies verwundere, erklärte Herr Linzenich, gerade die Ausländer hätten allerdings unverständlicherweise Angst gehabt, nach Deutschland zu kommen, um hier mit einem Juden in Verhandlung zu treten. Er habe häufig Telefongespräche von ausländischen Juden entgegen genommen, bei denen diese in etwa erklärt hätten, bei den Maßnahmen, die gegen die Juden getroffen würden, seien sie ängstlich, nach hier zu kommen. Sie hätten deshalb auf einen Besuch in Aachen verzichtet und angefragt, ob es nicht möglich sei, in einem andern Land zusammen zu treffen«, Thelen (Stadtverwaltung Aachen A 50/7), Aktenvermerk, 05.05.1962, LAV NRW R, BR 3000 1128, Teil 1). | Ausführlich zum Boykott vom 1. April siehe Düwell: Rheingebiete in der Judenpolitik. S. 86–92.

27 Vgl. https://www.familysearch.org/ark:/3:1:33S7-95BD-9NKD (04.09.2017). | Vgl. Klein: Spuren. S. 28f. | Vgl. Kitty van Eijsden: Erinnerungen. In: Michael Kuhn: Und wir waren noch so jung. Aus dem Leben ehemaliger jüdischer Aachener Bürger. Aachen 199., S. 34 u. 167f. [künftig zitiert: Kuhn, Leben]. | Zu Vaals siehe auch: Cilli Ransenberg: Erinnerungen. In: ebd. S. 44f.

28 Siehe auch: Nr. 859: Stellungnahme »Aachener Wirtschaftskreise« zum Judenboykott am 1. April 1933, 31.03.1933. In: Lepper: Synagogengemeinde zu Aachen, Bd. 2. S. 1125f. | Elmar Gasten: Aachen in der Zeit der nationalsozialistischen Herrschaft 1933–1944. Frankfurt am Main 1993. S. 141f. u. 145f. [künftig zitiert: Gasten: Aachen 1933-1944]. | Kreutz: Verfolgung der Juden. S. 28f.

29 Vgl. Nr. 25. Lagebericht der Stapostelle Aachen für August, 05.09.1935. In: Bernhard Vollmer (Hg.): Volksopposition im Polizeistaat. Gestapo- und Regierungsberichte 1934–1936. Stuttgart 1957. S. 277. | Vgl. Ian Kershaw: The Persecution of the Jews and the German Popular Opinion in the Third Reich. In: Leo Baeck Insti-

tute Yearbook 26 (1981). S. 261–289. | Vgl. Bierganz u. Kreutz: Juden in Aachen. S. 32–36. | Der am 5. März 1893 in Gerderhan im Kreis Erkelenz geborene Kaufmann war Dekorateur und lebte mit seiner Familie in der Thomashofstraße 58 in Aachen (Lepper: Synagogengemeinde zu Aachen. Bd. 2. S. 1578).

30 Privatkorrespondenz zwischen Kreutz und Schönberg, o. D., zitiert nach: Kreutz: Verfolgung der Juden. S. 30.

31 Vgl. Bernhard Vollmer (Hg.): Volksopposition im Polizeistaat. Stuttgart 1957. S. 277, 285f. u. 291.

32 Vgl. Lebensbericht von Kurt Pfeiffer für den Zeitraum von 1938–1945 an seine aus Deutschland geflohenen Freunde. Aachen (1946). S. 2, Privatarchiv Herr Alfred Moulin, Aachen.

33 Eidesstattliche Erklärung von Kurt Christian Theobald Pfeiffer, 30.01.1958, LAV NRW R, BR 3000 1128, Teil 1.

34 Siehe auch: Kurt Pfeiffer: Hannel Pfeiffer, geborene Bode. Ein Lebensbericht zum 10. Juni 1964 (Aachen 1964). S. 25.

35 Lebensbericht von Kurt Pfeiffer für den Zeitraum von 1938-1945 an seine aus Deutschland geflohenen Freunde. Aachen (1946), o. S., Privatarchiv Herr Alfred Moulin, Aachen. | Siehe auch: Tabelle Nr. 33: Verzeichnis der in Aachen lebenden Juden, Anfang August 1935. In: Lepper: Synagogengemeinde zu Aachen. Bd. 2. S. 1632.

36 Nr. 1030: »Verordnung« des Beauftragten für den Vierjahresplan, Herman Göring, zur Ausschaltung der Juden aus dem deutschen Wirtschaftsleben. In: Lepper: Synagogengemeinde zu Aachen. Bd. 2. S. 1262f.

37 Siehe auch: Tabelle Nr. 35: »Verzeichnis« der Regierung Aachen, betr. die »abgemeldeten bzw. arisierten Firmen« jüdischer Eigentümer und Inhaber in der Stadt Aachen, 1938-1942. In: Lepper, Synagogengemeinde zu Aachen. Bd. 2. S. 1659. | Verzeichnis der jüdischen Gewerbetreibenden im Regierungsbezirk Aachen, o. D., LAV NRW R, BR 1050 Nr. 705.

38 Siehe auch: https://www.familysearch.org/ark:/3:1:33S7-95BD-9NKD (04.09. 2017). | Gemeindeblatt für den Bezirk der Synagogengemeinde Aachen vom 16. Mai 1936, STAA.

39 Gesprächsaufzeichnungen der Telefonate zwischen Monica Leib und Christian Bremen enthalten in den Emails von Christian Bremen an Gaby Leib, 10.01.2018 u. 15.01.2018, Privatarchiv Dr. Christian Bremen.

40 In der Erinnerung der Kinder soll Walter zunächst selber nach Brasilien gefahren sein und dann seine Familie nachgeholt haben.

41 Die Nachfahren von Siegbert, seine Kinder Miriam und André sowie seine Enkel leben in Rio de Janeiro und pflegen einen engen Kontakt zu den Kindern der Leibs.

42 Gemeindeblatt für den Bezirk der Synagogengemeinde Aachen vom 16. Oktober 1935, STAA.

43 Eidesstaatliche Erklärung von Matthias Oehl in Anwesenheit von Assessor Tillmann, 04.07.1958, Bezirksregierung Düsseldorf, Dezernat 15, Akte Aenne Weitzenkorn, geborene Leib, geb. 24.03.1891.

44 Siehe auch: Nr. 1069: »Geheime Anordnung« der Reichsanstalt für Arbeitsvermitt
lung und Arbeitslosenversicherung (gez. Syrup), betr. den »Arbeitseinsatz von Juden«, 20. Dezember 1938. In: Lepper, Synagogengemeinde zu Aachen. Bd. 2. S.
1295.

45 Grete Berger (Oberin des jüdischen Altenheims in Aachen) an den Oberstadtdirektor, 22.07.1958, Bezirksregierung Düsseldorf, Dezernat 15, Akte Aenne Weitzenkorn, geborene Leib, geb. 24.03.1891.

46 Eidesstaatliche Erklärung von Matthias Oehl in Anwesenheit von Assessor Tillmann,
04.07.1958, ebd.

47 Zu den Maßnahmen der Nazis, die den Grenzübertritt erschwerten oder gar unmöglich machten, siehe: Düwell: Rheingebiete in der Judenpolitik. S. 201–203.

48 Zur Deutung derartiger humanitärer Hilfsaktionen als »wesentliche Widerstands-
handlung« siehe: Wolfgang Altgeld u. Michael Kissener: Judenverfolgung und Widerstand. Zur Einführung. In: Widerstand gegen die Judenverfolgung. Hg. v. Michael Kissener. Konstanz 1996. S. 29.

49 Deutsches Rotes Kreuz, Antrag, Internationales Komitee vom Roten Kreuz auf Nach-
richtenvermittlung, Aenne Weitzenkorn, Aachen an Dr. Kurt Simon, Nairobi/Kenia,
06.05.1942, Bezirksregierung Düsseldorf, Dezernat 15, Akte Aenne Weitzenkorn,
geborene Leib, geb. 24.03.1891.

50 Siehe auch: http://statistik-des-holocaust.de/list_ger_rhl_420615a.html (23.08.
2017). | Quellen zur Deportation aus dem Rheinland nach Izbica/Lublin am 15.
Juni 1942 siehe: Anselm Faust: Die Kristallnacht im Rheinland. Dokumente zum
Judenpogrom im November 1938. Düsseldorf 198., S. 201-209.

51 Tabelle Nr. 33: Verzeichnis der in Aachen lebenden Juden, Anfang August 1935.
In: Lepper: Synagogengemeinde zu Aachen. Bd. 2. S. 1584.

52 Siehe auch: Müller: Gießen. S. 694.

53 Monica Leib wusste in ihren Zeitzeugengesprächen von einer dritten Ausgrenzung
und Diskriminierung zu berichten: Für die Brasilianer seien sie Feinde, für die in
Brasilien lebenden Deutsche Juden und für die jüdischen Bürger in Brasilien Deutsche gewesen, weil die aus Deutschland stammenden Juden in Brasilien ihre Kultur
und Sprache pflegten.

54 Siehe auch: Marie-Theres Innecken: Karlspreis. | »Vater« bekam Großes Bundes-
verdienstkreuz. In: Aachener Volkszeitung vom 23.04.1981. | Alfred Stoffels: Seine
Leidenschaft heißt Europa. In: ebd. vom 23.04.1981. | Erich Behrendt: »Den Na
men Aachens in alle Welt getragen«. Dr. Pfeiffer, Stifter des Karlspreises, ist tot. In:
ebd. vom 31.01.1987.

55 Vgl.   https://www.familysearch.org/ark:/61903/3:1:S3HT-6159-CKS?i=438&cc=
1932363 (19.09.2017). | Vgl. https://www.familysearch.org/ark:/61903/3:1:
939X-4C1M?=1978&cc=1932363 (19.09.2017). | Zweite Verordnung zur Durch-
führung des Gesetzes über die Abänderung von Familiennamen und Vornamen
vom 17. August 1938, in: https://de.wikisource.org/wiki/Zweite_Verordnung_zur_
Durchführung_des_Gesetzes_über_die_Änderung_von_Familiennamen_und-Vornamen
(19.09.2017). | Das Standesamt Aachen löschte im Jahr 1962 den Vornamen »Sara«
auf der Geburtsurkunde von Martha, im Jahr 1947 auf der Geburtsurkunde von Gertrud und im Jahr 1950 auf der Geburtsurkunde von Anna. Walter hatte einen entspre-

chenden Eintrag in seine Geburtsurkunde nie erhalten (Vgl. Geburtsurkunde Nr. 991 vom 25. März 1891, STAA, Geburtenregister. | Vgl. Geburtsurkunde Nr. 43 vom 5. Januar 1895, ebd. | Vgl. Geburtsurkunde Nr. 1899 vom 17. Juni 1898, ebd. | Vgl. Geburtsurkunde Nr. 1184 vom 12. April 1901, ebd.).

56 Gesprächsaufzeichnung des Telefonats zwischen Monica Leib und Christian Bremen enthalten in der Email von Christian Bremen an Gaby Leib, 15.01.2018, Privatarchiv Dr. Christian Bremen.

Alex Mathes

geboren am 10. Mai 1911

Eine Biografie von Janine Gielis[1]

In ihren Lebenserinnerungen beschreibt Rita Pohl, geborene Brockhausen, wie sie als junges Mädchen den 10. November 1938 erlebt hat: Am frühen Morgen wird sie von ihren Eltern zur Bäckerei Mathes geschickt. Dort angekommen, macht sie eine Erfahrung, die sie mit ihren jungen Jahren zunächst nicht zu deuten weiß. Anders als sonst um diese Zeit ist es im Laden dunkel. Normalerweise ist die Frau des Bäckermeisters für jeden ihrer Kunden sofort zur Stelle, doch dieses Mal ist sie nirgends zu sehen. Der Ladentisch in der Bäckerei ist komplett zerstört. Als Frau Mathes doch auftaucht und Rita entdeckt, ruft sie ihr entgegen: »Kind lauf, so schnell du laufen kannst, nach Hause, wir haben heute kein Brot. Lauf schnell!«[2] Rita Pohl erinnert sich an die verweinten Augen der sonst immer gut gelaunten Bäckersfrau. Erst später wird sie erfahren, welche entsetzlichen Dinge in dieser Nacht dort und anderswo geschehen sind.[3]

Die Bäckerfamilie Mathes

Am 30. August 1881 wird Josef Mathes in Brand bei Aachen geboren. Vierzehn Jahre später gründen Josefs Eltern, Eva Mathes, geborene Kaufmann, und Israel Mathes, ihre Bäckerei in Aachen-Brand. Diese wird zum zentralen Lebensmittelpunkt der kleinen Familie. Josef wird praktisch zum Bäcker erzogen und tritt in die Fußstapfen seines Vaters. Am 20. Juni 1910 heiratet er Tina Daniel in Drove, die dort am 13. Juli 1882 zur Welt kam. Tina stammt aus einer großen Familie mit sieben Geschwistern. Ihr Vater, Alexander Daniel, ist Handelsmann. Tinas Mutter, Eva Daniel, geborene Kaufmann, ist Hausfrau.[4] Nach der Hochzeit von Josef und Tina wird am 10. Mai 1911 das erste Kind geboren: ihr Sohn Alexander. Sein Name zeigt die enge Bindung der Familie, trägt er doch den Namen seines Großvaters mütterlicherseits. Am 8. März 1913 folgt Tochter Else. Das dritte und letzte Kind, Erich, wird erst dreizehn Jahre später am 11. April 1926 geboren.[5]

Die Familie Mathes: Alex, Else, Josef, Tina, Ernst und Erich
(v. l.), ca. 1938
Privatbesitz Diana Mathes

Schon als kleiner Junge weiß Alex, dass er Bäckermeister werden will, um später die Familienbäckerei übernehmen zu können. Dass der Junge, als ältestes Kind von dreien, verantwortungsbewusst und fleißig ist, zeigt sich früh; seine Lehrer in der Israelischen Volksschule danken es ihm mit besonderem Lob für sein Betragen und seine Leistungen, vor allem in den Fächern Religion, Geschichte, Erdkunde und Zeichnen.[6]

Nach Ende seiner Schulzeit im Jahr 1926 beginnt Alex wie geplant als Bäckerlehrling; am 30. Juni 1929 besteht er die Gesellenprüfung. Um Bäcker zu werden, arbeitet Alex nicht nur in der Bäckerei seiner Familie, sondern besucht auch die Kreis-Bäckerfachschule Aachen-Land. Doch wird seine Gesellenprüfung allerdings nicht als ausreichend anerkannt, um die Bäckerei zu führen. Es werden zusätzlich vier Jahre in einer Bäckerei als Geselle und die Meisterprüfung vorausgesetzt. Dennoch verfolgt Alex Mathes seinen beruflichen Weg ehrgeizig weiter. Im Jahr 1933, nach seinen Gesellenjahren, kann er sich schließlich zur Meisterprüfung anmelden. Um sie bestehen zu können, müsste Alex an einem berufsvorbereitenden Kurs teilnehmen und dort auch die Theorie des Bäckerhandwerks lernen. Doch dies verwehrt man ihm: Im Jahr 1934 erhält er einen Brief der Handwerkskammer, in dem ihm deutlich gemacht wird, dass seine Anwesenheit beim Kurs nicht erwünscht ist. Man weist ihn wegen seiner jüdischen Herkunft zurück und raubt ihm so die Möglichkeit, selbständiger Bäckermeister zu werden.[7]

Klumpweckchen und Rollkuchen

Als Israel Mathes 1928 im Alter von 72 Jahren stirbt, erbt Alex' Vater Josef die Bäckerei. Diese erfreut sich großer Beliebtheit und besitzt einen treuen Kundenstamm in Aachen-Brand. Es ist Tradition, dass die ganze Familie mit anpackt, zum Beispiel, um rund gebackene Rosinenbrote, die sogenannten Klumpweckchen, herzustellen und zu verkaufen. Auch der Rollkuchen von Mathes ist eine beliebte Spezialität bei der Kundschaft.[8] Selbst nach der Regierungsübergabe an Adolf Hitler kann die Bäckerei noch immer von ihren Einnahmen leben. Stammkunden besuchen das Geschäft weiterhin, sogar Mitglieder der NSDAP gehören zum Kundenstamm. Sowohl Josef als auch Tina wollen Deutschland nicht verlassen. Ihre beiden Familien sind schon seit Generationen in Deutschland beheimatet. Alles ändert sich jedoch in der Nacht vom 9. auf den 10. November 1938.

Wie auch der eingangs erwähnte Bericht Rita Pohls zeigt, hat ein Teil der Aachener Bevölkerung das Geschehen der ›Reichspogromnacht‹ nicht geahnt beziehungsweise wahrgenommen. Sicher hätten Ritas Eltern ihre zehn Jahre alte Tochter ansonsten nicht alleine zu einer jüdischen Bäckerei geschickt.

Am 10. November hört Alex um fünf Uhr morgens unter seinem Schlafzimmerfenster laute Geräusche in der Familienbäckerei. Er rennt nach unten, um zu sehen, was los ist. Als er die Tür öffnet, wird er gepackt und misshandelt. Schränke, Arbeitsplatte, Fenster – das gesamte Inventar wird vor seinen Augen zerstört. Mehr als ein halbes Jahrhundert Arbeit und Familientradition ist in zehn Minuten vernichtet.[9] Die zwei Männer der Familie werden mit einem Sammeltransport in das Konzentrationslager Buchenwald deportiert. Die Bahnstrecke zwischen Aachen und Buchenwald ist mehr als 450 Kilometer lang. 36 Tage lang werden Josef und Alex im Konzentrationslager festgehalten. Am 15. Dezember 1938 erhalten sie einen Entlassungsschein, ein unscheinbares Dokument von großer Bedeutung.[10] Die Entlassung kommt nur zustande, weil die Familie sich verpflichtet, aus Deutschland zu emigrieren. Eine geplante Schiffsreise nach Shanghai wird von der Gestapo als Beleg angenommen. Doch die Passagierplätze auf dem Schiff sind mehrfach vergeben worden, sodass Familie Mathes die Fahrt nicht antreten kann. Damit sind die Ausreisepläne geplatzt.

Der Entlassungsschein
Privatbesitz Diana Mathes

Neue Fluchtwege

Aus Angst vor den Konsequenzen verfolgen Alex und seine Schwester Else sowie Elses Ehemann, Ernst Elkan, nun einen neuen Plan: Sie wollen zunächst ins nahegelegene belgische Raeren fliehen. Ein Bekannter aus Brand stellt für sie die Verbindung mit einem Fluchthelfer aus Eupen her. Für 500 Reichsmark pro Person – zu dieser Zeit viel Geld – will dieser die drei unterstützen. Ernst wird damit betraut, die Fluchtroute zu testen; er muss selbständig von Brand nach Raeren fahren. Danach wird er vom Fluchthelfer nach Brüssel geleitet. Am 20. März 1939 kommt Ernst in Brüssel an und schickt seiner Frau und seinem Schwager ein Telegramm mit den Worten: »Kindchen angekommen, Mutter wohlauf!«[11] Für Alex und Else ist es das Startzeichen, sich ebenfalls auf den Weg nach Brüssel zu machen. Am späten Nachmittag des 21. März 1939 fahren sie mit dem Zug nach Raeren.

Die Geschwister haben sich im Voraus Gedanken gemacht, wie sie so wenig wie möglich auffallen. Also nehmen sie im Zug nach Belgien getrennt voneinander Platz, Alex kleidet sich wie viele Nationalsozialisten auch: Er trägt eine »Breecheshose aus Loden«[12], Lederstiefel und eine lederne Motorradjacke. Im Besitz dieser Kleidungsstücke ist er, weil er vor seiner Flucht für die Familienbäckerei mit seinem Motorrad das Brot an die Brander Stammkunden lieferte.[13] Während der Zugfahrt liest er den ›Westdeutschen Beobachter‹, eine nationalsozialistische Tageszeitung. Zunächst läuft alles gut. Else und Alex erreichen die Stadt. Ohne Probleme passiert Alex die Sperre im Bahnhofsgebäude, auf dem Vorplatz wartet er auf seine Schwester. Doch nach einiger Zeit ist Else immer noch nicht bei ihm angekommen. Als Alex zurückläuft, sieht er, dass sie mit dem Bahnpersonal diskutiert. Er schaltet sich in das Gespräch ein, um seiner Schwester beizustehen, wird aber von dem belgischen Beamten angeschrien: »Bist du auch Jude?«[14] Als Alex sich zu erkennen gibt, ruft der belgische Beamte: »Macht, dass ihr wegkommt!«[15]

Der belgische Beamte hätte Alex und Else zurück nach Deutschland schicken können – aus einem unbekannten Grund tut er es aber nicht. Durch das Ereignis stark aufgewühlt, gehen Alex und Else anstatt nach rechts, in Richtung Gaststätte Eifeler Hof, der als Treffpunkt vereinbart worden war, nach links. In der Aufregung erkennen die beiden das Wirtshaus nicht, obwohl es vom damaligen Bahnhof in Raeren aus eigentlich direkt zu sehen ist. Passanten weisen ihnen schließlich den richtigen Weg. Als sie die Gaststube betreten, ist dort bereits eine Gruppe österreichischer Juden. Zusammen mit diesen verlassen Alex und Else unter den Anweisungen der belgischen Schlepper um Mitternacht den Ort. Sie laufen durch den südlichen Wald, teilweise noch durch Morast und Schnee. Da Alex mit Lederstiefeln ausgerüstet ist, hat er weniger Probleme als andere Flüchtlinge.

Den ganzen Weg über haben sowohl die Flüchtlinge als auch die Schlepper große Angst, von der belgischen Gendarmerie entdeckt zu werden. Denn die Flüchtlinge würden wohl nicht nur zurückgeschickt, sondern müssten mit massiven Strafen rechnen. Gleiches gilt für die Schlepper. Nach einem langen, angsterfüllten Marsch durch die kalte Nacht erreicht die Gruppe endlich ein Bauernhaus, in dem sich alle zunächst ausruhen können. Dann bringt man sie in einem Lastwagen mit geschlossener Plane zum Lütticher Bahnhof, womit zumindest das größte Risiko überwunden ist – hier sind keine Kontrollen zu befürchten. Alex und Else fahren weiter nach Brüssel; dort sehen sie Ernst wieder.

In der belgischen Hauptstadt gibt es zu dieser Zeit viele Flüchtlinge. Im Jahr 1939 ist Belgien noch nicht von den Nationalsozialisten besetzt. Alex, Else und auch Ernst finden sofort Arbeit; Personen, die einen Handwerkerberuf ausüben können, sind sehr gefragt. Alex arbeitet wieder als Bäcker, Else und Ernst finden im Schneiderhandwerk Anstellungen. Sie können sich eine kleine Wohnung leisten. Doch die Anwesenheit der illegalen Einwanderer wird von der belgischen Bevölkerung nicht durchgängig positiv aufgenommen, es gibt Proteste und Unruhen. Viele Belgier befürchten, ›ihre‹ Arbeitsplätze an deutsche Flüchtlinge zu verlieren. Also geht man dazu über, jeden gefassten Flüchtling wieder zurückzuschicken.

Aus Angst davor melden Alex, Else und Ernst sich in einem Internierungslager an. Dort gemeldet, können sie von den belgischen Behörden nicht nach Deutschland ausgewiesen werden. Else und Ernst kommen in ein Lager in der Nähe der französischen Grenze, speziell für Ehepaare eingerichtet, Alex in ein Lager für Alleinstehende im Großraum von Antwerpen. Es ist das erste Mal seit 28 Jahren, dass Alex und seine Schwester getrennt sind. Er wird sie und seinen Schwager nicht mehr wiedersehen.

Deportation in das Camp de Gurs

Im Lager werden Alex und die anderen Emigranten auf ein Leben im Ausland vorbereitet. Dazu müssen sie einen praktischen Beruf ausüben können. Für Alex ist das als Bäcker kein Problem, viele Büroarbeiter und Akademiker stehen jedoch vor einer großen Herausforderung. Am 10. Mai 1940 marschieren die deutschen Truppen in Belgien ein. Das Lager, in dem Alex inhaftiert ist, wird nach einiger Zeit aufgelöst. Alle Insassen erhalten Entlassungspapiere. Mit anderen Juden zusammen wird Alex in einem Güterzug mit Viehwaggons überstellt. Die Fahrt ins Unbekannte dauert mehr als vier Tage – die Menschen in den Waggons verlieren dabei jegliches Zeitgefühl.[16] Unterwegs wird der Zug von Flugzeugen beschossen, es gibt keine Verpflegung und Wasser ist sehr knapp. Erst in der Nähe von Orléans hält der Zug an, die Türen werden durch die Franzosen geöffnet, diese reichen notdürftig Verpflegung und Getränke in die Waggons. Bei unvorstellbarer Hitze geht die Fahrt weiter nach Südfrankreich, an die Mittelmeerküste nach St. Cyprien bei Perpignan.

Dort befindet sich ein großes Internierungslager, das Camp de Gurs. Vorher wurden hier spanische Flüchtlinge untergebracht. Das Internierungslager ist berüchtigt, die dortigen unmenschlichen Umstände fordern jeden Tag viele Todesopfer. Das Lager liegt in einer Talsenke mit Lehmboden, es gibt nicht einen Baum, der Schatten spenden könnte. Die heiße Luft steht und der Boden hat bereits eine harte Kruste gebildet. In den Baracken stinkt es nach Urin, die Matratzen sind klamm und schimmelig. Fliegen und Mücken überall, ein ständiges Summen. Im Sommer 1940 bricht eine Epidemie aus. Die Zahl der Kranken nimmt täglich zu. Zunächst setzt bei den Betroffenen hohes Fieber ein, begleitet von Durchfall und starken Schmerzen. Viele haben Brechreiz, ausgetrocknete Schleimhäute, starken Durst, werden bewusstlos.[17] Alex hat Glück, dass sein Vetter Alex Roer ihm hilft, der schon vor dem Krieg in die Dominikanische Republik emigriert ist und dort in der jüdischen Siedlung Sosúa lebt. Er kann Alex Mathes ein Visum für die Dominikanische Republik besorgen. Da dieser nun ein offizielles Ausreiseziel hat, wird er in das Transitlager Camp des Milles in der Nähe von Marseille überstellt. Die Situation dort ist weniger unmenschlich als im Camp de Gurs. Alex arbeitet hier als Koch und hat damit wieder eine realistische Chance zu überleben.[18]

Die Hoffnung auf einen sicheren Weg

Im Januar 1942 beginnt für Alex seine lange Reise in die Dominikanische Republik. Er verlässt die Hafenstadt Marseille und erreicht Nordafrika. Weiter fährt er mit der Eisenbahn von Oran in Algerien nach Casablanca in Marokko. Dort ankert das portugiesische Passagierschiff Nyassa, das ihn nach Amerika übersetzen soll.[19] Alex gehört zu der letzten Flüchtlingsgruppe, der die Flucht Richtung Amerika gelingt. Kurz darauf besetzen die Nationalsozialisten ganz Frankreich. Fast alle deutschen Juden, die sich noch in Frankreich aufhalten, werden in Vernichtungslager deportiert. 900 Flüchtlinge sind auf dem Schiff, 24 davon haben ein Visum für die Dominikanische Republik. Die Reise nach Amerika dauert sieben Wochen. Unterwegs legt das Schiff an vielen Stellen an, auch an mehreren amerikanischen Häfen. Doch die Behörden lassen nicht zu, dass die Emigranten an Land gehen, da keiner das entsprechende Visum für die USA hat. Nach einer langen Fahrt erreicht das Schiff endlich die Dominikanische Republik.

Alex muss noch eine kurze Strecke entlang der Küste bis zur jüdische Siedlung Sosúa zurücklegen. Die Siedlung ist im Jahre 1940 durch die Regierung der Dominikanischen Republik errichtet worden, um jüdische Flüchtlinge aus Europa aufzunehmen. Hier wird hauptsächlich Landwirtschaft betrieben. Auch Alex arbeitet erst auf dem Land. Als jedoch ein Koch für die Siedlung gesucht wird, meldet er sich sofort. In der Gemeindeküche hat er nicht nur die Möglichkeit zu kochen, sondern auch zu backen.[20] Seine berufliche Tätigkeit bleibt auf dem langen Weg eine wichtige Konstante.

Alex (vorne l.) in der Bäckerei der Siedlung Sosúa, ca. 1942
Privatbesitz Diana Mathes

Nach dem Krieg

Am 8. Mai 1945 endet der Krieg in Europa. Alex wohnt noch immer in der Dominikanischen Republik. In den BBC-Nachrichten hört er, was derweil in Europa passiert. Die Freude über das Kriegsende wird getrübt von der Ungewissheit über das Schicksal seiner Familie. Alex kann noch nicht wissen, dass seine ganze Familie in den Osten transportiert und dort ermordet worden ist. Erst nach und nach erfahren alle in der Siedlung von den Verbrechen in den Konzentrations- und Vernichtungslagern. Bei Alex kommen Fragen und Gedanken auf, die ihn bis zum Ende seines Lebens verfolgen werden: »Was hatten wir getan? Waren wir keine guten Deutschen gewesen? Wofür wurden wir so rechtlos, wie Vieh vertrieben, ja noch schlimmer: gedemütigt und geschunden, entblößt, erschlagen und erschossen, vergast und wie Abfall behandelt! Nur weil wir Juden waren! Was hatten wir deutsche Juden den Deutschen getan? Wo blieb die gerechte Strafe für die Täter, die kleinen wie die großen?«[21]

Alex will, wie viele andere Bewohner von Sosúa, nicht in der Dominikanischen Republik bleiben. Der Staat hat mit wirtschaftlichen Schwierigkeiten zu kämpfen. Alex' neues Ziel sind deshalb die Vereinigten Staaten. Einreisebedingung ist, dass ein amerikanischer Bürger für den

285

Lebensunterhalt des Einwanderers aufkommt. Alex erinnert sich an seinen alten Klassenkameraden Josef Plum. Dieser ist Ende der 20er-Jahre mit seinen Eltern von Aachen in die Vereinigten Staaten emigriert. Zuvor hatte Alex seine neue Adresse erhalten, mit der Bemerkung, er könne ihn immer um Hilfe bitten. Und genau das macht Alex jetzt: Er bittet Josef um Hilfe, und dieser hält sein Versprechen, und Alex bekommt ein Visum.[22] Im November 1946 fliegt er von der Dominikanischen Republik bis nach Miami, von dort fährt er mit dem Zug bis New York, macht sich auf den Weg nach New Jersey und schließlich nach Philadelphia.[23]

Wieder muss Alex, dessen Leben von Flucht und Vertreibung geprägt ist, von vorne beginnen. Die Länder, in denen er sich aufhält, wechseln, sein Handwerk bleibt. Er lernt Englisch und findet in Philadelphia Arbeit als Bäcker und Konditor. Obwohl er nun in den USA wohnt, möchte er eine deutsche Frau heiraten. Durch einen gemeinsamen Freund wird ihm Hilda Stiefel vorgestellt. Hilda ist eine deutsche Jüdin, die aus Kassel stammt. Die beiden verstehen sich gut und lernen sich immer besser kennen. Im Sommer 1948 heiraten sie; aus der Ehe gehen zwei Töchter hervor. Die Kinder werden gänzlich auf Englisch erzogen. Deutsch sprechen die Eltern nur, wenn sie nicht wollen, dass ihre Kinder das jeweilige Gespräch verstehen.[24] Lange Zeit will Alex nichts mit Deutschland oder mit Deutschen zu tun haben:[25] »In mir wuchs der Hass auf Deutschland, das mir alles genommen hatte: Die Familie, Freunde und Bekannte, die Heimat, das Haus, die Existenz, alles wofür wir bisher gelebt und gearbeitet hatten.«[26]

Und doch kehrt Alex im hohen Alter noch einmal zurück in das Land, das sein Leben beinahe zerstört und ihn zu einer unbeschreiblichen Flucht quer durch die Welt gezwungen hat – zurück aber auch in das Land seiner Wurzeln, der Kindheitserinnerungen und der Vorfahren, zurück zu seinem Aachener Dialekt. Eine Initiative des Bürgervereins Aachen-Brand ermöglicht Alex 1988 den Besuch des Heimatortes zusammen mit seiner Familie. Die Brander Gemeinde empfängt ihn mit offenen Armen.[27] Eine positive, vielleicht sogar versöhnliche Erinnerung, die Alex bis zu seinem Tod im Jahr 2006, im Alter von 95 Jahren, nicht vergessen wird.[28]

1 Ich danke Herrn Bruno Kreus und Frau Diana Mathes. Die Arbeit wäre ohne ihre Unterstützung auf diese Weise nicht entstanden. Soweit nicht andere Literaturhinweise angegeben sind, beziehe ich mich auf Hans-Dieter Arntz: Judenverfolgung und Fluchthilfe im deutsch-belgischen Grenzgebiet. Euskirchen 1990. S. 493–498 [künftig zitiert: Arntz: Judenverfolgung].

2 Rita Pohl: Erinnerung aus der Kindheit. Aachen 1993. O. S., Privatbesitz Bruno Kreus.

3 Vgl. ebd.

4 Vgl. Heiratsurkunde, Bezirksregierung Düsseldorf, Dezernat 15, Archiv, ZK 612 432.

5 Vgl. Eintrag Josef Mathes im ›Familienbuch Euregio‹. http://www.familienbuch-euregio.de (02.12.2017).

6 Vgl. Entlassungszeugnis der Israelischen Volksschule, Aachen 1925, Privatbesitz Bruno Kreus.

7 Vgl. Eidesstattliche Erklärung, LAV NRW R, BR 3000 1135.

8 Vgl. Rita Pohl: Erinnerung aus der Kindheit. Aachen 1993, o. S., Privatbesitz Bruno Kreus.

9 Vgl. Marc Fisher: A Bridge of Memories to a Holocaust Home; Alex Mathes said he would never go back. Then his old town opened its arms, in: The Washington Post. Washington, D.C., 29.08.1992 [künftig zitiert: Fisher: Bridge of Memories].

10 Vgl. Entlassungsschein aus dem Konzentrationslager Buchenwald für Alex Mathes. Privatbesitz Bruno Kreus.

11 Arntz: Judenverfolgung. S. 494.

12 Ebd.

13 Vgl. Fisher: Bridge of Memories.

14 Arntz: Judenverfolgung. S. 495.

15 Ebd.

16 Vgl. Verfolgungsvorgang. Eidesstattliche Versicherung, LAV NRW R, BR 3000 1135.

17 Vgl. Hanna Schramm: Menschen in Gurs. Erinnerungen an ein französisches Internierungslager (1940 – 1941). In: Deutsches Exil 1933 – 45.Hrsg. v. Georg Heintz. Bd. 13, Worms 1977, S. 40–49.

18 Vgl. Certificat Camp des Milles, LAV NRW R, BR 3000 1135.

19 Vgl. Verfolgungsvorgang. Eidesstattliche Versicherung, ebd.

20 Vgl. Bürgerverein Brand e.V. (Hg.) Kriegsende 1945. Zwischen Hoffnung und Verzweiflung. Brand. Heimatkundliche Blätter, Bd. 6. Aachen 1995. S. 162f. [künftig zitiert: Bürgerverein: Kriegsende].

21 Ebd. S. 164f.

22 Vgl..ebd. S. 166–167.

23 Vgl. Verfolgungsvorgang. Eidesstattliche Versicherung, LAV NRW R, BR 3000 1135.

24 Vgl. Korrespondenz von Frau Janine Gielis mit Frau Diana Mathes, 05.06.2018.

25 Vgl. Fisher: Bridge of Memories.

26 Bürgerverein: Kriegsende. S. 163.

27 Vgl. Fisher: Bridge of Memories.

28 Vgl. Eintrag Alexander Mathes im ›Familienbuch Euregio‹. http://www.familien-buch-euregio.de (08.11.2017).

Emanuel Max Altberger

geboren am 18. Dezember 1902

Eine Biografie von Stephanie Zirmer[1]

»So leben wir, im Ghetto hausend,
Ein Schicksal hält uns alle fest,
Wir Juden hier, wir vierzigtausend,
Sind von Millionen noch der Rest,
Wir haben Kummer, Leid und Sorgen,
Und viele Schmerzen hab'n wir noch.
Wir leben hier von heut auf morgen,
Und doch, wir leben schließlich noch.
Man konnte uns hier alles rauben,
Hat uns gepeinigt, schikaniert,
Doch eins behielten wir, den GLAUBEN,
Daß es noch einmal anders wird.

O merk dir Bruder, Kamerad,
Das Liedchen von Theresienstadt.«[2]

Als Gefangener des gleichnamigen Konzentrationslagers schreibt Walter Lindenbaum (1907–1945) das Lied von Theresienstadt. Auch Emanuel Max Altberger kannte dieses Lied, das den Inhaftierten Hoffnung und Durchhaltevermögen spenden sollte. Wie viele andere Juden wird Max nach Theresienstadt deportiert; den Glauben, der in der fünften Strophe des Lieds besungen wird, behält er auch während der Lagerhaft. Und tatsächlich wird es für ihn noch einmal anders: Er und seine spätere Frau Edith, die er erst im Konzentrationslager kennenlernt, erleben die Befreiung und können sich nach Kriegsende ein neues gemeinsames Leben in Amerika aufbauen.[3]

»Eschweiler gib acht!«

Max' Ausbildung beginnt in der jüdischen Schule in Eschweiler. Wie vielerorts üblich verbringen die katholischen und jüdischen Jugendlichen ihre Freizeit gemeinsam. Max ist nicht nur ein guter Schüler, sondern auch ein guter Tänzer: Mit seiner drei Jahre jüngeren Schwester Paula teilt er die Leidenschaft für den Standardtanz, aufgrund ihres Ehrgeizes und ihres Talents werden sie bei Wettbewerben mit wichtigen Preisen ausgezeichnet.[4]

Turniertänzer Max zieht nach Köln, um eine Lehre als Schlosser zu beginnen. Ab dem 2. August 1916 arbeitet er als Lehrling bei der Firma Werkzeugmaschinenfabrik Wilhelm Quester in der Kölner Berrenrather Straße 282. Zu dieser Zeit wohnt er in einem jüdischen Lehrlingsheim. Bevor Max seine spätere Frau Edith kennenlernt, trifft er Matilde und verliebt sich in sie. Doch die junge Liebe kann nicht halten, Gesetz und Norm stehen zwischen ihnen: Max ist minderjährig, Matilde ist Katholikin. Vor ihrer Trennung bekommt das Paar im Jahr 1919 einen gemeinsamen Sohn, den Matilde zu Ehren des Vaters Maxi nennt. Die junge Mutter zieht das Kind alleine auf, der selbst erst 17-jährige Vater Max unterstützt die beiden finanziell, bis Matilde schließlich einen anderen Mann heiratet. Obwohl sein Vater Jude ist, wird Maxi später im Zweiten Weltkrieg an den Kämpfen in Russland beteiligt sein: »[Maxi] wurde als deutscher Soldat an die russische Front geschickt und kehrte heil und gesund nach Hause zurück«[5], berichtet Max' Schwester Hannah Gunz in ihren Lebenserinnerungen.[6]

Mittlerweile volljährig, besteht Max 1921 vor der Handwerkskammer in Köln seine Gesellenprüfung. Er wird in der Firma als Maschinenschlosser fest eingestellt und arbeitet dort bis zum 6. März 1922. In den folgenden zwei Jahren ist er in verschiedenen Maschinenfabriken tätig, mit 22 Jahren tritt er auf Wunsch seines Vaters Ludwig in das Herrenbekleidungsgeschäft der Familie ein; schnell wird er in Geschäftsangelegenheiten zu dessen rechter Hand. Dank seiner hervorragenden grafischen Fähigkeiten ist Max auch damit betraut, die Werbungen für das Geschäft zu gestalten. Er wohnt bis 1927 in Eschweiler am Markt und zuletzt auf der Moltkestraße, auf der sich zu dieser Zeit auch die Eschweiler Synagoge befindet. Als Max 25 und sein Bruder Arnold 21 Jahre alt sind, eröffnen sie am 12. Oktober 1928 gemeinsam ihr erstes eigenes Herrenkonfektionsgeschäft: Max Altberger & Co. Der Familienvater Ludwig hatte Max und Arnold beigebracht, was es heißt, ein Einzelhandelsgeschäft zu leiten. Schon in ihrer Jugend waren beide in das Familiengeschäft eingeführt worden und mussten früh Verantwortung übernehmen. Max ist drei Jahre lang erfolgreicher Inhaber des neuen Geschäfts in der Marienstraße. Wie damals für seinen Vater, gestaltet er auch nun alle Werbeanzeigen.[7] Max' kaufmännischer Optimismus reißt ihn dabei gerne zu Superlativen hin:

Selbstgestaltete Zeitungsannonce von Max
Friedhelm Ebbecke-Bückendorf: Nachrichten von den Eschweiler Juden (unveröffentlichtes Manuskript), Kap. Altberger, o. S.

Selbst nach der 1929 beginnenden Weltwirtschaftskrise betreibt Max das Geschäft noch zwei Jahre. Schließlich wird er durch den Boykott der jüdischen Geschäfte ab 1933 dazu gezwungen, wieder seiner Tätigkeit als Maschinenschlosser nachzugehen. Die Diskriminierung und Ausgrenzung von Juden aus der Gesellschaft muss Max nicht nur am eigenen Leib erfahren, sondern auch bei Familie, Freunden und Bekannten miterleben.[8] Er wohnt nun als Junggeselle zur Untermiete in Köln. Beschäftigt ist er als Werkzeugmacher bei der Firma Ludwig Wolkowitz, einer Zelte- und Deckenfabrik, wird aber unter der Regierung Hitlers auch hier wieder entlassen. Ab September 1935 wird Max vom hochqualifizierten Facharbeiter zum Arbeitslosen. Man beraubt ihn nicht nur seiner existenziellen Grundlage, sondern auch seiner eigenen Sicherheit: Parteimitglieder der NSDAP bedrohen ihn mit »Zwangsmaßnahmen übelster Art«[9]. In Köln wird ihm im September 1935 von der Geheimen Staatspolizei eröffnet, dass er verhaftet wird, wenn er Deutschland nicht innerhalb von drei Tagen verlässt. Aus Furcht um sein Leben begibt er sich im Alter von 32 Jahren auf die Flucht zurück in sein Geburtsland: die Tschechoslowakei. Er geht dorthin zurück, wo alles begann – damals in Freiheit, jetzt ist alles anders.[10]

Heimat

Max' Wurzeln liegen im damaligen Österreich-Ungarn. Ungefähr im Jahr 1900 heiratet Schuster und Textilkaufmann Ludwig Altberger (geboren 1876, Beregovo/Beregszas, Österreich-Ungarn) dort Regina Eliasova (geboren 1877 in Bilky, Österreich-Ungarn) in ihrem damaligen Wohnort. Als Ludwig 25 Jahre alt und seine Frau Regina 24 Jahre alt sind, bekommen sie ihr erstes Kind: Emanuel Max, geboren am 18. Dezember 1902 in Beregovo/Beregszasz. Seine Eltern schenken ihm acht Geschwister: Paula (geboren 1905 in Beregovo), Arnold (geboren 1907 in Bilky), Sidonie (geboren 1909 in Bilky), Rosa (geboren 1911 in Frankfurt am Main), Samuel (geboren 1912 in Frankfurt am Main), Hermann (geboren 1912 in Dudelange), Johanna (geboren 1918 in Eschweiler) und Karl (geboren 1919 in Köln-Lindenthal).

1910 ist Max acht Jahre alt, als die Familie aus dem damaligen Österreich-Ungarn nach Deutschland kommt. Dem erfolgreichen Kaufmann und Sozialisten Ludwig bleibt aus wirtschaftlichen Gründen nichts anderes als die Ausreise übrig. Die Familie lässt sich in Frankfurt am

Main nieder und zieht später nach Dudelange in Luxemburg. Am 24. November 1913 kommt die Familie schließlich nach Eschweiler – Am Markt 21. Der Grund für beide Umzüge ist unbekannt.[11]

Da im Elternhaus immer nur Deutsch gesprochen wurde, ist den Kindern keine andere Sprache geläufig. Familie Altberger ist anpassungsfähig und findet in der neuen Umgebung schnell Anschluss. Der Vater eröffnet im Zentrum ein Herrenbekleidungsgeschäft, das später zu einem der führenden und bedeutenden der gesamten Stadt wird; später folgen zwei weitere Filialen. Durch das gutgehende Geschäft erfährt die Familie Anerkennung in ihrer neuen Heimatstadt Eschweiler. Viele der Altberger-Kinder sind im örtlichen Vereinsleben engagiert, verbringen ihre Freizeit mit Freunden in Sport- und Tanzvereinen. Max wird einmal über sich selbst sagen: »Ich habe nur deutsche Schulen besucht und habe meine berufliche Ausbildung in Deutschland genossen, Deutschland war für mich selbstverständlich meine Heimat.«[12]

Familie Altberger nimmt nicht nur am kleinstädtischen Gesellschaftsleben, sondern auch am Leben in der Synagogengemeinde teil. 1926 kommt dem Vater der Familie eine wichtige Funktion in der jüdischen Gemeinde zu: Er wird zum Ersatz-Repräsentanten (Stellvertreter für die Repräsentanten der Synagogengemeinde) gewählt. Nachdem seine Frau Regina Altberger in Folge einer Krebserkrankung am 30. September 1927 stirbt, verlässt Ludwig Anfang 1928 den gemeinsamen Wohnort Eschweiler und geht zurück nach Beregovo in die Tschechoslowakei. Dort ist er auf der Suche nach einer neuen Existenz – erfolglos: Ludwig findet in seiner alten Heimat keinen Anschluss, weder sein Elternhaus noch vertraute Gesichter entdeckt er wieder. Wenige Monate später folgen ihm seine Kinder, kehren jedoch nach einiger Zeit wieder nach Eschweiler und Köln zurück.

Max und Arnold sind bereits nach vier Monaten in Prag wieder in Deutschland. Nach dem Tod der Mutter wachsen die beiden jüngsten Kinder, Johanna und Karl, in einem Waisenhaus auf. Sie werden regelmäßig von ihren Geschwistern besucht. Der Familienvater Ludwig

Altberger stirbt 1929 in Brünn, allerdings nicht, wie in seiner Ster-
beurkunde später angegeben, an einem Herzinfarkt – der 52-jährige
begeht Suizid. Nach dem Tod des Vaters verlaufen die Lebenswege der
Geschwister Altberger sehr unterschiedlich. Doch eins haben all ihre
Schicksale gemeinsam: Auf die eine oder andere Art und Weise zwingt
die Judenfeindlichkeit sie, ihre geliebte Heimat und das vertraute Leben in Deutschland aufzugeben.

Neun Geschwister – neun Schicksale

Max Bruder Samuel, auch Sanny oder Samy genannt, ist leidenschaft-
licher Sportler. Als Mitglied im Eschweiler Turnverein spielt er mit
großer Begeisterung Fußball. Nach der Machtübergabe an Adolf Hitler
emigriert er mit Schwester Sidonie in die Niederlande, von dort wandert er gemeinsam mit seinem Bruder Karl nach Palästina aus. Samuel
ist bereits in Sicherheit, entschließt sich aber als Widerstandskämpfer
gegen das Naziregime einer tschechischen Freiwilligengruppe beizutre-
ten. Sein Wille, für das Gute zu kämpfen, wird ihm zum Verhängnis,
als er in Südfrankreich verhaftet und 1942 nach Auschwitz deportiert
wird. Allerdings gehört er zu den wenigen, die das Vernichtungslager
überleben. Eine zufällige Begegnung rettet ihn: Im Lager trifft Samuel
auf Eschweiler Bergleute, die ihn und seine Familie kennen. Sie erinnern den inzwischen völlig unterernährten Samuel noch als sportlichen,
gut gebauten Turner aus Eschweiler, halten ihn in Auschwitz mit Essen und Kleidung am Leben. Nach zweieinhalb Jahren bringt einer der
sogenannten Todesmärsche Samuel in das Lager Theresienstadt. Auch
Bruder Max ist dort inhaftiert. Mit seiner Hilfe und der seiner späteren
Frau Edith, überlebt er auch hier. Nach Kriegsende wandert Samuel in
die USA aus, wo er sich eine neue Existenz aufbaut, heiratet und als
Fahrer in einem Lebensmittelunternehmen arbeitet. Er stirbt 1989 in
Dallas, Texas.[13]

Bevor Sidonie Altberger, spätere Björk, mit ihrem Bruder Samuel in die
Niederlande emigriert, ist sie eine engagierte Haushaltshilfe. Zunächst
bei einem Rabbiner, danach bei einer anderen Familie. 1943 wird Si-

donie verhaftet und ins Konzentrationslager Ravensbrück deportiert. Sie überlebt das Konzentrationslager, wird 1945 befreit. In Göteborg in Schweden lernt sie Erik kennen. Das Glück der beiden wird getrübt durch einen Schicksalsschlag: Bei Sidonie diagnostiziert man eine Zuckerkrankheit. In der Folge wird sie blind und ihre Beine müssen amputiert werden. Doch ihr Ehemann und ihre Schwester Paula halten zu ihr, kümmern sich so gut, es geht, um die Kranke. 1980 stirbt sie umgeben von ihren Lieben in Göteborg.

Die hauptberufliche Köchin Paula Altberger, spätere Goldstein, nimmt nach dem Tod von Regina die Mutterrolle für ihre jüngeren Geschwister ein. Sie arbeitet in einer jüdischen Volksküche in Köln. Als die Verfolgung von Juden immer weiter zunimmt, flüchtet Paula 1936 nach Palästina. Im Dezember 1938 reist sie weiter nach England und von dort aus in die USA. Sie ist nicht nur eine sehr begabte Köchin, sondern hat auch kaufmännisches Geschick: In einem New Yorker Modeatelier steigt sie bis zur Leiterin einer Abteilung auf. Obwohl bei ihr selbst Brustkrebs diagnostiziert wird, begibt sie sich nach Schweden, um ihre schwer erkrankte Schwester Sidonie zu pflegen. Bis zu ihrem Tod im Jahr 1978 kümmert sie sich aufopferungsvoll um ihre Geschwister.

Der gelernte Maler Karl Altberger beginnt 1937 eine Ausbildung auf einem landwirtschaftlichen Gut in Oberschlesien. Alle im Heim, die mindestens 18 Jahre alt sind, werden in der Reichspogromnacht zuerst in ein Gefängnis gebracht, dann in das Konzentrationslager Buchenwald deportiert. Karl hat Glück, wird durch eine jüdische Organisation aus dem Gefängnis befreit. Auf seinem Fahrrad flüchtet er in die Niederlande. 1939 geht Karl nach Palästina und schließt sich der zionistischen Bewegung an. Als Zionist will er mit den anderen Pionieren das Land bewohnbar machen. Hier gründet er mit seiner Jugendliebe Miriam eine Familie. Nach Miriams Tod emigriert er in die USA, um sich operieren zu lassen. Es fällt ihm schwer, die USA als neue Heimat anzunehmen, da seine Familie noch in Israel lebt. Er lernt Dasa kennen, die ihm in dieser schwierigen Zeit zur Seite steht. Sie verlieben sich ineinander und heiraten. Im Jahr 2000 lassen die beiden sich in

Denver, Colorado, nieder. Karl überlebt all seine Geschwister: Im Alter von 97 Jahren stirbt er 2016 in Denver.

Das nach Karl zweitjüngste Kind der Familie, Johanna, spätere Gunz, wird bereits mit zehn Jahren jüdische Pfadfinderin beim Bund Kadima. 1936 flüchtet Johanna aus Deutschland und findet in Israel eine neue Heimat. Sie heiratet Zvi, bekommt mit ihm drei Kinder. Später hat sie neun Enkel und einen Urenkel. Johanna stirbt in ihrer Heimat in Israel.

In ihren Lebenserinnerungen berichtet Johanna, ihre Schwester, Rosa Altberger, spätere Seiden, sei eine elegante junge Frau und eine außerordentlich gute Zeichnerin gewesen. Die junge Rosa wird Friseurin und heiratet den Kaufmann Marcus. Aus ihrer Ehe gehen zwei Kinder hervor. Nach der Machtübernahme der Nationalsozialisten flüchten sie nach Belgien. 1943 wird die gesamte Familie Rosa Seidens nach Auschwitz deportiert und ermordet.

Hermann Altberger ist wie seine Geschwister Max und Arnold Kaufmann. Er liest gerne Klassiker und gestaltet mit großer Freude Schaufenster. Auch er will mit seiner Frau Erna aus Deutschland flüchten. Sie lernen Zionisten kennen, mit denen sie nach Palästina aussiedeln wollen. Als dies krankheitsbedingt unmöglich wird, emigrieren Erna und Hermann 1938 nach Argentinien. Hier beginnt das Ehepaar mit einer Viehzucht ein neues Leben. Die Familie bekommt Zuwachs, als die Kinder Regina und Ludovico, benannt nach ihren Großeltern, geboren werden. In Argentinien lebt das Ehepaar gemeinsam bis zu Hermanns Tod 1986 in Buenos Aires.

Arnold, auch Lipót oder Leopold, teilt mit Bruder Samuel die Leidenschaft für den Fußball und ist Mittelstürmer im Verein SG Grün-Weiß in Eschweiler. Er bleibt dem Sport immer treu, wird schließlich auch Trainer. Nach der Flucht mit Bruder Max in die Tschechoslowakei landet Arnold in Ungarn. Dort wird er gezwungen, für die Armee zu arbeiten: »Er wurde von den Deutschen gefasst, gefangen genommen und gezwungen, bei der Russlandinvasion vor dem Heer herzugehen um etwaige Minen zu entdecken«[14], erzählt Hannah Gunz später in einem Interview. Die unmenschlichen und erniedrigenden Methoden der Nationalsozialisten kosten ihn das Leben. Als Zwangsarbeiter auf der Suche nach Minen kommt Arnold 1942 um. Insgesamt sieben von neun Kindern der Familie Altberger überleben die Shoah. Unter den Überlebenden ist Max.

Auf der Suche nach einem besseren Leben

Die Jahre, in denen Max als erfolgreicher Geschäftsmann eine der bekanntesten Herrenkonfektionen in Eschweiler leitete, sind mit der Judenverfolgung plötzlich vergessen. Als er nach langem Suchen keine Arbeit findet, flieht er aus Deutschland. Max sieht in seiner Heimat keine Perspektive mehr, sein Ziel ist jetzt die Tschechoslowakei. »Bei meiner Flucht aus Köln, habe ich meine gesamte Wohnungseinrichtung, Garderobe, Wäsche etc. zurückgelassen, die sofort wie ich später erfuhr, von der Gestappo [sic!] beschlagnahmt wurde«[15], schildert Max in einer Eidesstattlichen Versicherung an den Regierungspräsidenten vom 5. Dezember 1953. Am 9. November 1935 ist er in Deutschland zu Besuch und meldet sich polizeilich in Köln ab. Der ehemalige Geschäftsinhaber muss nicht nur seinen ganzen Besitz, sondern auch sein vertrautes Leben in Eschweiler zurücklassen.[16]

Aufgrund mangelnder Sprachkenntnisse und seines Status als Deutscher fällt es ihm sehr schwer, Anschluss in Brünn zu finden. Obwohl Max in Deutschland ein hochqualifizierter Facharbeiter war, ist er gezwungen, eine Anstellung als Hilfsschlosser in der Malomericer Zementfabrik anzunehmen. Eine andere Arbeit findet er nicht, drei Jahre lang muss er »unter schwersten körperlichen Bedingungen für einen Schundlohn«[17] arbeiten. Am 15. März 1939, als die Deutschen die Tschechoslowakei besetzen, wird er entlassen. Daraufhin bringen ihn die Nationalsozialisten als Zwangsarbeiter in einen Steinbruch in Brünn. Wie alle betroffenen Juden muss Max ab dem 1. September 1941 den ›Judenstern‹ tragen. Am 28. Januar 1942 wird er von der Gestapo verhaftet und nach Theresienstadt gebracht. Als er deportiert wird, ist sein Hab und Gut wesentlich geringer als noch in Eschweiler. Und selbst das Wenige muss er wieder zurücklassen.[18]

Konzentrationslager Theresienstadt

Als Max in Theresienstadt ankommt, hat er großes Glück, wie sein Neffe Ludovico Altenberger später erzählt: »Meine Tante Edith hat in einem Büro [in Theresienstadt] gearbeitet und hat Leute rekrutiert, die angekommen sind. Sie hat Onkel Max praktisch das Leben gerettet.«[19] Edith Bredova, 1907 geboren in Brünn, ist ebenfalls Insassin in Theresienstadt, muss dort als Sekretärin im Büro für Personalbeschaffung arbeiten. Neuankömmling Max rettet sie, indem sie ihn zum technischen Angestellten in der Druckerei der jüdischen Selbstverwaltung macht. Auch arbeitet Max während seines Zwangsaufenthaltes als Leiter der Werkzeugmacherei. In dem Dokument der Bestätigung seines Zwangsaufenthaltes in Theresienstadt vom 7. August 1945 wird er von der Betriebsleitung wie folgt beschrieben: »Wir haben in Ihnen einen tüchtigen Fachmann kennengelernt, welcher seine Aufgaben zur vollsten Zufriedenheit seiner Vorgesetzten ausführte und Sie haben Fleiss und Verlässlichkeit bewiesen.«[20] Max macht sich unter den fürchterlichen Umständen, wie Edith, durch die Arbeit unersetzbar, um so am Leben zu bleiben. Insgesamt verbringt er 39 Monate in Theresienstadt, vom 28. Januar 1942 bis zum 10. Mai 1945.[21]

Max verliebt sich in seine Lebensretterin. Obwohl Frauen und Männer in Theresienstadt getrennt leben, finden die beiden immer wieder Möglichkeiten, zusammen zu sein, geben sich gegenseitig Kraft. Gemeinsam mit Max Bruder Samuel werden sie schließlich von den einrückenden alliierten Truppen befreit. Max und Edith begeben sich nach der Befreiung aus dem Konzentrationslager zunächst nach Mährisch-Ostrau.[22] Sie besiegeln ihre Liebe mit dem Bund der Ehe im April 1948, noch im selben Jahr wandern sie nach Schweden aus, später nach Brasilien und schließlich in die USA.[23]

Leben in Freiheit

Am 1. Januar 1952 treffen die Eheleute als Passagiere des Schiffes Bowmonte in Ellis Island ein. Das Ehepaar erhofft sich in den USA einen Neuanfang. Max und Edith ziehen nach New York in die 243 West End Avenue. Das restliche gemeinsame Leben verbringen sie in New York. Ihre Ehe bleibt ohne Kinder.[24]

Max und Edith genießen ihr neues Leben in Freiheit (1946)
Friedhelm Ebbecke-Bückendorf: Nachrichten von den Eschweiler Juden
(unveröffentlichtes Manuskript), Kap. Altberger, o. S.

Das Leben in Amerika ist auch geprägt von den Folgen der Gefangenschaft, wie Max später angeben wird: »Ich bin (...) durch den langjährigen Aufenthalt und die fürchterlichen Entbehrungen im K.Z. Theresienstadt in meiner Gesundheit schwer geschädigt worden und bin dadurch heute in meiner beruflichen Arbeit sehr gehandicaped«[25]. Ein

Leben lang leidet er an den Folgen dieser Misshandlungen. Er stirbt am 22. Mai 1977 in Florida. Dreißig Jahre nach dem Tod ihres Ehemannes stirbt Edith Altberger am 2. Juni 2007 im Alter von 99 Jahren. Ihre Beziehung hat den beiden Kraft und Halt gegeben, die Folgen der Gefangenschaft im Konzentrationslager konnte sie jedoch nicht heilen.[26]

1   Ich möchte mich herzlich bei Friedhelm Ebbecke-Bückendorf bedanken, ohne den diese Biografie nicht entstanden wäre. In seinem noch unveröffentlichten Buch »Nachrichten von den Eschweiler Juden« wird noch mehr über die Familie zu lesen sein. Danke auch an Ludovico Altberger, durch den meine Biografie eine ganz neue Richtung bekommen hat und viel persönlicher wurde. Soweit nicht andere Quellen angegeben sind, beziehe ich mich auf das unveröffentlichte Manuskript von Friedhelm Ebekke-Bückendorf, Nachrichten von den Eschweiler Juden, Kap. Altberger, o. S.

2   Lindenbaum, Walter: Das Lied von Theresienstadt. In: Briefs, Rudolf: Vom Schicksal der Juden in Eschweiler und Weisweiler in der ersten Hälfte des zwanzigsten Jahrhunderts. Ein Beitrag zum Thema Zeitgeschichte. Eschweiler 2009. S. 33.

3   Vgl. Mail von Ludovico Altberger an Stephanie Zirmer am 16.06.2018.

4   Vgl. Schreiben von Emanuel Max Altberger an den Oberstadtdirektor, 22.07.1956, LAV NRW R, BR 3000 1115.

5   Friedhelm Ebekke-Bückendorf: Nachrichten von den Eschweiler Juden. Kap. Altberger. O. S. [künftig zitiert: Ebekke-Bückendorf: Nachrichten].

6   Vgl. Schreiben von Emanuel Max Altberger an den Oberstadtdirektor, 22.07.1956, LAV NRW R, BR 3000 1115.

7   Vgl. Schreiben von Reisinger, Justizangestellter, 24.05.1961, ebd.

8   Vgl. Schreiben vom Regierungspräsidenten an Rechtsanwalt Günther-Alexander Katz, 07.07.1960, ebd.

9   Schreiben von Rechtsanwalt Katz an das Oberlandesgericht, 17.01.1962, ebd.

10 Vgl. Eidesstattliche Versicherung von Emanuel Max Altberger, 29.11.1960, ebd.

11 Vgl. Mail von Ludovico Altberger an Stephanie Zirmer, 19.06.2018.

12 Eidesstattliche Versicherung von Emanuel Max Altberger, 29.11.1960 LAV NRW R, BR 3000 1115.

13 Vgl. Friedhelm Ebekke-Bückendorf: Wie Sanny Altberger aus Eschweiler Auschwitz überlebte. http://www.aachener-zeitung.de/lokales/eschweiler/wie-sanny-altberger-aus-eschweiler-auschwitz-ueberlebte-1.1009730 (22.06.2018).

14 Ebekke-Bückendorf: Nachrichten. O. S.

15 Schilderung des Verfolgungsvorganges in einem Schreiben von Emanuel Max Altberger an den Regierungspräsidenten, 05.12.1953, LAV NRW R, BR 3000 1115.

16 Vgl. Schreiben von Rechtsanwalt Katz an das Oberlandesgericht, 17.01.1962, ebd.

17 Schilderung des Verfolgungsvorganges in einem Schreiben von Emanuel Max Altberger an den Regierungspräsidenten, 05.12.1953, ebd.

18 Vgl. Schreiben von Heinz Dietrich Kiefer an den Regierungspräsidenten, 25.11.1965, LAV NRW R, BR 3000 1115.

19 Mail von Ludovico Altberger an Stephanie Zirmer, 16.06.2018 (übersetzt aus dem Englischen von Stephanie Zimmer).

20 Aufenthaltsbestätigung Theresienstadt, 17.07.1954, LAV NRW R, BR 3000 1115.

21 Vgl. Entschädigungsantrag an den Oberstadtdirektor, das Amt für Wiedergutmachung, 09.08.1956, LAV NRW R, BR 3000 1115.

22 Vgl. Schreiben von Reisinger, Justizangestellter, 24.05.1961, ebd.

23 Vgl. Heiratsurkunde, 24.07.1948, ebd./ Schreiben von Reisinger, Justizangestellter, 24.05.1961, ebd.

24 Vgl. https://www.libertyellisfoundation.org/passengerdetails/czoxMzoiOTAxMTk
5MjU5ODA4MiI7/czo5OiJwYXNzZW5ZXIiOw==#passengerListAnchor
(10.06.2018).

25 Schilderung des Verfolgungsvorganges in einem Schreiben von Emanuel Max Altberger an den Regierungspräsidenten, 05.12.1953, LAV NRW R, BR 3000 1115.

26 Vgl. Klage von Emanuel Max Altberger gegen das Land Nordrhein-Westfalen,
22.12.1960, ebd.

Ernst Jacobsberg

geboren am 26. Januar 1879

Eine Biografie von Andreas Lorenz[1]

Ernst Jacobsberg, einer der erfolgreichsten Tuchfabrikanten seiner
Zeit, wird am 26. Januar 1879 in Aachen geboren. Über seinen
familiären Hintergrund ist wenig bekannt. Sein Vater ist der Maß-
schneider und Tuchhändler Salomon (Sally) Jacobsberg, geboren am
1. Dezember 1840 in Mainberg. Verheiratet ist er mit Johanna Löwenstein, geboren am 25. August 1847 in Münster. Sein Geschäft
für Tuche und Herrengarderobe ist bereits 1868 in der Komphaus-
badstraße 11 belegt. Es scheint erfolgreich zu sein: Schon 1877 wird
es an den Dahmengraben 22 ins Kurviertel verlegt. Die Familie zieht
an den Theaterplatz 13.[2] Nach dem Tod ihres Mannes wohnt Johanna Jacobsberg im Haus der heutigen Oppenhoffallee 43, das ihr Sohn
für sie gekauft hat.

Erfahrungen im väterlichen Geschäft mit einer modebewussten Kundschaft sind sicherlich eine gute Schule für seine spätere Karriere als
Tuchfabrikant. Am 1. Oktober 1898, mit gerade einmal 19 Jahren,
tritt Ernst in die 1882 gegründete Tuchfabrik Katz & Langstadt ein.
Diese wird von Juden geführt. Zunächst ist er im Verkauf tätig, doch
bittet er darum, auch im Einkauf beschäftigt zu werden. Dank seiner
Tüchtigkeit wird er bald Teilhaber und ist 1914 bereits alleiniger Inhaber von Katz & Langstadt. Die Tuchfabrik nennt zu diesem Zeitpunkt
die sogenannte Untere Papiermühle in der Augustastraße 78–80 ihr
Eigen. Das Fabrikgebäude am Wasser des Beverbachs wird schon seit

Jahrzehnten als wertvoller textiler Standort genutzt. Heute steht diese vorbildlich restaurierte Anlage unter Denkmalschutz.

Nur zwei Jahre nach seiner Übernahme der Firma belegt Ernst Jacobsberg als Neueinsteiger im Bereich der Tuchindustrie bereits den sechsten Platz unter den jüdischen Tuchfabrikanten. Neben seiner Firma Katz & Langstadt gründet Jacobsberg 1922 die Tuchfabrik Neuwerk GmbH als Nachfolger des Geschäftsbetriebes von Katz & Langstadt. Diese für die damalige Zeit ungewöhnliche Firmenkonstruktion zur Trennung von Vermögensverwaltung und Geschäftsrisiken belegt das kaufmännische Genie Jacobsbergs. Die Tuchfabrik Neuwerk mietet von ihrem Vorgänger Grundstück und Maschinen. Katz & Langstadt wird damit zu einer bloßen Vermögensverwaltungsgesellschaft. Persönlich haftender Gesellschafter dieser Firma ist Ernst Jacobsberg. Eine Handlungsvollmacht überträgt er seiner Ehefrau und Gustav Thierron. Weitere Beteiligungen erwirbt Ernst an der im Jahre 1871 ebenfalls von Juden gegründeten Tuchfabrik Spittel & Francken. Im Jahre 1930 gehört diese noch Paul Spittel und ist auch in der Unteren Papiermühle zur Miete ansässig. Außerdem ist er noch an der Spinnerei Schillings in Dolhain beteiligt. Für das Überleben der Familie, während der späteren Flucht nach Brüssel, soll sich dies als hilfreiche Einnahmequelle erweisen.[3]

Leben in Wohlstand

Verheiratet ist Ernst mit Margarete Dannenbaum. In den NS-Listen der in Aachen lebenden Juden des Jahres 1935 wird Margarete genau wie ihre Tochter Dorothee nicht erfasst. Aus dieser Ehe gehen insgesamt vier Kinder hervor. Der erstgeborene Sohn, Herbert (1911–1922), stirbt jedoch bereits im Alter von elf Jahren an der damals meist tödlich verlaufenden Kinderlähmung. Die Tochter Dorothée wird 1913, der Sohn Franz 1923 und die Tochter Brigitte als Jüngste im Jahr 1925 geboren.

In den 20er-Jahren zieht die Familie von der Triebelstraße 16 in eines der stattlichsten Anwesen dieser Zeit in Aachen: das neu erbaute Haus Birke auf der Raerenerstraße 105, der heutigen Monschauer

Straße. Die Villa ist mit einem Pförtnerhaus, Reitstall, Treibhäusern, Garagen und Obstwiesen ausgestattet. Dieses Anwesen von mehr als 18.000 qm erstreckte sich zwischen dem damaligen Spielplatz, dem Volks-Schützenhaus und dem Gelände des Ehrenfriedhofs der heutigen Siedlung Fuchserde. Zum Ausbau dieses Anwesens hat sich Ernst bei seiner Firma, der Tuchfabrik Neuwerk, 70.000 Golddollar leihen müssen. In der Nachbarschaft der Familie Jacobsberg, ebenfalls auf der Raerener Straße weiter stadteinwärts, wohnen die jüdischen Tuchfabrikanten-Familien Königsberger, Löwenstein, Katzenstein und Struch sowie die protestantische Tuchfabrikanten-Familie Erckens.[4]

Bildung im Ausland

Die sich stetig verschärfenden Diskriminierungsmaßnahmen der deutschen Regierung führen dazu, dass Franz im Jahr 1936 nicht mehr das humanistische Kaiser-Karl-Gymnasium besuchen darf. Um dennoch die Ausbildung des Sohnes zu sichern und zu fördern, finden die besorgten Eltern in England ein Internat, das ihren Bildungsvorstellungen entspricht. Die renommierte, von Quäkern gegründete Leighton Park School verspricht eine Ausbildung, in der Religion und Herkunft keine Bedeutung haben und in der einer freieren Förderung von Neigungen gegenüber der Erziehung zu Gehorsam der Vorzug gegeben wird.

Auch Dorothée setzt ihre Ausbildung im Ausland fort. Sie erwirbt bei einem einjährigen Aufenthalt in Paris und einem weiteren Jahr in England entsprechende Dolmetscher-Diplome, sodass sie sich nach der Befreiung Aachens als Dolmetscherin für die englische Besatzung in Aachen anbieten und bewähren kann.

Eine schwierige Ehe

Dorothée Jacobsberg heiratet 20-jährig am 10. April 1933 den neun Jahre älteren Protestanten Walter Erasmus Schlapp – einen Juristen. Das sogenannte Blutschutzgesetz vom 15. September 1935 wird derartige ›Mischehen‹ verbieten. Da der Eheschluss zwei Jahre zuvor erfolgte, wird die Verbindung der beiden jedoch geduldet. Eine jüdische Frau büßt bei der Heirat mit einem Christen ihre Verbindung zur jüdischen Gemeinde dauerhaft ein. Die beruflichen Nachteile für den männlichen christlichen Partner werden im Verlauf der NS-Zeit stetig verschärft. Davon ist auch Walter betroffen. Trotz der Gesetze, die ihm eine Scheidung leichtgemacht und ihm Diskriminierungen und berufliche Nachteile erspart hätten, steht er treu zu seiner Frau und seiner Familie. Wegen seiner ›Mischehe‹ wird er aus dem Staatsdienst entlassen und muss in der Rüstungsindustrie arbeiten.[5]

Ihre beiden Kinder – die Tochter Anna Margarete, geboren 1934, und der ein Jahr später geborene Sohn Ernst Friedrich – werden nicht im jüdischen Glauben erzogen. Die Ehe wird daher als ›privilegierte Mischehe‹ angesehen. Die Kinder gelten, da sie weniger als drei jüdische Großeltern haben, nicht als Juden, sondern als sogenannte Mischlinge 1. Grades. Die Familie wohnt laut Adressbuch des Jahres 1936 in einer Wohnung in Diepenbenden 40 im ersten Stock. Das lässt darauf schließen, dass Vater Jacobsberg mit dieser Ehe nicht ganz einverstanden war. Immerhin ist die Adresse für die kleine Familie mit ihrem Hintergrund kaum als angemessen zu bezeichnen.

Tuchfabrik Neuwerk bleibt erfolgreich

Seine persönliche Stellung ist nach eigenen Aussagen »glänzend«. Er hat »verschiedene Wertpapiere aufgekauft, war Vizepräsident der Vereinigung der Tuchfabrikanten, Mitglied der Handelskammer, Vorsitzender des Öffentlichen Warenprüfamtes in Aachen usw.«[6] Zu derartigen Ehren zu kommen, ist bis dahin noch keinem Aachener Juden gelungen. Die Anerkennung der Juden im Geschäftsleben ist weiter entwickelt als im gesellschaftlichen Leben – deutliche Präferenzen zu den Glaubensbrüdern bleiben dennoch bestehen.[7]

Seinen erfolgreich eingeschlagenen Weg kann Ernst Jacobsberg auch in den Krisenjahren vor den Verfolgungen der NS-Zeit fortsetzen.

1938 rangiert er bei der Erfassung jüdischen Vermögens direkt hinter den Familien Königsberger und Heymann. Der nachhaltige Erfolg des Unternehmens wird in einem Schreiben an die Fachgruppe Tuch- und Kleiderstoffindustrie folgendermaßen begründet: »Dabei leisten die persönlichen Verbindungen [...] nach Belgien, Holland und England [...], deren ständiger direkter Verkehr stets sehr gepflegt wurde, bedeutende Dienste. Wir glauben, dass das Ansteigen unseres Exports jedenfalls z. T. darauf zurückzuführen ist.«[8]

Ernst ist auch sportlich interessiert. Er gehört zu den wenigen besonders großzügigen Unterstützern des neu gegründeten Aachener Golfclubs[9]. Neben den jüdischen Tuchfabrikanten Philipp Guttentag, Hugo Kaufmann, Otto Meyer, Sigfried Saul und Erich Struch ist er Mitglied des Aachen-Laurensberger Renn-Vereins. Aber bereits 1936 wird er beim alljährlichen Empfang der Turnierteilnehmer im Rathaus, wie alle jüdische Mitglieder des ALRV, ausgeschlossen. Die bürgermeisterliche Notiz lautet: »Juden sind zu streichen«[10].

Zwischen Flucht und Privilegierung

Im Jahr 1938 verschärft sich die Situation der jüdischen Bürger dramatisch. Ihr Vermögen wird erfasst und am 10. November 1938 findet der strategisch inszenierte Pogrom statt. Die folgende Verhaftungswelle vermögender Juden ist als Reaktion des NS-Staates auf den Anschlag des polnischen Juden Herschel Grynszpan auf den deutschen Botschaftssekretär Eduard vom Rath in Paris zu sehen. In der verharmlosend propagierten ›Reichskristallnacht‹ werden in einer konzertierten Aktion in Deutschland Synagogen durch Brand vernichtet sowie jüdische Geschäfte und Wohnungen zerstört. Hunderte Juden ermordet, Tausende inhaftiert man und verschleppt sie in eilig eingerichtete Konzentrationslager. So auch in Aachen: Bei den Verhaftungsaktionen werden Hunderte, insbesondere vermögende männliche Juden, verhaftet und überwiegend ins Konzentrationslager Buchenwald deportiert. Die Erfassung der jüdischen Vermögen im April 1938 bildet eine solide Grundlage, gezielt vorzugehen. Die ›Arisierung‹ der jüdischen Vermögen durch notarielle Verträge formal ›korrekt‹ zu legalisieren, ist das Hauptziel des NS-Staates.

Ernst gelingt es, sich dem Zugriff zunächst zu entziehen. Am frühen Morgen des nächsten Tages bringt Herr Niemeyer, ein mutiger und zuverlässiger niederländischer Geschäftsfreund aus Vaals, ihn in seinem Pkw über die Grenze in Sicherheit. Seine Frau Margarete und die 13-jährige Tochter Brigitte muss er in Aachen zurücklassen. Margarete belastet dies so sehr, dass sie einen Suizidversuch unternimmt.

Das Verhältnis zu seinem Schwiegersohn ändert sich im Verlauf dieses Jahres grundlegend. Die Familie Schlapp ist als ›privilegierte Mischehe‹ nicht unmittelbar bedroht. Sie können als Sachwalter der zur Ausreise gezwungenen Familie Jacobsberg deren Interessen in Aachen vertreten. Die Familie Schlapp zieht in die stattliche Villa Maria an der Eupener Straße 318, Ecke Zweiweiher Weg. Diese ist zuvor von der jüdischen Familie des Tuchfabrikanten Fritz Marx bewohnt worden, die in unmittelbarer Nachbarschaft ihr neues Wohnhaus errichtet hat.[11] Damit bleibt ihr das Schicksal vieler ›nicht privilegierter Mischehen‹ erspart. Das vom örtlichen Wohnungsamt verwaltete ›Judenhaus‹ für Mischehen in der Försterstraße 28 in Aachen muss die Familie Schlapp nie betreten.

Die Kinder Anna Margarete und Ernst Friedrich können als ›privilegierte Mischlinge 1. Grades‹ die damalige Langemarckschule, heute Höfchensweg, besuchen. Ihnen und ihrer Mutter Dorothee bleibt es aufgrund dieser Einstufung erspart, sich mit dem ab dem 1. September 1941 verpflichtend zu tragenden ›Judenstern‹ kennzeichnen zu müssen. Zwar kommt es immer wieder zu Diskriminierungen durch Klassenkameraden, dennoch wird es den Geschwistern ermöglicht, viele soziale Kontakte zu pflegen, trotz der offiziellen Politik. Die auf dem Schulweg gelegene Villa Flora, Eupener Straße 251, ist zu einem Ghetto umfunktioniert worden. Nur ein paar hundert Meter vom eigenen Heim. Ein eher unheimliches Haus, das die Kinder zügig passieren.

Zu ihrem eigenen Schutz und zum Schutz ihrer Kinder wendet sich Dorothee Schlapp zum 30. September 1942 an George Mandel-Matello, den ersten Sekretär des salvadorianischen Konsulats in der Schweiz. Sie lässt sich die salvadorianische Staatsbürgerschaft bescheinigen und nach Aachen schicken.[12] Ob dies tatsächlich zum Schutz ausreichte, ist schwer zu beurteilen. Sie ist nie in Anspruch genommen worden.

Teure Ausreise

Der wesentliche Teil des Vermögens der Familie Jacobsberg befindet sich zum Zeitpunkt der Flucht in Aachen. Sowohl den NS-Stellen als auch Ernst ist daran gelegen, die Flucht in eine reguläre Auswanderung umzuwandeln. Er hat die Hoffnung, mit einer Auswanderung seine Familie in Sicherheit zu bringen und Teile seines Vermögens zu retten. So kommt der NS-Staat an die notwendigen Unterschriften für die Rechtswirksamkeit der Vermögensübertragungen.

Darunter fällt auch die sogenannte ›Judenabgabe‹, die perverserweise für die von Gestapo und randalierendem Mob angerichteten Schäden von Juden zu zahlen ist. Diese wird von Ernst mit einer Abgabe von 20 Prozent auf das Vermögen entrichtet. Das Recht, auswandern zu dürfen, lässt sich der NS-Staat mit der sogenannten ›Reichsfluchtsteuer‹ bezahlen, zu diesem Zeitpunkt noch etwa 15 Prozent.

Keine Sicherheit im Ausland

In Brüssel wohnt die Familie nicht im Verborgenen. Das Briefpapier trägt den Kopf: Familie Ernest Jacobsberg, 3 Rond Point de L'Etoile. Dies ist keine 1,5 Kilometer von dem ebenfalls nach Brüssel emigrierten Aachener Tuchfabrikanten Philipp Guttentag und 2,3 Kilometer vom Aachener Erfinder und Wohltäter der Brüsseler Juden Felix Meyer entfernt.

Am 10. Mai 1940 besetzt die deutsche Armee Belgien. Der Sohn Fritz, der seit Sommer 1939 bei seiner Familie in Brüssel lebt, kann mit dem letzten Schiff nach England flüchten. Seine Mutter Margarete, die ihn bis Ostende begleitet, kommt nach fünf Wochen Irrfahrt durch Nordfrankreich zurück nach Brüssel und findet dort eine leere Wohnung vor. Ihr Mann sowie ihre gemeinsame 15-jährige Tochter Brigitte sind als ›feindliche Ausländer‹ von den belgischen Behörden festgenommen worden. Brigitte wird als Minderjährige in ein Gefängnis für Jugendliche in Brügge eingewiesen, wo ihre Mutter sie nach fünf Wochen findet. Sie darf mit ihr nach Brüssel zurückkehren. Als ›feindliche Ausländer‹ erhalten sie weiße Ausweise mit einem roten Balken.

Ernst hingegen wird in einem belgischen Internierungslager festgesetzt. Mit vielen anderen Leidensgenossen, wie den Malern Felix Nussbaum, Erich Schmidt, Leo Breuer und Arno Motulsky, teilt er dieses Schicksal. Die Insassen dieses Lagers, hauptsächlich Juden und Kommunisten, werden nach Frankreich in das Lager St. Cyprien bei Perpigan verschleppt. Später werden sie von der französischen Regierung Petains den Deutschen ausgeliefert. Dieser Weg endet unweigerlich in einem Vernichtungslager. Ernst kann dank wertvoller Briefmarken, die er im Innenleder seines Huts versteckt hatte, einen Aufseher bestechen. Ihm gelingt noch rechtzeitig die Flucht aus dem Lager. Sein Fluchtweg führt ihn nach Lyon, wo er Zuflucht bei einer belgischen Familie, Jacques und Hilda Lagrange, findet. Als die Deutschen Südfrankreich besetzen, flüchten sie zusammen mit Unterstützung der ›Resistance‹ in die Schweiz. Bis Kriegsende wird Ernst in diversen Lagern interniert und nimmt gesundheitlich schweren Schaden.[13] Bis zu seinem Tod am 2. November 1951 gelingt es ihm nicht, die belgische Staatsbürgerschaft zu erwerben.

1 Der Artikel beruht auf Gesprächen mit Frau Brigitte Jacobsberg am 27.03.2015 sowie am 20.04.2015 und Herrn Fritz Schlapp am 05.05.2015 sowie Akten des Aachener ›Wiedergutmachungsamtes‹, die im Hauptstaatsarchiv NRW unter GR_REP_0235_00232_0014a, GR_REP_0235_00232_0033 f. und GR_REP_0235_00232_0014a zu finden sind.

2 Im Jahre 1874 zahlte Sally Jacobsberg 80,40 Mark an direkten Steuern, kein Spitzenbetrag, aber damit lag er im mittleren Bereich der jüdischen Steuerzahler dieser Zeit. Siehe: Herbert Lepper. Von der Emanzipation zum Holocaust. Die Israelitische Synagogengemeinde zu Aachen 1801–1942. Geschichtliche Darstellung. Bilder, Dokumente, Tabellen, Listen. Aachen 1994. S. 1498.

3 Vgl. Aachener Adressbuch 1929, Handelsregister S. 859, Stadtarchiv Aachen.

4 Wie hier am Beispiel der Raerener Straße, ist bei den vermögenden jüdischen Familien häufig zu beobachten, dass Wohnungen bevorzugt werden, in deren Nachbarschaft bereits weitere Glaubensgenossen wohnen.

5 Vgl. Beate Meyer. Die Verfolgung und Ermordung der Hamburger Juden 1933–1945. Hg. v. der Landeszentrale für politische Bildung. Hamburg 2006. S. 79.

6 GR_REP_0235_00232_0014a.

7 Dies könnte auch erklären, weshalb es jüdischen Tuchfabrikanten besser als den christlichen gelang, ihre Produktion an die überwiegend jüdischen Herrenschneider abzusetzen, auch wenn sich diese Vermutung nur auf ein verbreitetes Klischee stützt.

8 HStAD BR 1050/910, Bl. 136, zitiert nach: Silke Fengler. ›Arisierung‹ in der Aachener Textilindustrie (1933–1942). In: Geschichte im Westen 19 (2004), S. 156.

9 http://www.aachener-golfclub.de/1927_bis_heute__475.htm (25.06.2018).

10 Anette Fusenig. Wie man ein ›Weltfest des Pferdesports‹ erfindet. Das Aachener Spring-, Reit- und Fahrturnier von 1924 bis 1939. Aachen 2004, S. 256.

11 Beide Gebäude sind erhalten und in der Denkmalliste der Stadt Aachen zu finden.

12 United States Holocaust Memorial Museum. Margarete Jacobsberg und ihre Tochter Brigitte erhielten mit demselben Datum ebenfalls die Bescheinigung der salvadorianischen Staatsangehörigkeit, die ihnen nach Brüssel geschickt wurde. http://digitalassets.ushmm.org/photoarchives/detail.aspx?id=1169388; http://digitalassets.ushmm.org/photoarchives/detail.aspx?id=1169285&search=jacobsberg&index=47 (20.06.2018).

13 Schreiben vom 27.03.2015 von Brigitte Jacobsberg und Auskunft Frau Brigitte Jacobsberg, 20.04.2015. Ohne diese Informationen konnte nur gemutmaßt werden, dass die Familie Jacobsberg gemeinsam in Brüssel die Zeit der deutschen Besatzung überstanden habe.

Julie Martha Hecht

geboren am 22. November 1874

Eine Biografie von Alexander Hermert

Gebäude, die das Stadtbild prägen, erzählen eine Vielzahl von Ge-
schichten, die uns Aufschluss geben über das Leben in Aachen. So
fallen einem während des Spaziergangs über den Templergraben neben den Scharen an Studierenden die vielen Gebäude auf, die sich
mittlerweile im Besitz der Technischen Hochschule befinden: vom
historischen Hauptgebäude über das neu gebaute ›Super-C‹ bis hin
zum Kármán-Auditorium, lange Zeit der zentrale Ort des Aachener
Campus. Aber auf der Ecke Templergraben/Eilfschornsteinstraße befindet sich auch ein Gebäude, dem meist keine besondere Aufmerksamkeit zukommt. Der Bau aus roten Ziegelsteinen, in dem heute die
Personal-Abteilung der RWTH Aachen untergebracht ist, wirkt fast ein
wenig deplatziert im Vergleich zu den umliegenden Gebäuden. Die
Geschichte, die sich mit diesem Gebäude verbindet, ist jedoch faszi-
nierend und aufschlussreich zugleich.

Es ist die Geschichte von Julie Martha Hecht, die als letztes von
sechs Kindern, am 22. November 1874, in die Tuchfabrikantenfami-
lie Marx geboren wird. Später wird sie ihre Familie mit einer weiteren großen Tuchfabrikantendynastie aus Aachen verbinden, der
Familie Stern/Hecht. Die Schicksale dieser beiden Familien stehen
paradigmatisch für das Schicksal jüdischer Tuchfabrikanten vor und
während der Shoah.[1]

Backsteingebäude am Templergraben 86
Privatbesitz Alexander Hermert

Anfänge in Aachen

Julies Großvater väterlicherseits, Nathan Napoleon Marx, wird am
4. April 1799 in Weisweiler geboren, wohin seine Eltern einige Zeit
zuvor aus Königswinter umgesiedelt sind.[2] Die Aachener Grenzregion bietet damals den optimalen Ort zur Ausbreitung der neu auf-
kommenden Industrialisierung, der man zu Beginn sehr hoffnungsvoll entgegenfiebert. Diese Hoffnung spiegelt sich in dem Namen
Napoleon wider, der auf die aufklärerischen Ideale der französischen
Revolution verweist. Ebenfalls aus Königswinter, der Heimat seiner
Eltern, stammt Nathans spätere Ehefrau Blümchen Cohn, die Nathan vermutlich über den elterlichen Kontakt der beiden Familien
kennenlernt. Zu dieser Zeit sind jüdische Gemeinden insbesondere
auf dem Aachener Land noch überschaubar. Blümchen ist Jahrgang
1797 und damit zwei Jahre älter als Nathan – für die damalige Zeit
durchaus bemerkenswert. Drei Jahre nach ihrer Hochzeit im Jahr
1825 gründet Nathan gemeinsam mit seinem Bruder David die
Tuchfabrik Gebrüder Nathan & David Marx als offene Handelsgesell-

schaft, die über Generationen als Familienbetrieb geführt wird und auf deren Grundstück, Templergraben 86, die Familie lebt.

Drei Jahre vor der beruflichen Grundsteinlegung hat das Ehepaar Marx seine Tochter Johanna verloren. Vier Jahre nach Johanna stirbt auch der Sohn Sigmund an Kindstod. Hoffnung in dieser schweren Zeit gibt dem Paar die Geburt des Sohnes David Nathan, der am 18. Juni 1828 zur Welt kommt. Die Familie findet ihr kleines Familienglück. Am deutsch klingenden Namen des verstorbenen Sohns Sigmund lässt sich die deutschpatriotische Gesinnung der Eltern feststellen; die Familie Marx will sich nicht ausschließlich auf ihre jüdische Herkunft reduziert wissen.

Nathan Napoleon gelingt es trotz aller politischen und gesellschaftlichen Umstände, die die Zeit des Vormärz begleiten, die Tuchfabrik in Aachen zu etablieren. Er begründet damit den späteren Wohlstand der Familie Marx und darüber hinaus ihren zentralen Status innerhalb der jüdischen Gemeinde, der sich an den vergleichsweise hohen Beiträgen zur Kultussteuer in der Zeit von 1853 bis 1858 ablesen lässt. Am 6. November 1832 wird Adolph geboren, der spätere Vater Julies. Das anschließende Jahrzehnt nutzt Nathan energisch zur Stabilisierung, Etablierung und Ausweitung des Betriebs. Der dritte und letzte Sohn, Leopold, komplettiert mit seiner Geburt am 1. April 1843 – und damit, für diese Zeit, erstaunlicherweise elf Jahre nach Adolph – schließlich das Familienglück der Marx'.

Adolph Marx und das Familienunternehmen

Gemeinsam mit seinen Brüdern David Nathan und Leopold steigt Adolph in das Familiengeschäft ein und führt die Tuchfabrik weiter. Im Alter von 28 Jahren heiratet er, am 10. Dezember 1860, Flora Schwabacher (24. Januar 1837 bis 31. Dezember 1906), mit der er acht Jahre später eine Villa in der Theaterstraße 14, und damit in direkter Nachbarschaft seines Bruders David Nathan, beziehen wird. Das Ehepaar Adolph Marx hat zu dieser Zeit bereits fünf gemeinsame Kinder, wovon das erste, Robert Maximilian, ein Jahr nach der Hochzeit am 17. September 1861 geboren wird. Es folgen die vier Mädchen, Bertha (18. September 1862 bis 2. Januar 1937 in Mainz), Anna (29. Juni 1864 bis 26. Dezember 1926 in Nürnberg), Lucie (17. Dezember 1865 bis 1944) und Paula (10. September 1868 bis 15. Oktober 1942 in Auschwitz), die alle in kurzen zeitlichen Abständen geboren werden. Der Bezug einer eigenen Villa macht für die Familie doppelt Sinn: Auf der einen Seite wird das Fabrikgelände, auf dem die Familie bis dato wohnt, schlicht zu klein, auf der anderen Seite repräsentiert die neue Wohnsituation den zunehmend bürgerlichen Lebensstil der Marx', der mit dem Erfolg der Tuchfabrik einhergeht.[3]

Neben der Teilhaberschaft an der Tuchfabrik seines am 13. Juli 1870 verstorbenen Vaters, die mittlerweile in N. Marx & Söhne umbenannt worden ist, gründet Adolph das Bankhaus Marx & Comp.[4] Das Vermögen, das zur Gründung einer solchen Privatbank benötigt wird, ist ein Indiz für den enormen Wohlstand der Familie Marx und die soziale Position, die damit einhergeht – nicht nur innerhalb der jüdischen Gemeinde. In die sorgenfreie Atmosphäre wird Julie Martha als letztes von sechs Kindern im Jahre 1874 geboren. Sie kann in jeder Hinsicht als Nesthäkchen bezeichnet werden. Ihr Vater Adolph zieht sich wenige Jahre nach ihrer Geburt aus der Arbeit in der Tuchfabrik zurück.

Familie Stern/Hecht

Parallel zum Geschäft Nathan Napoleons entstehen in Aachen weitere bedeutende jüdische Tuchfabrikdynastien, wovon eine, die Familie Stern/Hecht, die Wege Julie Marthas kreuzen und entscheidend prägen wird. Emanuel Stern (1. Februar 1833 bis 22. November 1904) ist mit Johanna Stern, geborene Leven (28. August 1837 bis 20. Dezember 1918), verheiratet und entstammt derselben Generation aufsteigender Industrieller, der auch Julies Vater Adolph angehört. Bereits in den 60er-Jahren des 19. Jahrhunderts ist er Beteiligter an der Tuchfabrik M. Marx & Stern. Diese lässt sich später am Karlsgraben 7 nieder, also in unmittelbarer Nähe der Tuchfabrik der Familie Marx.

Mit ihren beiden Töchtern, Tobia Anna (23. September 1864 bis 20. Oktober 1943 in Theresienstadt) und Jenny (4. Dezember 1866 bis 7. Dezember 1938) wohnt das Ehepaar Stern in der Theaterstraße 75, also ebenfalls nahe der Familie Marx. Die Familien kennen sich gut.

Nach dem Ausscheiden von Moritz Marx, der nicht im familiären Verhältnis zur Familie Nathan Marx steht, wird die Firma in E. Stern & Co. umbenannt, was auch der endgültige Name bleiben soll.[5] Da keine seiner Töchter in das Familiengeschäft einsteigen will, setzt er seine Hoffnung auf die Schwägerin Emanuels, Sibilla Leven. Diese hat am 23. April 1861 Moses Hecht geehelicht, der nun in das Geschäft der Familie seiner Frau einsteigt und 1885 schließlich als Teilhaber bei E. Stern & Co. geführt wird. Gemeinsam hat das Ehepaar Hecht zwei Söhne: Arthur Wilhelm Abraham wird am 17. Februar 1862 geboren, Siegfried Carl am 8. Januar 1864. Und auch hier fällt wieder die ungewöhnliche Namensgebung auf: Die Wahl der Namen Siegfried, Heldenname der deutschen Nibelungen-Sage, und Wilhelm, Name des Kaisers, zeugt von eindeutiger Identifikation mit dem deutschen Patriotismus. Siegfried Carl soll schließlich nicht nur die Firma seines Vaters weiterführen, sondern auch Julie Martha heiraten und so die beiden Familie und ihre Betriebe zusammenführen.[6]

Der neue Lebensabschnitt des Ehepaars Marx, gekennzeichnet durch den beruflichen Erfolg der gesamten Familie einerseits und durch die Reichsgründung 1871 andererseits, lässt sich auch an dem Umzug in das 1879 eigens erbaute Haus in der Friedrichstraße 36 ablesen. Julie ist zu diesem Zeitpunkt erst fünf Jahre alt. Als sich Julies Vater Adolph in den 1880er-Jahren aus dem Tuchfabrikgeschäft zurückzieht und sich auf das Bankwesen konzentriert, gewinnt Julies Bruder Robert Maximilian im Jahr 1888 mit Jaques Auerbach einen neuen Miteigner. Die Firma wird in Marx & Auerbach umbenannt und das Familiengeschäft in die Hände Roberts gegeben. Sechs Jahre nach der Umstrukturierung des Betriebs, im Jahr 1894, heiratet Robert schließlich Martha Rosenheim und verlässt das elterliche Heim in der Friedrichstraße, um zusammen mit seiner Frau ein Haus in der Augustastraße 10 zu beziehen.

Gemeinsam hat das Ehepaar mit Fritz ›Fred‹ (18. Februar 1895 bis 17. Dezember 1975 in San Francisco) und Hedi (21. Januar 1900 bis 31. Dezember 1981 in New York) zwei Kinder, die während der national-sozialistischen Diktatur beide in die Vereinigten Staaten emigrieren. Fritz zieht nach seinem abgeschlossenen Ingenieurstudium in die Süd-straße 45. Kurze Zeit später findet er mit Alica Haymann die Frau fürs Leben, die er im Jahre 1920 schließlich heiratet. Das Paar bezieht eine Residenz in der Eupener Straße 320, im heutigen Südviertel.[7]

Julie Martha und der Vorabend des Krieges

Nachdem ihr Mann Siegfried Carl in das Haus seiner Schwiegereltern eingezogen ist, schenkt ihm Julie Martha einen Sohn, der den Namen Paul erhält. Ihre Eltern, bei denen sie seit ihrer Geburt wohnt, haben für damalige Verhältnisse bereits ein hohes Alter erreicht. Dennoch ar-beitet Julies Vater Adolph nach seinem Ausstieg aus dem Tuchhandel ab 1891 als Prokurist wieder für seine einst gegründete und nun von seinen Söhnen geleitete Firma. Dieser unermüdliche Tatendrang zeigt eindrucksvoll, dass nicht nur der bürgerliche Lebensstil, sondern auch Ideale wie Tüchtigkeit und Tugend für die Familie Marx einen großen Stellenwert einnehmen. In diesem Geist, mit dem man hoffnungsvoll in die Zukunft schaut, wächst auch Julie auf. So ist nicht nur ihr Va-ter trotz Rente beruflich aktiv, auch für ihren Mann läuft es beruflich außerordentlich gut: Adolphs Vater übergibt 1899, ein Jahr vor der Geburt seines Enkels Paul, seine Firmenanteile an die beiden Söhne und zieht in die Wilhelmstraße 88, um dort in der Nähe der Familie seinen Ruhestand zu genießen.[8]

Umso härter trifft es die Familie, als die Eltern in den Jahren 1906 und 1907 kurz hintereinander versterben. Julie ist zum Zeitpunkt dieser einschneidenden Jahre in ihren Dreißigern; aus dem Nesthäkchen frü-her Tage ist, auch beeinflusst durch die starke Persönlichkeit des Va-ters, eine selbstbewusste Frau geworden. Von Ehrgeiz getrieben wehrt sie sich, ein Leben zu führen, das gemäß einem bürgerlichen Lebensstil vor allem aus der Organisation des Hauspersonals und dem Arrangieren des Salons besteht. Ihr Ehrgeiz lässt sich eindrucksvoll an den von ihr erworbenen und später von den Nationalsozialisten enteigneten Aktien ablesen:[9] Neben der Teilhaberschaft an der von ihrem Großvater geführten und sich mittlerweile in der Hand ihres Bruders Robert befindlichen Tuchfabrik Marx & Auerbach und der Tuchfabrik ihres Mannes E. Stern & Co. investiert Julie auch im Finanzsektor, dem sich bereits ihr Vater in den letzten Jahren seines Leben verschrieben hatte.

Die Zeit vor dem Ersten Weltkrieg ist geprägt durch eine zunehmend patriotische Stimmung im Kaiserreich, an der die jüdische Bevölkerung partizipiert – insbesondere der integrierte, bürgerliche Teil. Doch trotz dieser patriotischen Partizipation, die sich auch an der Anzahl jüdischer Soldaten, die für das Kaiserreich in den Weltkrieg ziehen, erkennen lässt, verhärten sich antisemitische Verschwörungstheorien und Welterklärungen. Während des Krieges, der vier Jahre wütet, bleibt Aachen von Zerstörungen zum größten Teil verschont. Auch die Familie Marx/Hecht hat Glück im Unglück: Aufgrund ihres fortgeschrittenen beziehungsweise zu jungen Alters bleiben Julies Mann, ihrem Bruder und ihrem Sohn Kriegseinsätze erspart. Doch nach dem Krieg gerät die Welt auch um Julie herum weiter aus den Fugen. Die gesellschaftlichen Vorurteile lasten immer mehr auf ihren Schultern, neben beruflichen Rückschlägen muss sie auch einen privaten verkraften: Im Sommer des Jahres 1923 verstirbt ihr geliebter Bruder Robert Maximilian, mit dem sie so lange zusammengelebt hat.[10]

Zerschlagung der jüdischen Gemeinde in Aachen

Die Zeit ab den frühen 1930er-Jahren wird für Julie schließlich die schwerste ihres Lebens: Am 25. Februar 1932 verstirbt ihr geliebter Ehemann Carl Siegfried – bislang Vorbild und Ansporn zugleich. Neben der privaten Tragödie wird auch die allgemeine Situation schwieriger. Obwohl die NSDAP in Aachen zunächst nur schwer Fuß fassen kann, steigert sich ihre Präsenz nach der Machtübergabe an Adolf Hitler drastisch, verbunden mit allen denkbaren Konsequenzen. Es folgt die sukzessive Besetzung städtischer und staatlicher Stellen mit Mitgliedern der NSDAP, in Aachen hauptsächlich über die Fabrik des Max Mehler.[11] Damit wird Antisemitismus und Fremdenhass zur Staats-räson und die in Europa lebenden Juden werden Opfer des größten Verbrechens des Menschen am Menschen. Ist die Gewalt gegenüber Juden zu dieser Zeit noch subtiler, bürokratischer Natur, radikalisiert sich der Umgang mit Juden, insbesondere der staatliche, im Jahr 1938 zunehmend. Mit der Zerstörung der alten Aachener Synagoge im Zuge der Reichspogromnacht am 10. November 1938 wird klar, dass der systematischen Ausgrenzung und Isolierung der jüdischen Bevölke-rung Vertreibung und Vernichtung folgen sollen.

Die Familie Hecht wird nicht nur ihres religiösen wie gemeinschaft-lichen Zuhauses beraubt; man zwingt Julie und die anderen Hinter-bliebenen der einst großen Industriellenfamilie, das Unternehmen zu ›verkaufen‹. Die am 17. September 1938 stattfindende Enteignung der Familie Hecht raubt ihnen die letzte Erinnerung an eine bessere Zeit.[12] Zwei Jahre zuvor hatte der Sohn Paul noch Hedwig Auerbach geheiratet, vermutlich um die Emigration Anfang des Jahres 1940 zu erleichtern.[13] Ihr Alter macht es Julie unmöglich, die beiden auf ihrem Weg zu begleiten. Paul und Hedwig ziehen zwar nach der Hochzeit ebenfalls in die Friedrichstraße 36, um sich um Julie zu kümmern, doch verschlechtert sich deren Zustand zunehmend. Am 14. Mai 1941 wird sie in das ehemalige Altersheim in der Horst-Wessel-Stra-ße, heute Kalverbenden, umgesiedelt – mittlerweile zum ›Judenhaus‹ umfunktioniert. Mit der Nötigung, den Judenstern tragen zu müssen,[14] demütigt man Julie, einst eine Frau voller Stärke und Tatendrang. Sie verstirbt am 25. April 1942, noch vor der geplanten Deportation.

1   Vgl. Geburtsurkunde Nr. 2940, LAV NRW R, BR 3000 1020.

2   Vgl. Andreas Lorenz: Der blinde Fleck. Zu Aachens Tuchfabrikantentum. Aachen 2017, S. 85 [künftig zitiert: Lorenz: Blinder Fleck].

3   Vgl. Ebd. S. 88–90.

4   Vgl. Adressbucheintrag Adolph Marx 1868. http://adressbuecher.genealogy.net/ addressbook/entry/547461ee1e6272f5cffa5951 (22.11.2017).

5   Vgl. Lorenz: Blinder Fleck. S. 118.

6   Vgl. Abschrift aus den Arisierungsakten, Band 10, Jd. 2A, Nr. 1–20, Bl. 233-238 des Dr. Ludwig Greven, Urkunde Nr. 1024 für 1938, LAV NRW R, BR 3000 1020.

7   Vgl. Lorenz: Blinder Fleck. S. 89–92.

8   Vgl. Ebd. S. 90.

9   Vgl. Schreiben An den Oberstadtdirektor durch den Rechtsanwalt Fred Meyerhoff, 27.02.1961, LAV NRW R, BR 3000 1020.

10 Vgl. Lorenz: Blinder Fleck. S. 91.

11 Vgl. Elmar Gasten: Aachen in der Zeit der nationalsozialistischen Herrschaft: 1933 –1944. Frankfurt am Main 1993. S. 31.

12 Vgl. Abschrift aus den Arisierungsakten – Band 10 – Jd. 2a – Nr. 1 – 20 – Bl. 233 –238, ebd.

13 Vgl. Lorenz: Blinder Fleck. S. 120f.

14 Vgl. Schreiben vom Amt für Wiedergutmachung Seite 1, 4. 1.1960, LAV NRW R, BR 3000 1020.

We, The Six Million Murdered People Speak

Von Rabbiner Davin Schönberger Sel.A.
(1897–1989, Rabbiner in Aachen 1926–1938)
Deutsche Übersetzung von Ruprecht van de Weyer

Men, women, and children living and laughing once
Like you, we who were suffocated in overstuffed freight trains
By brutish Nazis who crushed the skulls of infants, we, Pushed into
gas-filled chambers, beaten to death,
Forced to dig the trenches into which our starved bodies Were catapul-
ted and heaped to little mountains,
We, the six million Jewish martyrs raised our silenced voices Incessantly
and speak to you and you and you:

FOR US, THE VICTIMS OF BLOODTHIRSTY TERROR
Which humankind contrived to be the instrument of power, You shall
not weep or grieve as mourners used to do. Ours is no grave. No
tombstone promulgates our names, No date, nor any pious record of
our death,
Nor gentle words of eulogy and testimonial
Pronounced a last farewell when we were buried.

And now, we do not want your tears. The soothing flow
Of tears endows with gentle solace the desponding soul.
Be ne'er consoled! Your consolation would be pernicious

To our memorial. Nor do we want the outbursts of your wrath. Your lamentations ne'er bring us back.
We loathe the „ifs" and „buts," the arguments and questions Of your debate, your clever reasons
Disputing why the world has failed us.
What is it good for? See, our blissful song broke off,
Just when our lips were moved to form the rhyme.
Our days were torn to bits long before sunset's dawn.

Nay, we want you! We want your entire life, Your pulsing heart to be our last repose.
We want the ocean of your thoughts prepared To carry on its waves our immortality.
Through the unfastened sluices of our spirits Streams of our strength will join your ready souls. We will survive in you. We ask your mind to be
Our monument whose imprint bears our names. You be the vessel of our thwarted hopes
Of our frustrated love and uncompleted work.

O, lend us your tongue and pronounce those words Of fondness, friendship, brotherhood and love Which beastly hatred murdered with our life.

Grant us your eyes to fill them with your vision, Ears to listen to enchanting music.
We want to do your deeds, your sacrifices.
We want to walk your ways to reach your goals. Carry our memory not like a heavy yoke
Which wistfully your weary shoulders bear,
Yet, like a crown committing you to duty
Of justice, harmony and peace for all.
Ennoble us and you. Restore the dignity of man, The rulership of God, perverted and debased
By human madness. Change by your loyal deeds The horror of our fate in destiny, divine."

Wir! Sechs Millionen gemordete Menschen sprechen:
Männer, Frauen, Kinder, einst lebendig und fröhlich
wie Ihr; Wir! die wir erstickt wurden in überfüllten Frachtwagons
von brutalen Nazis, Schädel von Kindern zertrümmernd; Wir!
gestopft in Gaskammern, zu Tode geprügelt,
gezwungen, selbst die Gräben zu graben, in die unsere verhungerten
Körper
geworfen und aufgehäuft wurden zu kleinen Bergen;
Wir! die sechs Millionen jüdischer Märtyrer, erheben unsere zum
Schweigen gebrachten Stimmen
unablässig und sprechen zu Dir und Dir und Dir:

Um uns, die Opfer blutdürstigen Terrors,
der die Menschlichkeit zu einem Instrument der Macht verdreht hat,
sollt Ihr nicht so weinen oder euch grämen, wie Trauernde es sonst tun.
Unser ist kein Grab, kein Grabstein kündet unsere Namen,
kein Datum, noch eine fromme Verzeichnung unsres Todes;
kein freundliches Wort des Gedenkens und des Zeugnisses,
wurde ausgesprochen als letzter Gruß, als wir verscharrt wurden.

Wie dann? Wir wollen nicht Eure Tränen! Der lindernde Fluss der Tränen
heilt mit freundlichem Trost die verzagende Seele.
Seid niemals getröstet! Eure Tröstung wäre vernichtend
für unser Andenken! Wir wollen aber auch nicht den Ausbruch Eurer Wut!
Euer Klagen bringt uns nicht zurück.
Wir verabscheuen die ‚Wenns' und ‚Abers', die Argumente und Fragen
Eurer Debatten; Eure klugen Gründe,
streitend darüber, warum die Welt an uns versagt hat.
Wofür ist das gut? Versteht doch: Unser beseelter Gesang brach ab,
gerade als unsere Lippen bewegt wurden, den Reim zu formen.
Unsere Tage wurden in Stücke gerissen – lange bevor der Sonnenunter-
gang begann!

Nein! Wir wollen Dich! Wir wollen Dein ganzes Leben!
Dein schlagendes Herz soll unsre letzte Ruhe sein.
Wir wollen den Ozean Deiner Gedanken, bereit

um auf seinen Wellen unsre Unsterblichkeit zu tragen.
Durch die offenen Schleusen unseres Geistes
ströme unsre Stärke in Deine bereitete Seele.
Wir werden in Dir weiterleben! Wir bitten Dich: Dein Geist sei
unser Denkmal, in das unsre Namen gehauen sind.
Sei Du das Gefäß unserer vereitelten Hoffnung,
unsrer enttäuschen Liebe, unsrer unvollendeten Werke.

Ja! Leih uns Deine Zunge und sprich diese Worte aus
von Zuneigung, Freundschaft, Brüderlichkeit und Liebe,
die tierischer Hass mordete mit unseren Leben.
Schenk uns Deine Augen, damit wir sie füllen mit Deiner Phantasie,
Deine Ohren, um bezaubernde Musik zu hören.
Wir wollen Deine Werke tun, Deine Opfer.
Wir wollen Deine Wege gehen, Deine Ziele erreichen.
Trag unsere Erinnerungen nicht wie ein schweres Joch,
das Deine erschöpften Schultern wehmütig tragen,
jedoch wie eine Krone, Dich ganz verpflichtend
auf Gerechtigkeit, Eintracht und Frieden für alle.
Adle uns und Dich! Stell die Würde des Menschen wieder her,
die Herrschaft Gottes, verdreht und entwürdigt
durch menschlichen Wahn. Wandle durch Dein treues Werk
den Schrecken unsres Schicksals in göttliches Geschick.